AI普及应用及落地实践丛书

# AI创业狂想曲

Yuca Hong　Yi Sun　Kelly Xu
Sarea Fang　Lu Lu　著

電子工業出版社
Publishing House of Electronics Industry
北京·BEIJING

## 内 容 简 介

在人工智能重构产业版图的变革时代，这部源自顶尖创业者的对话实录，为我们呈现了一份难得的 AI 创业路线图。

通过深度对话，本书记录了 20 余位备受国内外顶级风投机构青睐的 AI 领军人物的创业历程。从 AI 图像生成到智能编程，从 3D 建模到机器人技术，他们正在这些颇具潜力的赛道上开辟未来。

这不仅是一部创业实录，更是一份时代洞察。每一次对话都是对技术前沿的深度探索，每一段交流都蕴含着从创意萌芽到商业落地的实践智慧。透过创业者们的视角，你将一睹 AI 创业生态的全貌，感受技术变革的脉动。

无论你是科技创新的关注者，还是怀揣创业梦想的实践者，本书都将为您带来独特的启示。在这里，你将看到先行者们如何在 AI 浪潮中捕捉机遇，如何将尖端技术转化为商业价值，以及他们对人工智能未来的深邃思考。

未经许可，不得以任何方式复制或抄袭本书之部分或全部内容。
版权所有，侵权必究。

图书在版编目（CIP）数据

AI 创业狂想曲 / 洪钰钏等著. -- 北京：电子工业出版社, 2025. 4 (2025.8重印). -- (AI 普及应用及落地实践丛书).
ISBN 978-7-121-49931-9

Ⅰ．F49

中国国家版本馆 CIP 数据核字第 20254PW344 号

责任编辑：孙学瑛
印　　刷：三河市君旺印务有限公司
装　　订：三河市君旺印务有限公司
出版发行：电子工业出版社
　　　　　北京市海淀区万寿路 173 信箱　　　邮编：100036
开　　本：720×1000　1/16　　印张：19.5　　字数：330 千字
版　　次：2025 年 4 月第 1 版
印　　次：2025 年 8 月第 3 次印刷
定　　价：78.00 元

凡所购买电子工业出版社图书有缺损问题，请向购买书店调换。若书店售缺，请与本社发行部联系，联系及邮购电话：(010) 88254888，88258888。
质量投诉请发邮件至 zlts@phei.com.cn，盗版侵权举报请发邮件至 dbqq@phei.com.cn。
本书咨询联系方式：sxy@phei.com.cn。

# 前 言

站在历史的又一个十字路口，生成式 AI 正在以前所未有的速度重塑我们的世界。在暗潮涌动的时代环境下，中国创业者们正积极投身于 AI 创业浪潮中，有的耕耘国内市场，有的走向全球。

在这样的背景下，《AI 创业狂想曲》应运而生。这不仅是一本书，更是一次深入探索 AI 领域创业者们思想和实践的旅程。在访谈中，我们见证了技术的革新，更感受到了创业者们对于未来梦想的执着追求和不懈努力。

《AI 创业狂想曲》通过一系列精心策划的访谈，展示了一群在 AI 时代浪潮中勇敢探索、不断创新的创业者们的真实面貌。他们的故事、智慧和勇气，共同编织成了这个时代最激动人心的篇章。每一位创业者都以其独特的视角和经验，带我们畅想 AI 技术将如何深刻影响我们的生活和工作。

书中的每个章节都是对 AI 创业精神的深刻诠释。我们看到了 Fotor 创始人段江教授如何将学术研究成果转化为具有全球竞争力的产品；见证了年轻创业者石天放如何凭借 ChatMind 在 AIGC 领域崭露头角；跟随着马飞的脚步，探索 SeaArt 如何打造 AI 时代的"Pinterest"；和哔哩哔哩副总裁刘斌新一起，感受 AI 伙伴与用户的游戏乐趣；为 OpenAI 投资的华人创业者曲晓音为孩子打造专属导师和玩伴的初心和热忱而深受触动；复盘周立出海创业 AI 教育，打造 Answer AI 霸榜北美 AI 教育的全过程……

在这本书中，我们不仅关注技术的前沿，更关注技术背后的人。因为正是这些充满激情和创造力的个体，推动了社会的进步和创新的发展。他们的故事告诉我们，无论时代如何变迁，对于创新的渴望和梦想的追求始终不变。

《AI 创业狂想曲》不仅是对 AI 创业精神的赞歌，也是对未来可能性的探索。在这里，我们邀请你一同走进 AI 创业者的世界，感受他们的激情，重温他们的挑战，一同见证 AI 时代的到来。

我们将带你深入了解这些创业者的思考和实践，探索 AI 技术如何塑造未来。我们期待这些故事能够激发你内心的创新火花，点燃你对未知世界的好奇心，帮助你开启一段关于 AI 的狂想之旅。

# 致 谢

我们要感谢所有接受访谈的创业者，他们在访谈中为我们完整讲述了自己丰富的人生经历、深刻的行业和技术理解、对创业的洞见和思考。他们花费了大量的时间，与我们一起复盘创业的心路历程，分享他们在创业过程中的兴奋、痛苦、焦虑、彷徨、骄傲和自豪。同时，他们在这个过程中对我们的信任和指导，让我们备受鼓舞，终生受用。

Z Potentials（ZP）

Yuca Hong

2025 年 3 月

读者服务

微信扫码回复：49931

·获取更多 AI 创业者访谈文章

·加入本书读者交流群，与作者互动

·获取【百场业界大咖直播合集】（持续更新），仅需 1 元

# 目 录

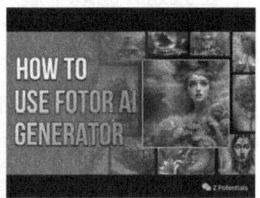

1. AI 图像应用：
   段江，教授创业，用 Fotor 开启 "大航海时代" / 1

2. AI 效率工具：
   石天放，23 岁做的 ChatMind 是国内首批被公开披露收购的 AIGC 产品之一 / 8

3. AI 图像应用：
   马飞，游戏"老炮"用 SeaArt 打造 AI 时代的"Pinterest" / 12

4. AI 图像应用：
   郭炫和邱子珺，"90 后"打造的 AI Mirror 霸榜全球，让美无处不在 / 29

5. AI 3D 应用：
   梁鼎，想做 3D 大模型的"字节跳动"（VAST- 上期）/ 37

6. AI 3D 应用：
   宋亚宸，想做 3D 大模型的"字节跳动"（VAST- 下期）/ 46

7. AI 游戏应用：
   白芷，《恋与制作人》主策划，游戏中展现 AI 魔法 / 54

8. AI 编程应用：
   张海龙，CODING 创始人，做复杂软件生产的 AI Agent / 64

9. AI 硬件应用：
   胡依林，重塑腕表体验模式 / 76

10. AI 硬件应用：
    York Yang，在硅谷创建的智能购物车项目收购金额达数亿美元 / 84

11. AI 陪伴应用：
    李勇和高峰，"跃然创新"为孩子创造柔软的 AI 陪伴 / 97

12. AI 应用平台：
    党嘉成，大二辍学的"00 后"创建开源 AI 应用平台 / 108

# 目录

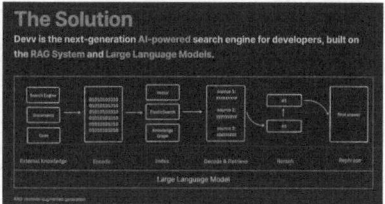

13. AI 搜索应用：
    张佳圆，"95 后"创业 AI 搜索，三个月访问量超百万 / 117

14. AI 机器人应用：
    高继扬，顶级自动驾驶交付经历，操盘通用机器人，受到多家顶级风投青睐 / 133

15. AI 内容应用：
    沈洽金，前千万用户应用闪聚创始人，用 AI 做新一代交互式内容 / 150

16. AI 内容应用：
    胡修涵，打造 AI 驱动内容生产新生态 / 160

17. AI 教育应用：
    周立，六个月收获 200 万用户，霸榜北美 AI 教育 / 175

18. AI 游戏应用：
    刘斌新，B 站前副总裁打造的"逗逗游戏伙伴"上线即爆火 / 190

VII

19. AI 编程应用：
    张路宇，做大模型中间层 Dify，超 40 万用户安装 / 205

20. AI 短剧应用：
    朱江，AI 短剧海外娱乐畅销榜上榜 / 227

21. AI 编程应用：
    高策，弯道超车，产品创下五个月获 300 万次下载和品类第一的纪录 / 238

22. AI 求职应用：
    关明皓，求职界超级 AI 助手，上线 6 个月即达百万美元 ARR / 259

23. AI 教育应用：
    曲晓音，打造孩子的专属导师和玩伴 Heeyo / 271

24. AI 硬件应用：
    姜公略，哈佛毕业 ex-Googler 创业智能眼镜，登顶亚马逊品类畅销榜 / 286

25. AI 陪伴应用：
    肖敏，打造"会社交有记忆的 AI"，全球用户量突破 600 万 / 298

# 1. AI 图像应用：段江，教授创业，用 Fotor 开启"大航海时代"

访谈时间：2023 年 10 月

本篇我们采访了一位非典型的创业者：Fotor 的创始人兼 CEO 段江。他同时也是西南财经大学的计算机教授。段江打破了我们对教授创业的刻板印象，通过不断打磨产品，十年磨一剑，成功抓住了 AI 时代的红利。你可能很难想象，一家位于中国西南地区的软件公司，是如何在全球市场中稳步发展，逐步超越同期竞争对手，实现了亿级用户、千万级月活跃度，以及惊人的赢利能力的。

Fotor 最初被定位为"轻量级 Photoshop"，经历了三次图像技术发展的浪潮，如今已发展成为一款由 AI 赋能的图像领域工具箱。目前，Fotor 的官网提供了上百种与图像和设计相关的功能。

Fotor 无疑是海内外 AI 应用领域的佼佼者。在全球超过 5000 个 AI 应用中，根据访问量排名，Fotor 位居全球第 23 位。如果按照独立用户数计算，那么 Fotor 的全球排名大约在第 15 位或第 16 位。在所有国产 AI 产品中，Fotor 的排名是最高的，无论是国内还是出海榜单，都稳居第一，并且这一成绩已经连续保持了数月。从用户数量来看，Fotor 月活跃用户数超过千万。在访问量和月活跃用户数方面，Fotor 远远领先于第二名，甚至超过了腾讯、阿里等国内大厂推出的 AI 产品。其界面如图 1-1、图 1-2 所示。

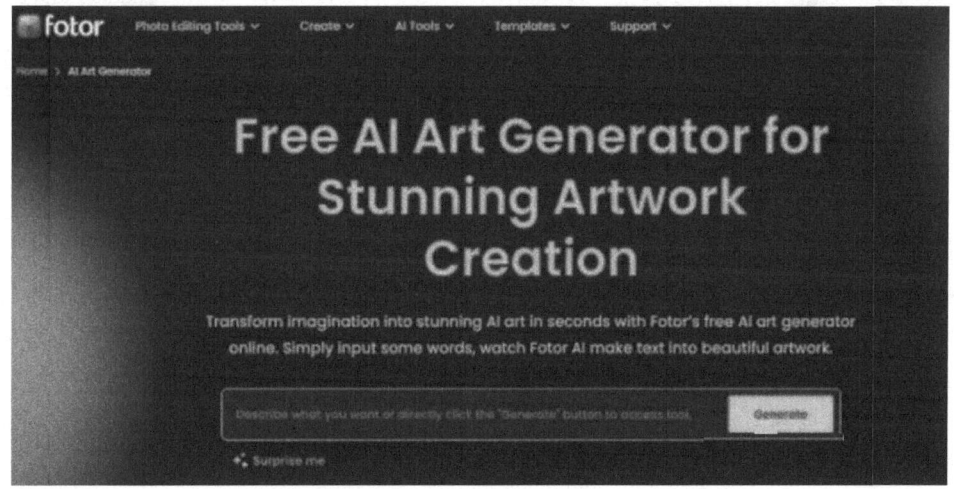

图 1-1　Fotor 界面一

图 1-2 Fotor 界面二

### 人物介绍：

**段江**，西南财经大学教授，组建国内首个高动态范围图像研究团队，在国际上发表英文学术论文近 30 篇，获 10 余项国际国内专利。2010 年 12 月开始任经济信息工程学院教授、博士生导师，2006 年 12 月至 2007 年 11 月任美国西北大学（Northwestern University）电子工程与计算机学院博士后研究员等职务。四川省第十四届人民代表大会代表。

**ZP：** 段老师能否分享一下个人背景和职业经历？您是如何萌生开发这款产品的想法的？是什么原因促使您走上创业之路？

**段江：** 我在英国攻读了博士学位，随后在美国进行了博士后研究。2007 年，我回到中国，在西南财经大学担任教职，并成为终身教职。在稳固的学术基础上，我于 2009 年迈出了创业的脚步，成立了公司。当时的初衷是探索将我掌握的图像处理技术，包括高动态范围图像技术（HDR）[1]、图像增强技术[2]，以及单反相机

---

1　高动态范围图像技术是一种通过扩展亮部和暗部细节的显示范围，让图像在高对比度场景中展现更多层次和细节的技术。

2　图像增强技术通过算法对图像的亮度、对比度、色彩等参数进行调整，从而改善图像的视觉效果和清晰度，使图像更加鲜明、清晰和符合观者需求。

## 1. AI 图像应用：段江，教授创业，用 Fotor 开启"大航海时代"

的 RAW 文件处理技术[3] 等，应用于实际场景中的商业机会（见图 1-3）。

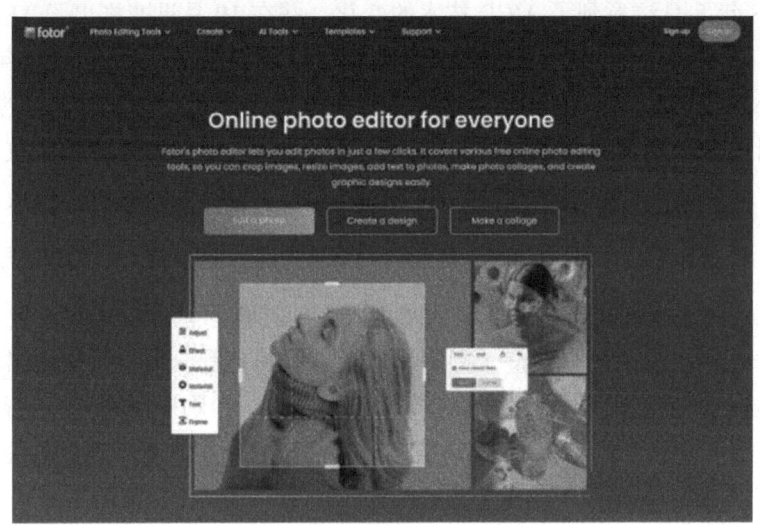

图 1-3　Fotor 界面三

ZP：当时市场上是否已有类似的产品？竞争中的关键优势主要体现在哪些方面？

段江：在那时，国内外已经有许多竞争者，例如海外的 PicMonkey（后来被 Shutterstock 收购）和 Pixlr（后来被 Autodesk 收购），它们中的一部分获得了大量资金注入，发展迅速。然而，Fotor 在海外 AI 应用市场上逐渐超越了它们。那个时期，市场竞争在很大程度上依赖于运营能力。坦诚地说，我们团队并不擅长运营，因为我们是技术团队。我们的发展速度并不算快，但一直健步前行，专注于图像相关技术和功能的持续积累。正因为如此，当生成式 AI 迎来爆发式增长时，我们能够抓住机遇，实现飞跃。

ZP：Fotor 是如何超越竞争对手的？

段江：Fotor 始终不主张过度依赖广告推广，因为广告带来的流量可能只是昙花一现。如果产品缺乏核心竞争力，那么是无法持续吸引和留住这些用户的。因此，我们的团队一直专注于提升技术，优化产品，积累用户好评，稳扎稳打。当机遇

---

[3] 单反相机的 RAW 文件处理技术涉及对 RAW 格式文件的处理，这种文件保留了相机拍摄时的所有原始数据。由于 RAW 文件包含了大量的图像信息，因此它允许在后期处理中进行精细的调整和优化，而不会损失图像质量。这种格式为摄影师提供了更大的创作空间，可以根据需要调整曝光、白平衡、色彩饱和度等参数，实现最佳的视觉效果。

来临时，我们能够有效地吸引并留住用户。例如，在这次生成式 AI 的浪潮中，团队在 2023 年 8 月注意到了 AIGC 技术的变化，并在 10 月迅速推出了 AI 功能。与此同时，像 Midjourney 这样的产品开始走红，大量消费者大约在 2023 年 10 月开始在 Google 上搜索相关关键词，这带来了一波几乎免费的流量。Fotor 凭借其 AI 功能吸引了大量用户，并利用长期积累的完整图像功能和领先的图像技术留住了这些用户，实现了稳定而持久的发展，而非一时的辉煌。

ZP：在过去的十年中，Fotor 的定位是什么？在这段时间里，定位是否有所调整？

段江：过去十年，图像技术的发展经历了三个阶段。第一阶段主要集中在基础的图像处理，包括色彩调整、特效添加及人像美化等。第二阶段则出现了类似 Canva 这样的平面设计工具，它们基于丰富的模板，让用户能够轻松进行图文排版设计。而第三阶段，则是生成式 AI 技术的崛起，它彻底改变了图像处理的玩法。以往的技术很难对图像中的内容或元素进行修改，但现在，借助生成式 AI，我们可以轻松修改图像内容，创造出更多的变化和可能性。

最初，Fotor 的定位是作为"简单的 Photoshop"，提供多种特效和图文排版功能。然而，它现在的定位已经转变为面向大众的图像处理工具箱，集成了上百种功能，如图 1-4 所示。我们并不期望每个用户都使用所有功能，但某些特定功能能够精准解决用户的问题。我们的定位非常明确：让用户在想到图像处理或平面设计时，立刻想到 Fotor。

图 1-4　Fotor 界面四

## 1. AI 图像应用：段江，教授创业，用 Fotor 开启"大航海时代"

ZP：我们共同见证了 AIGC 技术的变革，那么这对我们这类产品将产生哪些影响呢？

段江：ChatGPT 的推出引发了市场的热烈反响，使得相关的 AI 产品受到了更多的关注。然而，尽管 Midjourney 在图像生成方面表现出色，强于其他竞争对手，但其近几个月的活跃用户数却呈现下降趋势。这可能是由于 Midjourney 的功能相对单一导致的，虽然图像生成能力突出，但用户并不会每天都进行图像生成，容易产生审美疲劳。

相比之下，Fotor 的用户数量持续上升，这得益于其提供的多功能工具箱。用户通过搜索 AI Image Generator、AI Art Generator 等关键词进入 Fotor 平台，不仅能够生成图像，还能解决生活或工作中的实际问题。此外，用户在生成图像后，可以直接进入图像处理和平面设计的下一步，例如制作海报。Fotor 成功地将 AIGC 技术与传统的图像工具结合起来，提供了更加全面和深入的服务，如图 1-5 所示。

图 1-5　Fotor 界面五

ZP：当年 Fotor 为何选择进军海外市场？对于中国团队而言，开发面向海外市场的软件有哪些优势和劣势？

段江：在 2018 年，我们曾尝试针对国内市场开发类似 Canva 的产品，但遗憾的是，我们错过了以最低成本获取流量的最佳时机。出于对公司规模和资源分配的考虑，我们做出了调整，并在 2020 年左右停止了该产品的开发。同时，我们转向海外市场，因为在 Google 的生态系统下，竞争环境更为公平。

中国团队在产品迭代速度上具有竞争优势。Fotor 在 2024 年 3 月已经超越了 Pixlr，这得益于我们多年来在产品和技术上的持续投入。我们的产品功能迭代周期大约为两周一次，这种快速迭代的能力使我们能够不断优化产品，满足用户需求，从而在市场上保持领先地位。

ZP：我们注意到 Fotor 最近在一个人工智能产品出海榜单中荣登榜首，并在全球人工智能产品排名中位列第 23 位（图 1-6 显示为第 47 位）。能否分享一下 Fotor 目前的发展状况？你们是如何取得这一成就的？

段江：Fotor 目前的月活跃用户数接近 2000 万，相较于一年前增长了 6 倍。经过十年的沉淀，Fotor 在产品和技术方面都取得了显著的进步。虽然开发单一 AI 应用并不困难，但单一功能往往只能带来短暂的流量高峰。在这次 AI 技术变革中，反而是老牌公司享受到了更多的流量红利，许多新产品则只是昙花一现。

Fotor 的成功一方面得益于在产品和技术上的十年积累，这让我们与竞争对手拉开了差距；另一方面，我们在口碑积累上也做得相当出色。过去的基础工作为我们赢得了海外的良好排名。过去十年间，Fotor 不断获得海外媒体的报道，这些内容在网络上长期积累，无形中成为 Fotor 的品牌资产，持续帮助我们吸引新用户，这种自然的用户增长比付费推广更具持续性和针对性。

图 1-6　Fotor 的下载介绍界面

## 1. AI 图像应用：段江，教授创业，用 Fotor 开启"大航海时代"

ZP：还有一个非常有趣的问题，您作为一名大学教授选择了创业，而"教授创业"这个话题一直以来都颇具争议。您对此有何看法？

段江：确实，教授创业存在一些挑战，但同时具备一些优势。例如，教授通常对技术有深入的理解和专注，而创业则需要坚持和专注。然而，教授在创业过程中也需要补充一些能力，比如持续学习的能力，无论是关注竞争对手还是追踪海外的最新动态，这种不断学习和适应变化的能力都至关重要。

ZP：从长远来看，Fotor 的愿景和使命是什么？

段江：我们致力于把握生成式 AI 技术的变革，展望未来，在图像处理这一广阔领域，将出现更多创新的玩法。Fotor 的目标是成为一个全面的图像创意软件工具箱，未来还将拓展至视频处理领域。我们期望 Fotor 能够成为全球 AI 产品中的佼佼者，为国家争光。

最近，我们的团队在葡萄牙进行了团建活动。葡萄牙作为大航海时代的标志，象征着 Fotor 致力于开拓全球市场的决心。属于 Fotor 的"大航海时代"已经正式开启。

## 2. AI 效率工具：石天放，23 岁做的 ChatMind 是国内首批被公开披露收购的 AIGC 产品之一

访谈时间：2023 年 11 月

本篇我们采访了国内首位被收购的 AIGC 产品创始人石天放。ChatMind 在创立几个月后便被 XMind 收购，这次收购事件反映出传统公司在面对 AI 机遇时的复杂心态，既有对新 AI 产品可能颠覆传统软件的恐惧，也有对 AI 技术为产品带来无限想象力的期待。随着 AI 应用产品的不断涌现，预计我们将迎来互联网时代的收购新浪潮。

ChatMind 是一款创新的思维导图产品，它利用通用大模型的能力，允许用户通过输入文字来生成思维导图。这一功能突破了传统思维导图工具仅提供编辑功能的局限，显著增强了产品的创意和实用性，从而大幅提升了其效用和价值。ChatMind 的应用场景非常广泛，适用于产品设计、计划安排、文章结构梳理等多个领域。

**ZP：请先自我介绍一下吧。**

**石天放：**我出生于 1999 年，自幼对技术和游戏充满热情。从高一开始，我便自学编程，尝试制作游戏，并通过创业活动实现了高中生活费用的自给自足。高中毕业后，我选择了人工智能专业，并顺利地在毕业后赶上了该领域的一波发展浪潮。在大学期间，我大部分时间都投入到读书和项目实践中：通过学习拓宽了视野，看到了一个全新的世界；而项目实践则为我积累了从产品落地到推广的宝贵经验，这对我后来的创业之路起到了极大的推动作用。

大三时，我加入了 Vland 担任 AI 算法实习生，随后又参与了李泽湘教授发起的 XpartPark 孵化项目，最后进入奇绩创坛大脑参与技术工作。这些经历让我深入了解了创业公司的运作流程，以及人工智能领域的前沿和全面信息，为我快速打造 AI 产品提供了极大的帮助。

**ZP：您是如何获得开发这款产品的灵感的？是什么原因促使您决定走上创业之路？**

**石天放：**八个月前的一个晚上，在学校的图书馆里目睹了众多 AI 项目的迅速崛起。不久前，我为奇绩创坛完成了一个类似 DocGPT 的项目。我开始思考是否

## 2. AI 效率工具：石天放，
## 23 岁做的 ChatMind 是国内首个被公开披露收购的 AIGC 产品

还有其他形态的产品有待发掘。于是，我将 GPT 能够结合的所有信息格式（包括文本格式和文件格式）进行了梳理，发现思维导图这一领域在国内外都尚未被开发，同时它是一种极佳的可视化内容形式。我首先与几位朋友分享了这一想法，询问他们是否愿意一同开发，但得到的回应要么是时机已晚，要么是缺乏时间。因此，我决定独自承担这一挑战，并在一个晚上就完成了产品的原型开发。

决定创业的驱动力源于我自高中以来对创业的浓厚兴趣。之前我一直从事游戏开发和其他项目，积累了丰富的经验。这次，我能够迅速运用之前学习和积累的经验，快速将产品推向市场。

ZP：请介绍一下 ChatMind。

**石天放**：ChatMind 在最初阶段定位为新一代 AI 驱动的思维导图工具。其早期功能允许用户基于文本输入生成结构化的思维导图，并可以通过文本继续修改，目标用户群体相对广泛，包括国内外的用户。在只进行了一些社群推广的情况下，它在短短两三个月内就拥有了数十万的独立访客（UV），其中巴西是用户量最大的地区。

我认为 ChatMind 还可以进一步开发整理日常信息和记录的功能。自动整理和可视化信息也是一个很好的需求点。目前市场上还没有在这方面做得很好的 AI 工具。

ZP：ChatMind 解决了用户的哪些痛点？

**石天放**：ChatMind 解决了将逻辑梳理得更清晰的痛点，即将一维空间的文本转换为多维空间的思维导图。传统的文字阅读需要从左到右逐行进行，而通过 ChatMind，文本信息可以被转化为视觉化的结构，从而跳过了线性阅读的困难，使逻辑关系一目了然。

ZP：自 ChatMind 上线以来，我们注意到它取得了显著的数据增长。您认为这一成就背后的核心原因是什么？

**石天放**：数据增长得益于当前社会对 AI 应用的广泛关注，这一趋势为我们的增长提供了极大的助力。此外，还有一个关键因素是心理阈值的突破。一旦产品突破了这个阈值，就更容易激发用户的分享和传播行为。当时，人们对 AI 项目的认知还停留在 Siri 这样的初级阶段，因此，ChatMind 的创新性很容易引起用户的兴趣。

长期来看，我们的核心竞争力在于产品在可视化和结构化效果方面的优势，以及这些优势在用户心智中形成的稳固地位。

ZP：ChatMind 的底层技术是基于大语言模型还是自主研发的模型？您如何看待训练垂直模型加应用和微调开源模型这两种发展路径？

石天放：ChatMind 最初使用 GPT 模型，后来通过 Slack API 接入了 Claude 模型。这一转变显著降低了成本。

ZP：在商业模式方面，你们进行了哪些推演和设想？

石天放：我们在前期通过基础的思维导图产品吸引流量，随后通过提供额外的增值功能来实现赢利。

ZP：过去半年，AI 热潮的兴起带来了哪些变化？对于 AI 助手这类产品产生了哪些影响？最让你们感到兴奋的是什么？

石天放：变化在于，许多事情更加便捷。对于你不熟悉的领域或知识，不再需要四处求人，可以直接向 AI 大模型提问。在某些情况下，AI 大模型能够提供与行业专家相媲美的建议，并处理一些相对复杂的问题。新一代 AI 大模型在知识处理能力上有了显著提升。

ZP：XMind 为何会迅速收购 ChatMind？

石天放：首先，ChatMind 在早期就吸引了高质量的 AI 用户群体；其次，AI 产品具有显著的先发优势，能够迅速占领用户心智。ChatMind 在海外市场已经成为 AI 思维导图的代名词。当时，我们与 XMind 的 CEO 孙方经过一晚上的深入交流，便迅速决定了收购事宜。

ZP：自创立以来，你们在技术和商业方面遇到了哪些弯路或挑战？你们是如何应对和克服这些困难的？

石天放：ChatMind 的发展过程相对顺利，几乎没有走过弯路。我们一开始就选择了正确的方向，这使得后续的问题相对容易解决。然而，我们也曾经因为行动过快而未能预见未来道路上的障碍，没有提前做好充分的调查和规划，导致浪费了不少时间和精力在无效的努力上。这让我们认识到，拥有足够的信息和知识是多么的重要。人们通常只能赚取自己了解和接触的信息范围内的钱，而超出认知范围的钱往往是难以获得的。

在创业的过程中，最困难的挑战之一是团队管理，包括团队内部的相处和合作。如何建立高效的团队沟通和协作机制，是我们在发展过程中不断学习和改进的重要

## 2. AI 效率工具：石天放，
### 23 岁做的 ChatMind 是国内首个被公开披露收购的 AIGC 产品

课题。

ZP：对于 AI 应用领域，全球创业者都表现出极大的热情，市场呈现出多元化发展的态势。您对此有何看法？对于新入局的创业者，您有什么建议或经验想要分享吗？

**石天放**：好的机会并不多见。无论是通过咨询行业人士，还是通过逻辑推理，都应在充分了解潜在风险后再行动。虽然时间宝贵，但匆忙入场并不一定能节省时间。

优先选择自己熟悉的领域，或者确保获得充分的信息，这样可以避免遇到许多问题。你所做的事情、你认识的人，以及你掌握的信息之间存在着紧密的相关性。加入那些能够提供前沿信息的公司，比如在奇绩创坛实习的过程中，可以接触到许多前沿信息。因此，与许多人相比，我能够更早地获得更全面的信息，从而更快地抓住机遇。

ZP：在过去半年中，AI 应用呈井喷式发展。您认为在哪个时间节点，这种大规模的 AI 应用发展可能会遇到瓶颈？为什么会出现这种情况？

**石天放**：这种大规模的 AI 应用发展遇到瓶颈的时间节点可能并不固定，更多地取决于还有多少场景能够被 AI 优化和改进。至少在未来十年内，AI 仍将是主导技术。好的机会总是逐渐被发掘出来的。这一过程通常是缓慢的。

ZP：请向我们的读者推荐一本您最近阅读的图书，或者一篇给您留下深刻印象的文章。

**石天放**：在大学中，我们学习了《中庸》和中国的心理学。西方文化倾向于寻求具体的方法和解决方案，而中国文化则更注重清晰易懂的原则。遵循这些原则可以避免许多问题。例如，"己所不欲，勿施于人"这样的基本道理，在产品设计和企业管理中同样适用。然而，许多人忽视了这些基本道理，设计出连自己都不愿意使用或没有时间使用的产品。

满足这些基本条件只是一个起点。自己使用的产品并不意味着别人也会使用。因此，在创业的道路上，挑战仍然很多。

生成式 AI 技术的出现进一步降低了创业的成本和门槛，吸引了越来越多的年轻人进入这个行业。我们希望年轻人在技术变革的浪潮中能够找到适合自己的方向。

# 3. AI 图像应用：马飞，游戏"老炮"用 SeaArt 打造 AI 时代的"Pinterest"

访谈时间：2023 年 12 月

随着互联网的蓬勃发展，图片已经成为信息传递和创意表达的重要形式。Pinterest 作为图片 2.0 时代的佼佼者，凭借其独特的社交分享和创意探索功能，在全球市场上占据了举足轻重的地位。

然而，技术的不断进步带来了许多关键的技术变革节点。在这些节点上，我们见证了许多明星公司的崛起。例如，Stable Diffusion 1.5 的发布，标志着 AIGC 文生图技术的重大突破。这期间也涌现出了许多引领潮流的公司，这些公司不仅推动了技术的发展，也为用户提供了更多创新和便捷的服务。

本篇我们采访了星合互娱的联合创始人兼 CTO、SeaArt 的创始人兼 CEO 马飞。SeaArt 于 2023 年 6 月上线，截至 2023 年 11 月，其月访问量已经达到 600 万。在此次访谈中，马飞展示了 SeaArt 在 AI 时代图文领域的丰富多样性和强大的创新能力。受 Pinterest 的启发，SeaArt 构建了图片 3.0 时代的愿景，旨在成为一个 AI 娱乐平台，利用 AI 技术创造更多泛娱乐内容。SeaArt 界面如图 3-1 所示。

图 3-1　SeaArt 界面

## 3. AI 图像应用：马飞，游戏"老炮"用 SeaArt 打造 AI 时代的"Pinterest"

## 01 游戏行业先驱创业者，探索 AI 在艺术领域的革新之路

ZP：请先自我介绍一下吧。

马飞：我是马飞，SeaArt 的创始人。2011 年毕业后，我加入了 Tap4Fun，成为国内最早一批手机游戏出海的从业者。我参与的第一个项目是《银河帝国》（*Galaxy Empire*），这款仅用 45 天上线的游戏便取得了巨大成功。当然，这份成功很大程度上得益于时代的红利。之后，我从老项目转到了新的项目组，参与了《斯巴达战争》（*Spartan Wars*）的开发，这款游戏同样取得了巨大的成功。可以说，我职业生涯早期参与的两个项目都非常火爆，这确实是我运气比较好的体现。

2012 年年底，我开始自己的创业之旅，专注于游戏开发。随后，我经历了第二次、第三次和第四次创业，一直持续到 2017 年年底。那时，我加入了一位投资人的公司，开始研发微信小游戏项目。我们团队的日活跃用户数达到了四五千万，位居全国前三。然而，在团队参与新项目一年后，我发现微信小游戏实际上是一场流量和资本的游戏，与创意关系不太大，其成功的关键在于拥有大流量的平台和形成的矩阵效应。在那一年里，我们团队推出了许多游戏，这些游戏之间相互导流，形成了一种更接近于纯市场驱动的商业化模式。

2019 年，通过朋友的介绍，我认识了陈立，也就是现在星合互娱的董事长。我们经过两次交谈，发现彼此的理念非常契合，能力上也互补：陈立擅长产品，而我擅长技术。当时，陈立已经有过 3 次创业经历，而我则有 4 次，我们之间有很多共同语言。因此，我们决定一起创业，成立了星合互娱，并在 2019 年 5 月获得了天使投资。

当时，SLG（Strategy Game，战略游戏）市场已经非常成熟，我们秉持着"小步快跑，快速迭代"的理念，后来居上，挖掘自身的优势。星合互娱的一款爆品游戏《小小蚁国》，实际上是我们团队的第三款产品。它的成功得益于前两次制作产品的经验积累。我们的第一款产品从制作到上线经历了 14 个月，第二款产品缩短到 10~12 个月，而第三款产品只用了 4~6 个月。这反映了整个团队的进步和发展。

结合前两次的经验，我们选择了独特的题材，并凭借团队的能力，共同成就了第三款产品的爆火。然而，现在回望，《小小蚁国》的成功除了团队的努力，还有一些外在的客观因素。当时正值新冠疫情，这对我们是一把双刃剑。疫情初期，娱乐消费产品受益，大家有闲钱，消费价格指数降低，投资回报率提高。我们在

这个时期找到了市场的立足点。到了疫情后期，公司和产品已经进入了稳定的良性循环阶段。因此，该产品的成功还得益于天时地利人和的完美结合。

ZP：您为什么对创业情有独钟？您是从何时开始萌生创业的念头，或者说是从何时起您想要自己做一些事情的？

马飞：这颗创业的种子应该是在大学时期就已经埋下了。当时正值PC互联网向移动互联网的过渡期，我一直在思考移动互联网可能带来的机遇。选择进入移动游戏行业，一方面是因为我觉得这个领域非常新颖，另一方面则是因为我自己对玩游戏有着浓厚的兴趣。在上学期间，我就非常喜欢玩游戏。进入这个行业后，我也确实赶上了移动游戏黄金时期的开始。

ZP：您在游戏行业拥有12年的丰富经验，您是如何想到创立并孵化SeaArt这家公司的呢？

马飞：SeaArt的正式启动是在2023年4月，但其实我们在2022年就已经开始关注AI的发展，并做了一些准备工作。2023年春节后，我们开始全力推进这个项目。

我们的第一步是尽量实现企业内部的AI化，让AI技术深入企业内部，帮助我们解决各种问题。我们主要针对三个岗位：策划、程序和美术。在美术模块中，我们主要使用了Midjourney和Stable Diffusion（以下简称SD）。虽然Midjourney上手容易，但在处理复杂内容时，其拓展性相对较弱。因此，我们决定将主要精力集中在SD上。我们使用GPT-4编写了一个云上全托管的SD云服务，供我们内部使用，并验证了ChatGPT的能力。随后，我们邀请内部的美术同事开始使用这项服务，并每周进行分享，主题是如何利用AI提高工作效率。这样的实践持续了一个月，我们对AI的能力有了更深入的了解。在与陈立沟通后，我们一致认为，AI不是炒作，它能够带来生产力的实际提升。例如，美术人员之前制作一个角色可能需要1~2周的时间，现在使用SD结合Photoshop，真的可以实现一天创作1个，甚至2~3个角色。

尽管AI技术的发展是大势所趋，但我们发现其普及率仍然相对较低，加之在发展初期，相关的配套设施非常简陋且不完善，这导致了使用门槛较高，无法充分发挥产品的最大效用。我们意识到，对于各个企业来说，利用AI产出内容的需求都非常强烈。像星合互娱这样超过千人的大型游戏公司在工作中遇到的问题都需要AI的辅助来解决，小型公司面临的问题只会更大。因此，我们从中看到了基本的市场诉求和发展空间。

这次创业的初衷是希望通过AI技术带来生产力的提升。全球艺术市场的潜力

### 3. AI 图像应用：马飞，游戏"老炮"用 SeaArt 打造 AI 时代的"Pinterest"

巨大，例如 Canva 通过提供在线图像编辑服务，降低了 Photoshop 的使用门槛，市值达到了 400 亿美元。因此，我们希望将 AI 技术与传统工作流程结合起来，打造一个平台型产品，解决当前面临的问题。目前我们收集到的数据显示，SD 模型已经超过 20 万个，构成了一个丰富的生态系统，但缺乏将信息快速传递给用户的有效机制。因此，我们需要解决的第一个问题就是利用互联网 2.0 时代的基础设施来支撑 AI 工具，例如处理之前提到的庞杂数据，通过推荐算法等方式呈现给用户。到目前为止，许多 AI 在线网站和工具仍然相对简陋，无法通过用户画像和交互行为进行自动分析和推荐，这导致用户获取信息的成本增加和效率降低。

ZP：你们从提升星合互娱自身生产力的实践中，看到了全球从业者同样存在着类似的需求。那么，你们具体是如何应对这一挑战的呢？

马飞：我们的工作主要分为两个阶段：第一阶段，我们专注于信息的获取与呈现；第二阶段，我们针对 SD 领域内的自然语言理解和构图问题，协同精通算法的团队成员，并结合我们在游戏项目中的经验，提出了主美模型的概念。这个模型能够更快速、准确地理解制作人的意图，勾勒出高质量的设计稿，从而帮助初、中级的美术从业者更快地进行细化和上色。

星合互娱内部拥有优质的种子用户，产品迭代速度异常迅猛，但每周一个版本的速度仍无法满足用户需求。在产品发展初期，我们集中力量在以下三个核心方面进行突破。

首先，注重"简洁易用"的原则，通过简化信息获取和参数预设流程，确保用户能够轻松上手。

其次，致力于提升成图质量，确保输出作品的高标准。

最后，不断丰富和积累工作流程，以适应多样化的创作需求。

在经历了两个月的密集更新与迭代之后，我们的产品在 2023 年 5 月正式上线，并迅速引发热潮。海内外用户纷纷自发在 YouTube 和 Bilibili 等平台进行宣传，产品影响力迅速扩大。

ZP：对于星合互娱内部来说，引入 AI 工具对生产效率及人力资源配置产生了哪些影响？

马飞：截至目前，我司在美术领域的人力需求已减少了三分之一。特别是在执行美术任务方面，AI 工具的应用最为成熟，尤其是在 2D 领域，如原画、平面设计、

UI设计等。我们内部使用的项目组，几乎能够依赖AI完成80%~90%的工作量，而人工的介入主要集中在工作的"起点"与"终点"："起点"涉及构思方向和设定边界，而"中间执行过程"则完全由AI接管，"终点"则是对成果进行最终的完善和调整。

目前来看，AI工具的实施和迭代进展是积极的。尽管工作替代率较高，但这并不意味着需要大规模裁员。因为除了速度，产品质量同样至关重要。AI工具提高了工作效率，为我们赢得了更多时间来关注和提升产品质量。因此，AI在节约人力的同时，并非简单的线性关系，其最终目标是实现产品质量的优化。

可以将这个过程类比为"美术外包"的工作流程。在审稿和过稿环节，通常是美术组长负责整体设定，然后将具体细节分配给组员完成。这类似于金字塔结构：在创建一个角色时，组长会完成最关键的部分——角色设计和过稿，而大量的中间层和底层工作——细节完善和上色，则由执行人员完成。引入AI工具，就像取代了这些执行角色。因此，无论是美术行业还是编剧行业，AI带来的最大变革在于，它能够让个人或小型团队发挥出整个团队的力量。

ZP：那么，我们的工作流程是否正在经历变革呢？

马飞：在游戏公司内部，我们的工作流程变得更加专业化。我可以分享几种我们采用的方法。当需要寻找灵感时，我们可以通过文字或图片进行搜索，找到合适的模板后，反向研究这些模板的描述词汇，并在此基础上对提示词、参数及权重进行精细调整。

此外，在美术模块中，我们更多地运用了基于图像生成图像和基于条件生成图像的技术。例如，先人工勾勒出角色的轮廓，然后结合选定的模型，通过图生图等技术迅速锁定目标作品，最后进行细节调整。尽管AI在手指描绘等方面可能存在瑕疵，但对于专业美术人员来说，这些小缺陷并不会掩盖其价值。特别是在游戏行业，我们既追求速度也追求质量，会采用拼图技术，比如将A图的建筑部分与B图的场景部分结合，快速拼接后提取深度信息，再利用模型生成全新的图像。

当然，也存在一些用户难以适应使用AI工具工作的情况。就像有些程序员是天生的"十倍程序员"，而有些人则只能达到普通水平。这种现象属于个体差异。AI工具能够调整工作效率的底限，但无法无限提高其上限；它可以将大多数人的工作效率提升两三倍，却无法让每个人都成为"十倍程序员"。在游戏公司，我们通过模块化操作，复用技术底层框架、通用模块，以及美术资源和素材等，有

### 3. AI 图像应用：马飞，游戏"老炮"用 SeaArt 打造 AI 时代的"Pinterest"

效地提升团队的整体工作效率。

ZP：能否回顾一下美术工作人员过去使用的工具，以及这些工具现在是否与 AI 技术相结合？

马飞：在我们看来，这是一种融合。目前，AI 对原画工作的影响最为显著。过去，美术工作人员主要依赖 Photoshop 进行创作，而现在 AI 工具的广泛应用并没有导致 Photoshop 的完全淘汰，而是显著降低了其使用频率，可以说减少了大约 80%~90%。这实际上是一种结合使用的过程，就像人们在使用 ChatGPT 的同时，仍然会使用谷歌搜索引擎，只不过谷歌的使用频率有所下降。

目前，Photoshop 的使用主要集中在前期的草稿处理和后期的修正阶段。对于高级美术工作来说，AI 工具用于快速上色、细节完善或灵感获取。在创作的"开头"，如骨骼草图的绘制，我们仍然会使用 Photoshop；在"中间"阶段，则采用 SeaArt 等 AI 工具进行处理；到了"结尾"阶段，再次使用 Photoshop 进行最终的调整。由于 AI 提高了工作效率，确实导致了部分美术人员的裁减，而留下来的都是那些能够熟练运用 AI 工具的员工。

ZP：我们注意到传统软件也在逐步集成 AI 功能，那么我们是否尝试过使用 Photoshop 的 AI 功能？对于用户习惯和选择的未来趋势，您有何看法？

马飞：目前的情况是，公司内部几乎没人使用 Photoshop 内置的 AI 功能，不过，展望未来，Photoshop 无疑仍将占有一席之地。Photoshop 在集成 AI 功能时面临诸多考量，首先，它的用户群体主要是专业人士；其次，Photoshop 拥有庞大且成熟的市场和用户基础。因此，对其来说，做出改变是一项艰巨的挑战。

在星合互娱全力推广 AI 工具的过程中，我们曾提出一个口号："我们不会因为效率提升而大规模裁员，但会淘汰那些不愿接受 AI 的人。"有趣的是，当时在成都，甚至是一些出海的游戏公司，其美术团队和主美仍在阻止员工使用 AI。当然，时至今日，仍有许多人持这种保守态度，他们认为 AI 的出现瞬间降低了他们多年积累的经验价值，因此不仅自己拒绝使用，还阻止他人使用。这种情况在 Photoshop 用户中可能更为常见。

引用一个或许不太恰当的比喻，现在在新能源汽车领域取得成功的往往是那些在传统汽车领域表现平平的公司，而大众、丰田这样的传统汽车巨头却未能在新能源汽车领域取得显著成就。Photoshop 面临的挑战与传统汽车行业面对新能源转型的阻力相似，由于其庞大的体量和历史包袱，转型对其来说是一项巨大的考验。

ZP：为什么 Photoshop 的 AI 功能使用率不高？

马飞：首先，成图质量是一个因素。虽然市场上常有声音称某某技术"吊打"ChatGPT，但实际上，ChatGPT 仍是行业的"顶流"。Photoshop 采用的是闭源模型，其模型能力受限。我们观察到，尽管 Midjourney 的起始质量较高，但 SD 通过不断迭代，能够覆盖多种风格，提供了丰富的垂直领域模型，这更适合那些对内容多样性和创新性有高要求的用户。

其次，文生图的生态系统与 SD 相比仍有较大差距。在交互方式上，用户更倾向于搜索和参考他人的模型。在 Photoshop 中，信息的获取和模型的筛选并不那么便捷，这也是其 AI 功能使用率不高的另一个原因。

## 02 长期定位 ToC 泛娱乐平台，启迪于 Pinterest 的创新之道

ZP：那么，我们也在构建自己的生态系统。目前 SeaArt 平台上积累的模型数量达到了多少？

马飞：SeaArt 平台上的垂直领域模型数量已接近 25 万个。我不认为垂直模型存在上限，因为新内容是持续产生的。我们知道 Pinterest 托管了超过 4000 亿张图片，因此 SeaArt 平台的模型增长潜力巨大。我们保持着每天上传并训练 800 到 1000 个 LoRA 模型的速度。

这 25 万个模型可以分为两大类：Checkpoint 和 LoRA。Checkpoint 可以看作基础大模型，它具有较强的泛化能力，能够处理多种任务，如场景、人物、横幅等。但由于 SD 参数规模限制在 3B 左右，所以每个模型擅长的风格是有限的，真正精通的风格可能只有几个，比如写实、魔幻、卡通等。这类基础模型在目前的 25 万个模型中占比约 10%，而剩下的 90% 是 LoRA 模型。

LoRA 模型可以通过少量图片集进行训练，比如 10 张、100 张甚至 1000 张图片，它们更倾向于特定风格，能够快速捕捉人物特征，实现风格的自定义。

这两种模型是互补的，基础模型生成多种风格需要大量的时间和精力，而 LoRA 模型则可以通过较少的图片和自动化的工作流程参数设置快速实现，使得更多人能参与其中。

## 3. AI 图像应用：马飞，游戏"老炮"用 SeaArt 打造 AI 时代的"Pinterest"

图 3-2　SeaArt 宣传海报

我相信随着时间的推移，凭借推荐系统、自然语言总结能力及丰富的模型，SeaArt 将逐步建立起内容生态壁垒。技术本身并不构成壁垒，2023 年 AI 技术的爆发使我们意识到，关键不在于技术，而在于如何精准定位产品，发挥其应有的能力。如今，无论是文生图还是视频制作，都有成熟的开放源代码解决方案。我们面临的挑战是如何进一步降低成本、扩大用户基础、提升变现能力。

ZP：可以介绍一下 SeaArt 平台目前提供的功能吗？

马飞：核心功能主要有以下几点。

首页—探索（Home—Explore）：用户进入首页后，首先看到的是图片墙，它会根据用户交互行为和偏好进行推荐，帮助用户快速发现所需产品或风格，从而快速进行创作或调整。大多数用户可能对模型和 LoRA 的概念不太了解，但当我们展示它们能创作出什么样的图片时,用户就能立刻有所领悟。这是一种最直接、最直观的展示方式。通过这种方式,用户可以逐步学习如何撰写有效的提示词,进而不断提升创作能力。SeaArt 首页界面如图 3-3 所示。

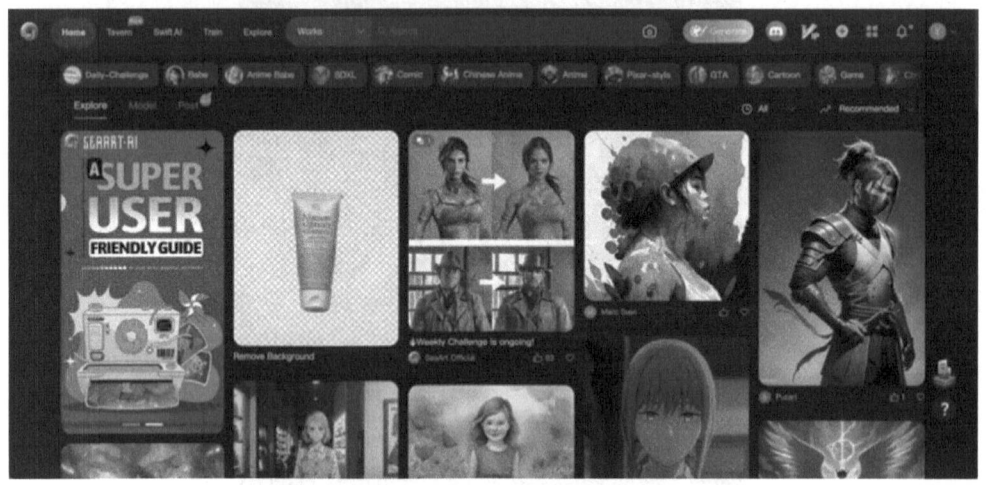

图 3-3　SeaArt 首页界面

**首页—模型 + 发布(Home—Model+Post)**:对于中重度用户来说,他们可能更关心平台提供了哪些模型,以及这些模型能够实现的功能。发布(POST)功能允许用户主动分享他们的创作内容。

**SwiftAI**:这个模块融合了工具和娱乐功能。例如,AI 人像(AI Portrait)就像是一个 AI 摄影棚,AI 滤镜可以让用户轻松切换不同的照片风格。此外,还包括高清图片生成、草稿成图、背景去除等常规功能。

**训练(Train)**:平台还提供了 LoRA 训练功能。SeaArt 的 LoRA 训练过程设计得非常简便,例如,创建 LoRA 时,用户只需选择一个风格并上传 10 张图片,系统便会自动处理图片裁剪和超参数设置。当然,用户也可以选择手动完成这些步骤。单个训练通常在 10~15 分钟内完成,之后即可使用。

**工作室(Studio)**:海艺实验室可以看作 SeaArt2.0 的升级版,即 SeaArt3.0。它专注于影视和写实风格的创作,提供的图片综合质量更高。SeaArt 不断迭代更新,随着功能的增加和流程的丰富,我们始终致力于保持创作的便捷性,让初中级用户都能轻松使用。初级用户可以更多关注提示词的撰写,SeaArt 会自动对图像进行润色,包括后续的模型切换和技术高级设置。实验室板块的成图质量优于首页,

### 3. AI 图像应用：马飞，游戏"老炮"用 SeaArt 打造 AI 时代的"Pinterest"

主要面向追求艺术创作的专业用户。

**酒馆（Tavern）**：这是最新上线的面向娱乐的 Agent 社区，如图 3-4 所示。

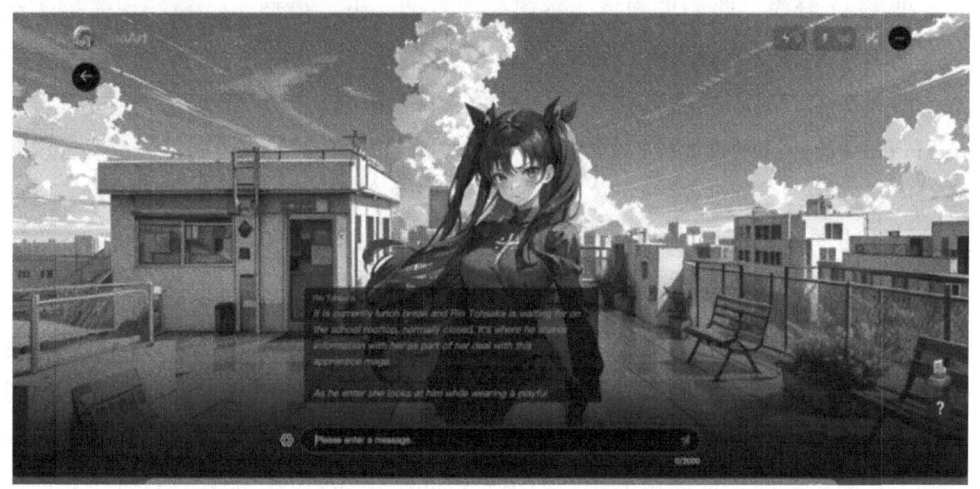

图 3-4　SeaArt Agent 社区界面

**ZP**：目前哪些功能使用较为频繁？这些功能模块的服务对象是否有所不同？

**马飞**：目前使用频率较高的功能是 Explore 和 Generate。

SwiftAI 是我们进行二次开发后的产品，主要面向更广泛、对 AI 技术使用需求较轻的用户群体。而 Train 功能则专为中重度用户设计，这些用户对 AI 文生图已有一定的了解，并希望根据自己的需求定制风格或角色。这一功能通常被美术专业岗位的人员所采用，以便创作出更多样化的角色。

此外，LoRA 虽然主要针对娱乐用户，但二次元和同人用户群体也在使用它来创作个性化的内容。至于 Studio，它专为追求专业水准和艺术性的用户设计，其应用场景更为专业和严谨，适合那些对作品质量有极高要求的用户。

**ZP**：SeaArt 的产品设计理念是什么？产品从设计到迭代的具体方法又是怎样的？

**马飞**：关于这一点，我很乐意分享我们的经验。整体产品的设计在很大程度上受到了 Pinterest 的启发。在开发游戏或其他项目时，我们频繁使用 Pinterest，因为它被视为图片 2.0 时代的标杆产品。Pinterest 能够根据用户的画像和互动行为推荐相应的图片。在之前设计游戏资产，如角色、场景或建筑时，我们常常在 Pinterest 上寻找参考资料。它通过用户的互动行为、画像和信息聚合，迅速帮助你

21

找到灵感或参考，之后这些图片会被交给美术团队，或者我们自己使用 Photoshop 进行进一步创作，这便是我们传统的创作流程。

进入 AI 时代，我们发现这一流程依然有效。由于模型、LoRA、提示词等概念对大多数人来说较为陌生，如果能让用户像使用 Pinterest 一样使用我们的 AI 网站，那么在他们进行二次创作时，只需单击"制作同款"即可实现。这可以看作是 Pinterest 功能的延伸，我们认为这种方式更贴近用户现有的使用习惯，或者说，是对用户使用习惯的一种升级，而并非创造一种全新的交互方式。这与我们之前开发游戏的理念是一致的。

真正成熟的游戏设计往往不是从零开始的凭空想象，而是基于多年的积累，一代又一代地在前辈的基础上迭代发展而来的。以 SLG 游戏为例，最初可能只有一个简单的内城，连动画都没有，后来逐步增加了动画、外城、实时战斗、实时行军等设计。这些都不是摒弃传统规则和习惯去创造全新的设计，而是在前人的基础上，满足之前未能满足的用户需求。因此，在我们的产品设计过程中，前期设计和定调时借鉴了 Pinterest 的很多设计思路。我们认为，在 AI 时代的图片 3.0，应当建立在图片 2.0 的成果之上，进行创新和发展。

ZP：能否详细谈谈您从 Pinterest 借鉴的一些核心理念？

马飞：主要借鉴了两方面的核心理念：一是信息的发现，二是信息的组织。Pinterest 的"画板"概念影响深远。在游戏制作过程中，我们经常需要搜集各种场景素材。我们会根据用户搜集的画板内容，进一步推荐相关素材，甚至还会进行更广泛的推荐。

回到我们之前的讨论，在图片 2.0 时代，用户的体验主要局限于"观看图片"，无论是通过主动搜索还是基于用户画像和互动行为的推荐，用户都处于一种被动接受的状态。我们认为 AIGC 有望引领图片 3.0 时代，其最大的优势在于满足了用户快速修改和自定义图片的需求。相比之下，在 Pinterest 上，虽然用户能够找到大量美观的图片，但却无法对其进行修改。

不同用户的兴趣和偏好是多样化的。例如，二次元爱好者可能偏爱白色头发的角色，而另一些用户可能更注重角色的服装多样性。推荐算法虽然能够满足用户个性化的部分需求，但 AI 技术能够填补这一空白，允许用户根据自己的想法创造个性化的内容。我们视这一点为用户的根本需求，同时也是对 Pinterest 功能的一种延伸和发展。

### 3. AI 图像应用：马飞，游戏"老炮"用 SeaArt 打造 AI 时代的"Pinterest"

ZP：在商业化方面，您进行了哪些策略推演？对于市场天花板的问题，您有何见解？

马飞：目前，我们的商业化主要通过个人订阅模式来实现收益，我们坚定地专注于面向消费者的市场（ToC），而面向企业市场（ToB）并不是我们的主要战略方向。

关于市场天花板的问题，我们有自己的思考。目前，在文生图领域，Midjourney 可能是表现最为出色的公司，但其年收入可能还不及星合互娱一款游戏的年收入。单就文生图商业化而言，其上限是相对明显的。尽管随着时间的推移，市场情况可能会有所改善，但我们的目标并不仅仅是通过文生图赚取多少利润。对于海艺主站，我们目前的规划是扩大用户基础，因为用户规模的天花板相对较高。例如，我们看到 Pinterest 的月活跃用户数已经过亿，而在 AI 时代，从搜索图片、观看图片到编辑图片，这是一个逐步发展的过程。更进一步，我们认为 Pinterest 的数亿用户都是我们的潜在目标用户，因为我们提供了 Pinterest 尚未（至少目前尚未）提供的功能。

随着 AI 技术的普及和市场的发展，这个市场的潜力是值得期待的。目前，海艺每天的新增用户中有 80%~90% 是通过自然裂变获得的，因此我们对用户规模的增长持乐观态度，并且充满信心。

此外，我可以分享一个信息。目前，SeaArt 的每日收入已经大幅超过了每日的算力成本，进入良性运营循环。因此，在扩大用户规模方面，我们没有太大的压力。在当前这个时间点，我们的许多竞争对手可能还在自行补贴算力费用，而 SeaArt 将更加积极地扩大市场占有率和用户规模，我们可能会采取更主动的策略来巩固和扩大我们的市场地位。

ZP：所以目前的产品形态并非您的最终形态。您认为您产品的长期定位是什么？未来将以何种产品形态来服务上亿用户？

马飞：我对产品的长期定位有两个层面，一是满足效率提升的需求，二是满足娱乐相关的需求。为了实现更大的用户规模，我们的产品定位应为一个 AI 驱动的泛娱乐平台。专业用户利用这个平台进行游戏开发、电商设计、平面设计等只是需求的一部分，而更大的需求来自社区中众多以娱乐为目的的用户。目前，SeaArt 的目标是尽可能扩大用户基础，而泛娱乐内容是我们发力的一个重要方向。

文生图只是 AI 娱乐的初级阶段，利用 AI 制作写真、应用滤镜是进一步的探索。

如果能够通过 AI 创建开放式、自定义的角色并与之互动，那将是又一次重大进步。因此，我们将产品的终极形态定位为 AI 娱乐平台。在这个平台上，用户不仅可以创作图像，还能将这些图像转化为动画，甚至结合我们提供的大语言模型能力，生成数字人并与它们进行互动。

另外，我们提供了丰富的工作流程，擅长图像创作的用户甚至可以参与到 AI 漫画、AI 互动小说等娱乐产品的创作中。这个平台自然而然地聚集了专业用户、中度用户和娱乐用户，他们能够形成一个自给自足的循环。只要我们规划的产品能够被这些用户所接受，我们实际上就在平台内部构建了内容的生产者和消费者的生态系统。

ZP：关于产品策略，我有几个问题。首先，我们的产品是应该专注于漫画、小说还是其他品类，消费者应用（ToC）的具体方向是什么？其次，这个产品由谁来制作，你们是否能够完全依赖平台上的普通用户，还是需要平台提供支持？

马飞：我们的定位是原创内容生成（OGC），即平台自身将制作一部分内容。最初的内容主要由平台制作，因为平台进行市场试探和闭环测试的效率是最高的。如果我们通过测试发现受众比例达到了我们设定的阈值，则会邀请专业用户加入，共同推进项目。我们将向这些专业用户提供开放的工作流程。

至于面向消费者（ToC）的方向，我们选择内容品类的策略与游戏开发相似。我们会先从与文生图紧密相关的内容开始，以降低用户的迁移成本。我们希望用户能够逐步尝试和适应这些娱乐产品，然后根据用户的认可度和普及率来选择重点产品进行丰富和拓展。这类似于跨境电商和游戏题材测试的策略：游戏厂商在初期仅制作出相应的美术风格，然后进行市场测试，以评估受众群体规模和获客能力；而电商则是大量打样，每种样品生产 50 件，销售情况好的产品就会增加生产。我们接下来在 AI+ 方向的探索也将遵循这一策略，内部团队将先进行核心闭环测试，然后推向终端用户使用。

与之前游戏开发的不同之处在于，游戏需要在成熟的行业中找到差异化的定位，例如题材、玩法或商业化的差异化，通过这些差异化来吸引目标用户。然而，对于 AI 领域而言，目前还没有一个成功的范式。未来的竞争将取决于谁能够更快、更准确地找到正确的方向，以及谁能够最快找到 AI 产品的最佳落地形态，从而抢占市场先机。

ZP：在闭环测试得到验证之后，计划加大投入的这些 AI+ 产品，是打算直接

### 3. AI 图像应用：马飞，游戏"老炮"用 SeaArt 打造 AI 时代的"Pinterest"

在 SeaArt 平台上推出，还是将它们集成到一个新的 App 中，从而孵化出一个全新的产品？

**马飞**：我们考虑了两种路径。如果这些内容与主站的功能和特性高度相关，那么我们会倾向于将其部署到主站上。当然，对于某些产品，如果它们能够作为独立应用进行包装，我们也会考虑推出单独的 App。毕竟，目前大多数用户仍然主要在移动端活动，移动端是我们的主要战场。而 PC 端则聚集了更多中重度用户，这些用户同样具有成为专业内容生产者（PGC 用户）或用户生成内容（UGC 用户）的潜力。

## 03 坚持跑完这场既拼智力又拼体力的"马拉松"

**ZP**：我们如何看待当前的市场竞争态势？当前的竞争对手是谁，而最终的竞争对手又将是谁？我们应如何有效应对竞争？

**马飞**：对于当下而言，在 AIGC 文生图领域是胜者为王的状态，很多竞争对手会在各种各样的情况中离场。由于国内政策的调整，不少竞争对手已经失去了 80%~90% 的流量，有的产品甚至已经消失。SeaArt 目前每日收入远高于每日算力成本，实现了良性运营循环，相当于培养用户池是免费的。而许多竞争对手仍在依靠投资或自身资金来补贴用户，这不是一个可持续的商业模式。对于新进入市场的竞争者，我们在技术上的积累为我们赢得了先机，他们需要投入大量时间来追赶。目前，我们的目标是尽可能以最低的成本维持运营。因为只有生存下来，我们才能持续优化产品。

纯粹的文生图产品在当前阶段如果不积极拓圈，将面临严重的增长瓶颈，这也就是为什么我们的定位转向 AI 泛娱乐平台。就像在游戏行业，最初大家都在争夺 SLG 用户，导致获客成本不断上升。但如果我们能够主动吸引超休闲用户，就能在竞争激烈的市场中创造出一片蓝海。我们的情况与此类似，我们计划通过 AI 赋能的方式，主动向泛娱乐领域进军。

我们未来真正的竞争对手可能是哔哩哔哩这样的内容分发平台。因为我们的中长期目标是打造一个集内容生产、分发、消费于一体的平台，而不仅仅是一个文生图工具平台。我们现在开发文生图、图生图以及工作流程，实际上是在为我们未来在内容生产、分发和消费方面打下基础。

**ZP**：SeaArt 与海外顶尖产品相比是否存在差距？不同平台的定位有何不同？

马飞：在文生图领域，SeaArt 之前已经有一些知名海外产品，如 PixAI、Playground、Leonardo 和 Midjourney，它们各自有着明确的定位。在成图质量方面，Midjourney、Leonardo 和 SeaArt 表现最为出色。Midjourney 采用自研模型，而 Leonardo 与 SeaArt 均采用多阶段成图技术以提升图像质量，在这方面，只有 Leonardo 和 SeaArt 在持续深化研究。

另外，不同平台对用户的定位也有所差异。Leonardo 更倾向于严肃领域，专注于为游戏行业提供 AIGC 文生图、图生图。PixAI 则聚焦于二次元创作社区。SeaArt 的定位则较为独特，虽然我们以游戏起家且公司规模庞大，但并未像 Leonardo 那样专注于游戏行业。这是因为文生图本身是 AIGC 的一个细分市场，若再专注于 ToB 方向，则可能进一步限制发展空间。提及 Pinterest，它是图片 2.0 时代顶尖的图片社区，内容丰富多样。

结合先进的 AI 深度学习和推荐算法，我们有能力实现"千人千面"的个性化体验。无论用户偏好二次元还是建筑设计，我们的平台都能满足他们的需求。我们不应局限于某个垂直领域，这是我们对 AIGC 文生图市场竞争格局的见解。

接下来，SeaArt 将采取更加积极的策略。在垂直领域，我们拥有明显的竞争优势：我们是用户在线时长排名前十的产品之一，实现了算力成本与收入的自我平衡，同时具备易用性、高质量的成图和丰富的工作流程等优势。当前，我们的思考重点是在稳固基本盘的基础上，如何实现向 AI 泛娱乐的转型，吸引更广泛的用户群体。

ZP：那么在这个"胜者为王"的过程中，你们认为决定胜负的关键因素是什么？

马飞：能够迅速扩大用户基础的企业将占据优势。对于网站而言，月访问量是衡量成功的重要指标。我们在 2023 年 11 月的访问量大约是 600 万，而行业领头羊 Midjourney 的访问量大约是 1600 万，是我们的 2~3 倍。过了一个月，SeaArt 的日活跃用户数在 7 万左右波动，即使翻三倍也仅达到 20 万左右，这甚至不如我们游戏产品的日活跃用户数。此外，文生图产品的用户日活跃价值远低于游戏，因此即便成为垂直领域的领导者，其潜力也是有限的。我们的最终目标应该是寻找各种方法来扩展用户群体。

ZP：在未来三年内，市场格局会是分散的，还是会出现明显的头部效应？这一过程需要多长时间，是否将是一个渐进的过程？如果是，有哪些策略可以加速这一过程？

## 3. AI 图像应用：马飞，游戏"老炮"用 SeaArt 打造 AI 时代的"Pinterest"

马飞：根据在游戏行业的经验，我们通常不会直接与竞争对手争夺用户，尤其是倾向于使用特定工具的用户。因为除非产品具有明显的代际优势，否则用户不会轻易转换工具。就像 Photoshop 尽管有许多替代品，但仍然难以被取代。手机市场也是一样的，一款新手机的出现并不会直接将其他手机排除出市场。

市场流量向头部产品聚集的趋势是客观存在的，头部产品最终会发展出显著优势，但其他玩家仍有可能生存下来。这通常会是一个较为漫长的过程，除非有产品能够创造出代际优势。因此，要增加日活跃用户数，我们需要扩大用户基础，跳出文生图和图生图的局限，这样才能真正扩大规模。尽管海艺相较于其他平台具有一定的优势，但我们尚未形成代际优势。排名前十五的产品都有生存的机会，但随着时间的推移，排名靠后的产品可能会因各种原因逐渐退出市场，他们流失的用户将逐渐转移到头部产品。

ZP：在探索产品方向的过程中，你们团队的核心竞争力是什么？

马飞：我们团队的竞争力主要体现在两个层面：一是丰富的经验，二是目前所掌握的技术和团队实力。就经验积累而言，我和陈立都是连续创业者，我们见证了从 PC 互联网到移动互联网的转变，并且是最早投身于移动互联网和移动游戏的那批人。当前 AI 的发展阶段与当年移动娱乐产品的起步阶段颇为相似。当时 PC 资源、研发资源和内容资源都相对稀缺，大家都在探索未知的领域；而现在，AI 研发成本高昂，掌握 AI 应用方法的人才稀缺，AI 的普及程度还不及传统互联网。

我们目前面临的挑战，与 2011 年、2012 年、2013 年移动互联网遇到的非常相似。在移动互联网早期，我们经历了一次次产品变革。我们逐步将玩简单打飞机、跑酷游戏的用户转变为在手机上玩原神、MMO 游戏的用户。这个过程并非一蹴而就。我们认为，AI 的发展也需要经历类似的过程，需要通过中短期、阶段性的产品迭代，逐步培养用户，伴随用户成长，不断积累优势。

SeaArt 已经沉淀了坚实的技术基础，并且在过去半年多的时间里打造了一支优秀的团队。我们的优势在于高效的执行力，AI 创业如同战场上的激烈角逐，要求我们既快又好地推进。这是一场既考验智力又考验体力的"马拉松"。

ZP：让我们聚焦于技术层面，从最初生成效果不尽如人意到后来能够融入传统工作流程，AIGC 成图的关键转折点是在何时出现的？目前的技术水平是否已经满足标准？未来这个领域的技术将朝着哪些方向优化？

马飞：Midjourney 和 Stable Diffusion 1.5 的问世是一个重要的拐点。在这个阶段，只要正确使用，这些技术就能满足工作需求。尽管我们对技术的未来发展仍抱有期待，但相较于之前，技术可挖掘的潜力已经相对有限，不太可能再出现从 0 到 1 的划时代变革。目前，无论是 SD 还是其他平台生成的图像，对于普通人来说，已经几乎无法区分其与真人绘画的差别。因此，进一步提高绘画精度更多是一个边际收益的问题。目前，许多业内人士更希望看到的是成图效率和质量的双重提升。

ZP：SeaArt 的长期愿景是什么？

马飞：对于 SeaArt 而言，我们的目标还是打造一个集内容生产、分发、消费于一体的 AI 内容平台（界面如图 3-5 所示），希望能够向哔哩哔哩这样的平台目标更迈进一步，甚至实现超越。

图 3-5 SeaArt 界面

ZP：从社区、工具产品转型为平台的关键因素是什么？哔哩哔哩是如何完成这一转变的？

马飞：在我们看来，关键在于是否能够有效聚集用户群体。一个平台是否成功，最直接的衡量标准就是活跃用户数量。我们即将推出的许多 AI 泛娱乐产品都与 AI 技术紧密相关，我们将根据新产品与 SeaArt 平台的关联度来逐步推进。这是一个相对稳健、循序渐进的过程。我们的最终目标仍然是不断扩展我们的用户基础。

## 4. AI 图像应用：郭炫和邱子珺，"90 后"打造的 AI Mirror 霸榜全球，让美无处不在

访谈时间：2023 年 12 月

图像技术的进步始终紧密围绕着人类对美的追求和需求。自 PC 时代 Adobe 软件的兴起，到移动端 Instagram 和美图的普及，再到 AI 时代 Midjourney 和 Leonardo 的诞生，技术的普及使得更多普通人得以参与到美的创作中。从生成对抗网络到 Diffusion 模型，AI 技术引发了图像领域颠覆性的变革。通过逐步引入和消除图像中的随机噪声来创造图像，扩散模型在保持高图像质量的同时，提供了更丰富的图像多样性和控制度。基于生成式 AI 开发的众多图像应用，正围绕人类对美的需求，引领着 AI 时代的潮流。

AI Mirror，一款强调用户需求和体验的应用，通过生成个性化自画像，展示了 AI 技术在多样化应用中的巨大潜力。自推出以来，它迅速吸引了千万用户，并在全球各类榜单中名列前茅。

本篇我们采访了 AI Mirror 的创始公司 Polyverse。Polyverse 由"90 后"创业者 Steven（郭炫）和 Queena（邱子珺）于 2022 年创立，专注于开发基于人工智能技术的应用，旨在为全球用户提供简单有趣内容的生产平台。Polyverse 的核心创始团队成员毕业于麻省理工学院、清华大学、中山大学等知名学府，他们曾在苹果、字节跳动、腾讯等头部互联网公司工作。该团队开发的生成式 AI 图像应用 AI Mirror 在上线后迅速获得全球认可，其界面如图 4-1 所示。

- **首周辉煌**：AI Mirror 在上线首周即荣登 Google Play 美国区摄影类应用榜首，并在接下来的四个月始终保持在榜单前两名，显示出其强大的市场吸引力和用户黏性。
- **全球赞誉**：2023 年 6 月，AI Mirror 在日本、韩国和东南亚等多个国家的 App Store 总榜上名列第一，这表明其不仅在美国市场获得成功，还在全球范围内受到广泛欢迎。
- **行业领先**：根据 Sensor Tower 的数据，AI Mirror 在 2023 年下半年的 AI+ 图像应用榜单中位居全球前十，这一成绩凸显了其在行业中的领先地位。
- **下载量突破**：Data.ai 的数据显示，自从 ChatGPT 发布以来，AI Mirror 成为

全球下载量最高的生成式 AI 应用程序之一，排名全球前七，这一成就反映了其广泛的市场接受度和流行度。

- **荣誉提名**：AI Mirror 在 2023 年荣获 Google Play 年度最佳用户选择奖提名，与 ChatGPT、HBO、Threads、Character.ai 等知名应用一同获得提名，这不仅是对 AI Mirror 的肯定，也是对其创新性和用户价值的认可。

图 4-1　AI Mirror 界面

接下来，让我们一起深入了解 Steven 和 Queena 的创业之旅和他们背后的故事。

ZP：请先自我介绍一下吧。

Queena：我是 Polyverse 的联合创始人 Queena。在加入 Polyverse 之前，我曾先后任职苹果和字节跳动。大学期间，我选择休学一年，加入了苹果公司，其间我支持了 Apple Music 的全球上线发布，并参与了 Apple 服务业务在大中华区的项目上线工作。之后，我加入了字节跳动，参与了 TikTok 全球增长等多个高速增长项目，并在工作期间获得了清华大学的硕士学位。

离开这两家公司后，我与 Steven 一起在 AI 领域创业，共同创立了 Polyverse。Polyverse 是一家专注于 AIGC 应用的公司，2023 年 6 月在美国成立。我们从 2023 年下半年开始研发第一款产品，该产品于 2024 年 3 月正式上线。

Steven：我是 Polyverse 的联合创始人 Steven。在加入 Polyverse 之前，我在腾讯工作，主要负责游戏的发行和运营。在此之前，我还尝试过休闲游戏的创业。2022 年，我与 Queena 讨论了在 AI 领域创业的可能性，我们很快达成了共识，并

## 4. AI 图像应用：郭炫和邱子珺，"90 后"打造的 AI Mirror 霸榜全球，让美无处不在

希望通过游戏化的思维来开发应用产品。

在腾讯工作期间，我经历了手游的快速发展阶段，主要接触的是那些注重社交和数值的 MMORPG 游戏。此外，我参与了一段时间具有教育和文化意义的功能游戏的开发。

大学时期，我就有过创业经历。当时，学校只有有线网络，我和同学们主动开发了无线网络路由器，其渗透率在学生中达到了约 80%。离开腾讯后，我注意到了疫情对游戏行业的影响，同时看到了游戏在海外市场的机会，于是与一些朋友一起尝试了休闲游戏的出海业务。

ZP：你们是怎么认识的？

Queena：我和 Steven 的相识源于我们曾有一位共同的老板。随着时间的推移，我们由同事变为朋友。Steven 毕业于中山大学，他的部分创始团队成员正是他在大学时期的室友，他们在大学期间就已有过一起创业的经历。

ZP：可以看出你们的创业跨度比较大，从线下消费品牌到游戏出海，再到现在的 AI 产品。能否分享一下在每个关键节点上你们是如何做出选择的？在 AI 领域的众多方向中，是什么特别的契机促使你们决定开发目前的产品？

Steven：在产品开发过程中，我们非常重视市场和商业模式的选择。当我离开腾讯时，我明显感觉到市场的快速增长和潜在机会已不如以往那么明显，因此，我们在团队创业之初就坚信一个稳健的商业模式至关重要。

我们的团队有一个显著特点，那就是强烈的生存意识。我们通过积极向行业内的资深人士学习，不断积累经验，确保我们的产品在推出的第一天就具备商业化模式。我们的策略不是单纯依靠资金来迅速扩大用户规模，而是更加关注用户能创造的价值和获客成本，采取了一种更加商业化的思考方式。

至于转向 AI 领域的契机，是因为我们观察到市场上现有的产品无法完全满足用户的需求。海外的图片和视频市场潜力巨大，足以容纳多家市值数十亿美元的公司。我们在 AI 领域有一定的研究和积累，使用自己的模型解决了一些具体问题，并且取得了不错的效果。因此，我们决定将这些成果转化为产品推向市场。最初，我们的产品定位更偏向于游戏，我们希望通过游戏化的方式，为用户提供简单而有趣的体验。Polyverse 界面如图 4-2 所示。

（后续回答人皆以 Polyverse 代之。）

图 4-2 Polyverse 主界面

**ZP**：在考虑产品方向时，你们具体对比了哪些竞品？你们认为 Diffusion 模型与之前技术的最大差异是什么？

**Polyverse**：从 2023 年第 4 季度开始，我们着手探索这个方向，并对标了众多在海外市场拥有数千万下载量的产品。然而，我们发现即使是国内的优秀厂商，在新技术理解和应用方面也尚未深入，大多数产品仅限于基础的图像处理或文本到图像的生成。我们是较早尝试图生图的公司之一。当时，采用 Diffusion 模型的应用数量较少，且大多数产品的完成度不高。我们团队对技术原理有着深刻的理解，并自行进行了模型的训练和优化，产品丰富度更高。

**ZP**：丰富度更高指什么？

**Polyverse**：以前的产品通常仅限于生成卡通风格的图像，但我们的产品可以将图片转换成卡通、二次元等多种风格，并且还可以更换图像的背景、人物穿搭等，利用 AI 增加更复杂的元素，从而实现更加丰富和个性化的创作体验。

**ZP**：能否先介绍一下 AI Mirror 产品。我们了解到 AI Mirror 早期发展相当顺利。能否请您分享一下当时的一些心路历程和经历？

**Polyverse**：AI Mirror 是一款创新的 AIGC 应用，它为用户提供照片和视频编辑功能，允许用户上传照片并将其转化为多种风格。应用内提供了上百种模板，方便用户直接进行风格化处理。

AI Mirror 于 2023 年 3 月正式上线海外市场，并迅速取得了成功。上线不久，

#### 4. AI 图像应用：郭炫和邱子珺，"90 后"打造的 AI Mirror 霸榜全球，让美无处不在

它便登顶了 Google Play 排行榜，并保持了 3~4 个月的领先地位。到了 2023 年 5 月底，AI Mirror 在 App Store 的部分国家（如日本、韩国、印尼等）也达到了总榜第一的位置，同时在社交媒体平台（如 TikTok）上收获了大量的用户好评和喜爱。根据 Sensor Tower 发布的榜单，AI Mirror 在 2023 年上半年 AIGC 产品全球下载量中排名前十，另外在 Data.ai 发布的 AIGC 应用下载量榜单中，AI Mirror 也位列第七。2023 年 11 月，我们还获得了 Google Play 年度最佳用户选择奖的提名。AI Mirror 是一款以自然增长为主的产品，其用户乐于将作品分享给家人和朋友，这种裂变式的传播速度非常快，这也是图片应用的独特之处。AI Mirror 界面如图 4-3 和图 4-4 所示。

图 4-3　AI Mirror 主界面

图 4-4　AI Mirror 部分界面

ZP：回顾过去，你们认为当时做出的最正确的决策是什么？

Polyverse：我们深入挖掘并处理了许多问题。AI技术的发展并非一蹴而就，而是需要不断创新和改进的。我们面临的一个主要挑战是在确保美观的同时，处理不同用户图片需求的多样性。这涉及许多细节问题，而并非所有问题都可以单纯依赖生成式AI来解决。我们结合了动态适应、模式识别等技术来增强AI的应用能力。AI的核心不仅仅是技术本身，更在于如何通过AI帮助我们实现目标。AI是达成目标的手段，而非目标本身。我们的核心策略是深入分析每个场景，逐一解决遇到的问题，以优化用户体验。我们的重点是满足用户需求，而不仅仅是展示AI的能力。

在产品体验方面，我们最关注的是如何在确保图片美观的同时，保持人物的自然形态和正确的身体比例。这一点源于我们对用户需求的深刻理解。虽然我们的产品可能在某些单一功能上不是市场上最出色的，但在综合问题解决能力方面无疑是最强的。我们的产品在用户使用时长和与同类产品的比较中都有明显的优势。此外，我们在竞争中拥有先发优势，并且用户乐于在社交媒体上分享他们使用我们产品的新奇体验，这为我们的产品带来了广泛的传播效应。

此外，我们的团队带有一种感性和务实的特质，这或许源自我们过去从事游戏行业的经历。例如，在审美、体验和效果方面，我们有着自己的坚持和追求。这种执着体现在我们对场景细节的关注上。我们相信，我们自己认可和喜爱的东西，也能得到其他人的喜爱和认可。

同样，对于用户提出的某些产品问题，只要我们也认同它们是问题，就会立即着手解决。我们不会只是简单地列出需求、进行评审和确定优先级。许多问题是相互关联且共同存在的。在解决问题时，我们依靠自己的审美和共情能力来判断，就像在制作游戏时，解决问题可能有无数种方法，但最终我们必须找到我们认为最佳的方式。

ZP：能否分享一下你们在开发这款产品时的设计理念？

Polyverse：目前市面上的大多数AI产品倾向于以AI技术为核心，但我们认为，开发一款产品首先需要让自己满意，其次才是满足用户的需求。我们首先要问自己：你是否喜欢这款产品？你是否认可它的价值？作为核心用户，我们自己的满意度是首要的。此外，我们对审美有着严格的要求，我们投入了大量精力在审美和产品设计的细节上，以至于许多同行在初次接触时，会误以为这是西方

## 4. AI 图像应用：郭炫和邱子珺，"90 后"打造的 AI Mirror 霸榜全球，让美无处不在

国家团队的产品。另一个重要的因素是，我们团队的成员与目标用户的画像相似，如图 4-5 所示，我们对产品的热情，以及与用户相似的需求共同推动了 AI Mirror 的诞生。

图 4-5 "OUR PASSION"界面

ZP：产品目前的发展状况与半年前的预期相比如何？未来有哪些计划或发展方向？

Polyverse：产品目前正稳步发展。在公司规划方面，我们不仅局限于 AI Mirror 这一款产品，而是计划针对各种问题推出多样化的解决方案。我们认为，AI 能够解决的不一定都是长期需求，我们的目标是通过产品为用户带来独特、创新且愉悦的体验。因此，我们将持续探索更多有趣且富有挑战性的问题，以提供更加吸引人的产品和服务。

ZP：未来，你们会打造一家怎样的公司？你们的产品模式将是什么样的？

Polyverse：我们的业务发展没有设定特定的界限，这一点深受我们以往游戏开发经验的影响。在超休闲游戏领域，我们注重创新和想象力，致力于创造既有趣又能带来愉悦体验的产品。尽管我们拥有强大的语言模型、图片和视频生成技术，但如何运用这些技术，最终还是要回归到用户体验上。

我们的目标不是仅仅成为一家图片或视频制作公司，也不是在每个领域都追求领先地位。我们的成长道路与众不同，因为同时涉足游戏和应用领域的公司并不多见。在 AI 技术尚未成熟的时期，许多问题仍未得到解决。AI 产品与

传统互联网产品在设计和迭代逻辑上存在差异，这意味着在当前阶段，专注于单一领域可能会限制自身的发展。因此，我们更倾向于深入探索和专注于特定的应用场景。

ZP：AI 领域的竞争现在比以前更为激烈。你们如何看待当前的竞争态势？

Polyverse：目前 AI 领域的竞争的确变得更加激烈。自从我们的产品跻身榜单以来，市场上出现了许多与我们功能相似的产品，这在某种程度上对我们是有益的。这些竞争者的出现激励我们不断创新和改进，有时我们也能从他们的产品中获得灵感。我们看到许多创业者加入这场竞争，包括辍学创业的年轻人和来自大公司经验丰富的行业"老兵"。我们并不过分关注这些变化，而是继续专注于用户的实际场景和需求。

ZP：从五年的长远角度来看，你对 AI 行业有哪些期待？哪些方面最让你感到兴奋？

Polyverse：我最主要的期待是，希望 OpenAI 的通用人工智能（AGI）能为创业公司留出一些发展空间。

AGI 是一个充满无限可能的领域。目前一个明显的趋势是，在模型开发领域，只有少数人能够取得显著成功。这些人的成功往往意味着其他人的机会相对减少。我期待 AGI 的边界能尽快明确（尽管这可能在未来五年内不会完全实现），并建立起相应的规则和框架。同时，我也希望大模型公司能够明确告知消费者它们不会涉足的领域，这样其他公司就能更加专注于产品开发和自己的核心业务，而不必担心某天突然被大模型公司所取代。

ZP：如今，许多年轻创业者正在 AI 领域辛勤工作，你有什么建议或鼓励的话想对他们说？

Polyverse：现在正是最好的时代，尤其是对创业者而言。我们拥有成熟的基础架构和丰富的人才资源，这为创业提供了极大的便利。关键在于找到一个真正能够解决问题的产品，这是创业的起点。我们不应仅仅因为某个领域当前热门就盲目跟风，那就像拿着锤子四处找钉子。更重要的是要跟随需求，而不仅仅是追求技术。对需求的理解越深刻，发现的机会也就越多。不要让技术主导你的方向，而是要针对一个具体的问题场景提供出色的解决方案。这是所有创业的原点。

# 5. AI 3D 应用：梁鼎，想做 3D 大模型的"字节跳动"（VAST-上期）

访谈时间：2023 年 12 月

每一代技术的变革都对 3D 内容生产产生了深远的影响：从早期计算机图形学的发展催生了 3D 建模和渲染技术，到数字化时代推动了 3D 动画和虚拟现实的兴起，再到移动和算法时代带来的 3D 打印技术和增强现实/虚拟现实的普及。这些技术的进步不断扩大了人们对 3D 内容的需求和消费。

在 AI 时代，我们可能正见证着"新时代的 3D 革命"。从技术角度来看，3D 生成相对于文本、代码和图片生成，面临着更大的挑战，例如，对高性能计算的需求、精确和复杂数据集的短缺，以及生成内容的可控性和真实感。这些挑战同时也代表着巨大的机遇，推动着 3D 技术向着更高级别的自动化和智能化发展。

我们很荣幸地采访到了新兴的 3D 大模型公司 VAST 的 CTO 梁鼎（图 5-1），以及创始人兼 CEO 宋亚宸（Simon）。我们进行了一场长达五小时的深入对话，共同探讨了 3D 生成技术的演变、算法的持续迭代，以及与产品的紧密结合。我们还深入讨论了下一代内容范式的趋势。这场对话内容丰富，信息量大。

图 5-1 梁鼎

目前，VAST 已经在悄无声息中将 3D 生成提升到了秒级：能够在 8 秒内生成一个带有贴图的 Mesh。这些作品可以直接融入传统管线进行二次编辑和调整。随着对高质量数据集的深入利用和算法的不断进步，未来有望在极短时间内创造出质量超越人工建模的 3D 资产作品。这一切的背后，是 Simon 自幼对内容消费中极致体验的执着追求，以及梁鼎在技术探索中对第一性原理的坚持。

ZP：请先自我介绍一下吧。

梁鼎：我毕业于清华大学自动化专业。我自小就对机器人领域充满热情，这在很大程度上受到了父亲的影响。例如，在高中时期，我就制作了一个扫地机器人，将遥控车的轮子改装到了簸箕上。基本上，家里所有的家用电器都被我和父亲修理过。因此，在大学期间，我积极参加了许多科技创新竞赛，连续两年在挑战杯中获得特等奖。我曾参与制作过机械外骨骼、爬墙机器人、仿猿机器人、投篮机器人等多种有趣的装置。

在硕士期间，我有幸加入了清华大学的戴琼海院士领导的图形学实验室。在那里，我搭建了三套鸟笼系统，并使用工业相机、单反相机和 GoPro 三种相机阵列来构建光场采集系统，同时我还自行开发了重建算法。那时，我为百度和英特尔制作了两套大型数据集，也积累了丰富的图形学算法经验。

毕业后，我加入了商汤科技，那时商汤科技还只是几个人挤在公寓里，专注于人脸识别技术。我的第一个任务是针对金融领域的身份认证场景，开发人证比对算法。在商汤科技的九年时间里，我随着公司的快速发展而成长。在汤晓鸥教授的带领下，商汤科技始终坚持"坚持原创，注重研发"的理念，这一理念也从商汤科技传承到了我现在所在的 VAST 公司。

ZP：能否分享两个您在商汤科技经历的重要事件？

梁鼎：我印象深刻的第一个事件是在 2017 年，当时我们的目标是让计算机视觉技术普及到每个人的设备中。我带领团队将我们在金融领域研发的算法积累应用到了手机的人脸识别场景，成功推广到了华米 OV 等国内所有主流手机品牌。

第二个重要时刻是在 2021 年，随着 GPT-3 的问世，我意识到 NLP 领域发生了巨大的变化，效果显著提升，并且能够将多个 NLP 任务统一到一个框架下。因此，我决心打造一个视觉领域的通用大模型，坚持端到端的解决方案，用一个模型解决所有问题。之前的做法是每增加一个任务就需要重新训练一个模型，导致模型数量不断增加，每次增加都会带来额外的成本。这对于一个商业化公司来说是不切实际的，因为成本会无限增加。

ZP：因此，您在 AI 领域发现了长尾问题和手工调参的挑战，在尚未形成共识的情况下，就果断选择了 GPT 这样的技术路线吗？

梁鼎：是的，我坚信这件事的价值，并且是从第一性原理出发的。

## 5. AI 3D 应用：梁鼎，想做 3D 大模型的"字节跳动"（VAST-上期）

ZP：在过去的这一年里，3D AIGC 技术取得了飞速的进展，相关的研究论文数量也在急剧增加。然而，我们注意到学术界和产业界出现了多条不同的技术发展路径。在此，我们想了解一下，目前这些技术路线是否已经开始趋于收敛？

梁鼎：要回答这个问题，我们需要回到 3D 内容生成所面临的一系列挑战上。这些挑战主要可以分为两大类：一类是 3D 领域独有的挑战，另一类是生成式 AI（包括文字、图片、视频、3D 内容生成）所共有的挑战。在生成式 AI 领域，大家都面临着如何提升质量、速度、精细可控性和多样性（泛化性）的问题。而在 3D 这个特定的子领域中，3D 制作流程的复杂性和图形管线的兼容性又成为一个特别复杂的问题。

目前，解决这些问题的主流方法主要包括艺术家手工建模、程序化建模，以及基于学习的方法。近期的学术研究涵盖了 3D 静态物体生成领域的全面回顾，包括将方法分为"原生 3D 派"和"2D 升维派"的分类方式，以及一些将自然语言处理（NLP）中的建模方式和模型引入 3D 领域的新兴方法。3D 生成模型时间线如图 5-2 所示。

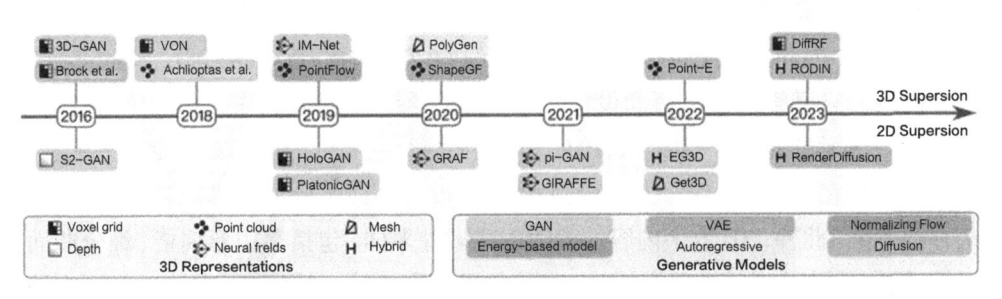

图 5-2  3D 生成模型时间线

图中分别展示了使用 3D 监督和 2D 监督训练的代表性方法。每种方法都以其 3D 表示和生成模型进行说明。

例如，2022 年 9 月，Google 发表了名为 *DreamFusion* 的论文，提出了 SDF（Signed Distance Fields）方法。自那时起，人们普遍认为 3D AIGC 真正进入了一个可以实际应用、有可能成为现实项目的阶段。然而，SDF 方法也面临一些挑战，如"多头"问题（Janus problem）和生成速度慢。这些问题可能会限制 SDF 发展。同时，我们也看到了一些研究采用了基于前馈（Feed-forward）的方法，这种方法能够避免生成速度慢和多头问题，但同时也带来了新的挑战。比如它高度依赖 3D 数据，而 3D 数据的获取相对有限，因此这可能会对生成内容的多样性、可控性和质量造成一定的限制。这两种方法最显著的区别在于，是单独使用 2D 数据集还是 3D 数据集。

因此，为了实现更快速且高质量的内容生成，学术界和产业界逐渐趋向于"结合"不同的方法。例如，Zero123 和 MVDream 等研究利用 2D 预训练模型结合 3D 数据进行训练，从而实现了更一致性的生成方式，并能够更快地生成更完美的模型。尽管如此，不同的团队在具体实施上仍然存在差异。

除了这种结合 2D 和 3D 数据的方法，我们还注意到一些新兴的方法，如 MeshGPT。它借鉴了自然语言处理领域的一些技术，采用了一种自回归的生成方式。这些新方法有望实现更高品质的几何拓扑生成。

因此，如果您问现在是否已经明确了一个技术路线，并且这个技术路线是否已经收敛，那么我认为从宏观角度来看，确实已经形成了一定的共识，但在具体实施和细节上，不同方法之间仍然存在一定的差异和改进空间。

ZP：我明白了。那么，能否详细阐述一下 VAST 是如何理解技术路线的？

梁鼎：要理解 VAST 如何看待技术路线的问题，我们可能需要探讨为什么会出现我们刚才提到的 3D 生成内容的技术挑战。这需要我们回顾数字 3D 内容的起源。数字 3D 内容的历史可以追溯到 20 世纪 60 年代的计算机图形学。经过多次迭代和发展，它已经涵盖了概念设计、3D 建模、纹理/材质制作、动画、渲染，以及后期制作等多个细分领域。传统的 3D 数字内容主要由经验丰富的专业艺术家创作，他们会在作品中融入大量的人工经验和设计，而不同的艺术家在工作和标准上存在差异。此外，3D 数字内容的表达方式多种多样，包括多边形网格、细分曲面、骨骼动画、顶点动画、物理模拟等，这使得很难形成统一的标准。在生成模型方面，3D 资产的制作成本高、数据量有限，而且缺乏适合学习和足够精确的 3D 表达方式。与其他领域相比，学术研究在 3D 生成领域起步较晚，需要积累更多的突破性进展。

因此，VAST 提出了"多模态统一路线"作为解决方案。具体来说，这一路线包括以下几个方面。

- **表示方面**：我们致力于采用新的 3D 表示形式，如神经隐式场、3DGS 等，以增强其灵活性。我们将 3D 内容视为多视图/视频，从而与 2D 表示形式实现统一，并结合程序化生成方法，同时保持其与现有图形管线的兼容性。

- **模型方面**：我们倡导采用与其他模态统一的模型，以便充分利用其他模态的先验知识和训练经验。我们专注于开发能够高效"压缩"3D 表示的模型，例如 3D Tokenizer，并通过多模态训练来辅助 3D 内容的生成。

## 5. AI 3D 应用：梁鼎，想做 3D 大模型的"字节跳动"（VAST-上期）

- **/ 数据方面**：我们在积累 3D 数据的同时，也关注其他模态的辅助数据，特别是多视角和视频数据，以加速学习过程。

总的来说，我们认为通过统一表示、模型和数据，并借鉴其他模态的成功经验，可以有效应对当前 3D 内容生成所面临的挑战，实现一个通用且可扩展的解决方案。

ZP：这条技术路线在产品表现上效果如何？

梁鼎：我们已经成功将 3D 生成的时间缩短至秒级，其生成质量也获得了良好的用户口碑，如图 5-3 所示。

图 5-3　3D 生成质量展示

在体验设计方面，我们采用了两阶段的方法。第一阶段可以在 8 秒内通过 3D 原生生成一个精确但相对粗糙的模型，第二阶段则对这个模型进行精细化调整。3D 原生路线的优势在于能够快速生成一个基本准确但细节不够精细的模型。例如，在生成手机模型时，可以快速生成一个基本的方盒子形状，但诸如耳机孔等细节则未能呈现。然而，这为后续的调整提供了一个良好的基础。在这个基础上，我们采用 2D 方法对粗糙模型进行优化调整。由于有了这个初步模型作为参考，调整过程更加准确，有效避免了多头问题。同时，这也为 2D 方法提供了一个初始状态，确保整体处理时间不会过长。

我们于 2023 年 11 月推出了这样的产品，例如，11 月 2 日 Luma AI 发布的 Genie 新产品，就采用了类似的两阶段方法。

我们自 2023 年 4 月或 5 月以来一直遵循这一设计理念，并持续实施。随着 3D 技术的进步和数据量的增加，VAST 在 3D 生成质量方面取得了显著提升，整体处理时间缩短，形状更精准，成功率提高，这是我们的整体发展趋势。

ZP：那么，未来是否会完全转向 100% 基于 3D 原生的技术路线？

梁鼎：3D 原生的比例将会持续增加，但在可预见的未来，可能不会达到 100%。这是因为 3D 表达的复杂度相对较高，存在多种不同的表达形式。例如 Nerf、Gaussian Splatting、Mesh 等。目前还没有一种最合适的 3D 表达方式。这限制了精确度和训练效率。如果 3D 表达没有取得突破，那么 3D 生成的效果将受到一定的限制。

ZP：在第二步的 2D 优化过程中，您如何解决大家所熟知的多头问题呢？

梁鼎：我们自 2023 年 4 月或 5 月起提出的统一融合路线，就是为了试图解决多头问题的。我们希望通过引入 3D 模型先验来解决这个问题。随后，我们采用了更高效的方法，引入多视角模型，这在一定程度上缓解了多头问题。同时，随着不同模态数据比例的增加，2D 优化过程需要进行微调。例如，毛衣或衬衫上的小点或格子，可以通过 2D 微调来实现，但这种微调过程不会再次引发多头问题。类似地，还可以在微调过程中将光滑的皮毛优化成一根根精细的毛发，而在这个过程中不会在皮毛上错误地生成眼睛等奇怪的内容。

因此，随着 2D 优化比例的逐渐降低，多头问题自然得到了解决。

ZP：那么，您是如何不断提高 3D 原生的比例并降低 2D 优化的比例的呢？

宋亚宸：最关键的因素还是数据。最初，大家普遍采用 2D 优化路线，主要是因为缺乏大量优质、原生且多样化的 3D 数据集。我们通过与众多合作伙伴及增量渠道的合作，获得了千万级的高质量 3D 原生数据集。接下来是对这些数据进行挑选、清洗、处理和标注。这一过程主要通过 AI 自动化完成，只有经过标注的数据才能被有效使用。

目前的情况是，我们还没有完全利用这千万级的数据集，只使用了一部分。因为数据的清洗和标注工作仍在进行中。随着这些工作的逐步完成，我们将能够使用更多的 3D 原生数据。

ZP：我们看到市面上也有不少开源数据集，这对你们的工作有帮助吗？

梁鼎：开源数据集确实为我们提供了很好的参考和基础，但它们仍有进一步优化的空间。开源数据集通常包含几部分：首先，一部分来自 Sketchfab 的免费模型；其次，部分数据来源于 3D 打印，每个部件都是一个单独的文件，但缺少贴图材质，并且这些部件没有组合成一个完整的模型；最后，还有一部分数据是

## 5. AI 3D 应用：梁鼎，想做 3D 大模型的"字节跳动"（VAST-上期）

从 GitHub 上爬取的，虽然进行了最基本的去重处理，但仍然存在大量重复数据，例如，同一模型的不同格式和尺度。此外，这些数据在分发时并没有经过用户的许可，通常提供一个网址或地址，需要用户自行下载。而且，一些网址后来被关闭，导致无法下载相应的数据。

**宋亚宸**：因此，我们提到的千万级 3D 原生数据集与这些开源数据集完全没有重叠。我们所说的高质量 3D 原生数据集，可以理解为是由艺术家和创作者凭借非凡的想象力和艺术才能，亲手雕刻或使用建模软件创建出来的。这样的数据集被称为原生和高品质，其品类自然多样化，例如独角兽等独特造型。

**ZP**：我们观察到，在 3D 生成领域，产业界、学术界和创业公司都在持续进行技术探索。你认为目前在这些方面，各方之间的技术差距是否已经显现？未来这种差距会进一步扩大吗？

**梁鼎**：目前，3D 生成领域尚未迎来大规模应用爆发，这是我们必须承认的现实。尽管目前的技术还没有对行业上下游产生颠覆性影响，但短期内发生重大变革的可能性仍然存在。

目前，我们已经能够实现 8 秒内生成带有纹理的 3D 网格模型，这些模型可以进入传统管线进行二次编辑和调整。在此基础上，再花费 5 分钟进行优化，优化后的 3D 模型质量可以接近人类手工制作的水平，且成功率超过 95%。

展望未来，我们拥有增量数据的获取渠道，可以不断改进 3D 生成模型。同时，我们的 C 端产品（将在下一期详细介绍）可以利用人类反馈（Human Feedback）来完成数据闭环。当我们完全利用上千万级的数据集时，其效果和速度将会得到进一步提升，其 8 秒生成效果类似于 Midjourney V1，而 5 分钟优化后的效果则接近 Midjourney V3。

**ZP**：确实令人印象深刻。那么，在考虑 3D 大模型这件事上，您有哪些不同的底层认知？另外，您认为 VAST 的长期竞争力将主要体现在哪些方面？

**梁鼎**：我们之所以在这件事上有不同的底层认知，是因为我们从一开始就不是以发表论文的心态来从事这项工作的。如果是为了发表论文，那么可能会忽略那些不太影响论文结果的因素，比如生成时间、成本、成功率等，只要最终展示的模型效果足够好就行。然而，我们一开始就致力于产业化和产品开发，因此我们必须解决那些最影响用户体验的问题，如多头问题、过高的时间和成本等。这些问题必须首先得到解决，否则后续的工作都是徒劳。我们尝试了各种方法，"不论白猫黑猫，能解决问题的就是好猫"。因此，我认为在那个时候，我们的思考方式和行动方式都与他人不同。

宋亚宸：VAST 的长期竞争力主要体现在以下三个方面。

首先，3D 数据集是我们的核心竞争力之一。人类生产的 3D 模型数量有限，因此一旦我们遍历了这些模型，就会建立起强大的壁垒。在这方面，我们拥有许多技巧性的手段和超越大厂的"接地气"方法。

其次，人类反馈是我们的另一个重要优势。我们专注于产品的用户体验和场景需求，坚持"我即用户"的理念，希望获得尽可能多的用户反馈，以此形成数据闭环并实现规模化增长。

最后，团队优势也是我们的关键竞争力。我们的团队年轻而充满战斗力，拥有扎实的学术和工程能力。团队成员主要来自清华大学，在图形学和 AI 领域积累了丰富的学术和项目经验。我们的团队汇集了两种极具特色的人才：非常年轻且有战斗力的"小天才"，以及拥有从 0 到 1 经验的"老司机"。这些"老司机"之前成功找到过"沙漠中的绿洲"，知道哪些路径不会踩坑，同时这些"小天才"还会在算法层面提出一些有趣的新思路。

这些"小天才"们充满激情，不畏挑战。他们因为对工作的热爱，会全力以赴。这种热情往往能够迅速带来出色的成果，甚至可能创造出意想不到的奇迹。"老司机"们则行事更为稳重，具有韧性和丰富的经验，他们面对失败时不会慌张，会冷静地思考下一步该怎么做。他们曾经成功过，知道如何大概率地再次找到成功的路径。

我认为，一个团队并不需要全部由年轻人或老将组成，二者结合才能形成一个成熟且具有战斗力的团队。老将们可以帮助年轻人找到正确的方向和节奏，而年轻人则能够带来新的视角和活力，两者相互支持、共同成长。

ZP：目前你们确实拥有一些技术优势，但这个时间窗口会有多长？在这个窗口期内，你们计划如何转化和利用这些技术优势？

宋亚宸：通常情况下，技术领先的时间窗口大约是一年，可以领先竞争对手 2~3 个月。关键在于我们要开发出能够落地并得到广泛应用的产品，并且这个产品需要获得足够多的调用量和人类反馈，以便算法能够不断优化，类似于

## 5. AI 3D 应用：梁鼎，想做 3D 大模型的"字节跳动"（VAST-上期）

Midjourney 的发展过程。

在这个过程中，工程师文化和产品落地的经验至关重要。我们需要以用户体验为核心，不断为现有用户打造最极致的体验。同时，我们的算法也会持续提升。当其他竞争对手没有足够用户时，他们无法围绕这些用户打造最极致的体验。这不仅仅是一个算法问题，而是需要算法、工程和产品共同解决的问题。

ZP：最后，我还想了解一下，在 3D 领域，中美之间的技术发展是否存在明显的差异？

**宋亚宸**：在 3D 技术领域，中美两国的发展状况各有特色，但也存在一定程度的差异。美国在 3D 技术的研究和开发方面有着悠久的历史和深厚的积累，特别是在高端 3D 建模软件、渲染技术，以及虚拟现实（VR）和增强现实（AR）技术方面。美国的科技巨头，如苹果、谷歌和 Facebook，都在积极投资这些领域，推动技术创新和应用。

中国则在 3D 打印技术和应用方面取得了显著进展，成为全球最大的 3D 打印市场之一。中国的 3D 打印技术在制造业、医疗、建筑和教育等多个领域得到广泛应用。此外，中国政府也在积极推动 3D 技术的发展，通过政策和资金支持，鼓励企业和研究机构进行创新。

总的来说，中美两国在 3D 技术领域各有所长，美国在高端技术和应用方面领先，而中国在 3D 打印技术和市场应用方面表现突出。随着全球化的推进和技术的不断发展，两国在 3D 技术方面的交流和合作也在不断加深。

# 6. AI 3D 应用：宋亚宸，想做 3D 大模型的"字节跳动"（VAST-下期）

访谈时间：2023 年 12 月

在上一期的 VAST 之后，ZP 与 VAST 的创始人宋亚宸就创业和产品进行了更深入的探讨和交流。宋亚宸，1997 年出生，自幼展现出独立和多面的性格，巧妙地将好奇心与学识结合。尽管他自认为不符合典型的年轻创业者形象，但我们仍能在他的身上看到年轻创业者的鲜明特征——勇于思考、敢于行动、不惧权威。

在生成式 AI 的创业浪潮中，许多年轻创业者倾向于选择应用和社区作为切入点，而宋亚宸则选择了"自研模型 + 应用"的道路，并且毅然决然地投身于 3D 领域——这是一个门槛较高但充满无限想象空间的方向。他对 AI 在 3D 数字世界中可能引发的革命性应用充满激情，坚信技术能够打破创作的界限，释放人类的潜能。让我们一起了解这位"非典型年轻创业者"的创业历程。

**ZP：** 请先自我介绍一下吧。

**宋亚宸：** 大家好，我是 VAST 的创始人和 CEO，宋亚宸。

我成长于杭州，深受中国传统文化的熏陶。在小学时，我从父亲的书架上偶然发现了《道德经》和《坛经》等经典著作，这激发了我对宗教哲学的浓厚兴趣，以至于在初中时，我甚至去径山寺体验了一段禅修生活。这些经历进一步点燃了我对宗教哲学的热情。

高中时期，我申请了三十多所大学，几乎都专注于神学领域。最终，我选择了约翰霍普金斯大学，主修中东地区政治学。这个专业让我有机会深入研究和理解世界各地的宗教和人文知识。为了更深入地了解这一领域，我学习了希伯来语和阿拉伯语，并在大二时前往以色列交流一年。此外，我还游历了格鲁吉亚、百慕大、摩洛哥、古巴等小众国家，体验了丰富多样的文化，学会了如何拥抱这个世界的复杂性。

除了宗教哲学，游戏也对我产生了深远影响。我想，对于我这个年纪的男生来说，热爱游戏几乎是不可避免的事情。在约翰霍普金斯大学学习期间，我对游戏的热情不亚于对宗教哲学的热情，以至于我的导师因为担心我沉迷游戏而特意请来了我的父母进行沟通。我的席梦思床垫的中央甚至因为我长期玩游戏而形成了一个巨大的凹陷。

## 6. AI 3D 应用：宋亚宸，想做 3D 大模型的"字节跳动"（VAST-下期）

我的这些经历可能在很多人看来有点奇怪。我有点儿像是一个游历四方、热爱宗教哲学的游戏宅男。

ZP：你是在什么时候开始接触 3D 领域的？

宋亚宸：在毕业前，我就加入了商汤科技，当时公司有一个业务方向是 3D 动画。我投入了大量时间与国内 3D 动画行业的各类人士进行交流，因为我们专注于人工智能生成内容（AIGC），所以对 3D 内容生产效率特别关注。3D 与其他信息载体的对比如图 6-1 所示。

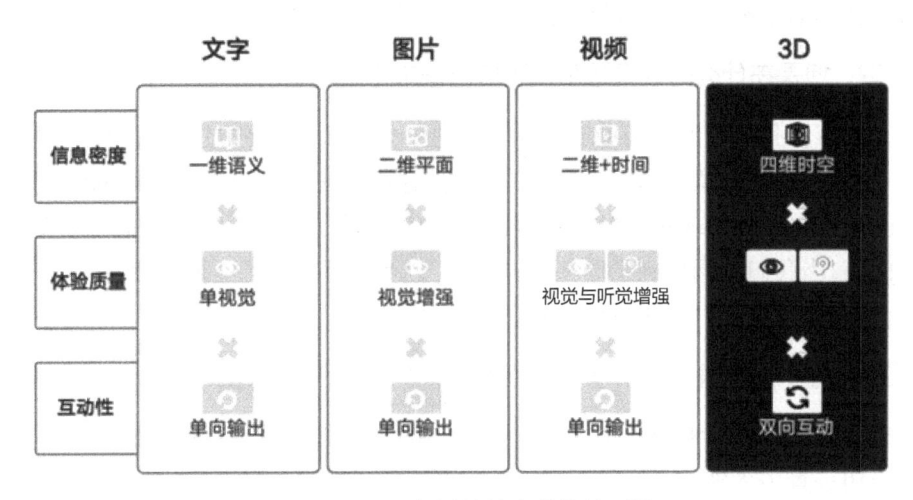

| | 文字 | 图片 | 视频 | 3D |
|---|---|---|---|---|
| 信息密度 | 一维语义 | 二维平面 | 二维+时间 | 四维时空 |
| 体验质量 | 单视觉 | 视觉增强 | 视觉与听觉增强 | 👁 👂 |
| 互动性 | 单向输出 | 单向输出 | 单向输出 | 双向互动 |

图 6-1 3D 与其他信息载体的对比

我注意到，即便是国内顶尖院校如清华大学、中央美术学院毕业的专业人才，在 3D 动画制作上也不得不花费大量时间在烦琐的手工操作上，这严重限制了他们的内容创造力。

实际上，行业内早就意识到了这个问题，但当时只能依靠更先进的软件工具来提高效率。然而，我发现内容创作者与软件工程师之间的隔阂非常大。因此，我们利用 AIGC 工具为国内许多顶尖动画公司提供服务。同时，我们尝试使用这些工具自己制作动画内容，并最终在短视频平台上创建了一个拥有百万粉丝的账号。

在这个过程中，我也获得了一些启发。

首先，人们只会消费 10 分的内容，而不会消费 9 分的内容。因此，完全依靠 AI 生成大量内容来占据平台是没有意义的——因为它们不是好内容。真正的好内容的充分不必要条件是被人设计过：它具有审美、剧情，且可控。如果是这样，那么它的具体执行和实现是可以用 AI 来完成的。

其次，动画行业是一个劳动力密集的行业。当时的技术水平只能缩短从业者的劳动时间，但不能激发更多创意。不管是从内容产出的质量和效率上来都完全没达到产品市场契合（Product-Market Fit，PMF）的阶段。

因此，我认为要真正解决这个问题，核心还是解放 3D 内容生产力，我们需要的是革命性的 3D 内容打字机——也就是 3D 大模型。这是最根本的第一性原理的诉求，创作者应该将更多时间花在动脑这件事上，而动手的事情就交给 3D 大模型。

ZP：您是在什么时候开始意识到自己未来将会走上创业之路的？

宋亚宸：我之前并没有想过要自己创业。然而，在工作过程中，我遇到了许多对 3D 内容和人工智能生成（AIGC）内容有着丰富经验和深刻见解的朋友。在交流的过程中，我发现我们对 3D 内容的想象和愿景惊人地一致。我是一个行动力很强的人，当我们共同看到了同一个未来时，创业似乎就成了一件自然而然的事情。于是，VAST 就这样开始了它的旅程。

ZP：你们之前推出了一些开源项目，这是基于什么考虑？

宋亚宸：这里面涉及一个关键的认知，3D 是多模态场景的内容基石，因此必须在应用场景中才能充分发挥价值。这与图文和视频内容截然不同，后者作为信息载体，在观看的那一刻就完成了体验闭环。然而，3D 内容需要在具体的应用场景中才能展现出更好的内容和体验价值。

VAST 的愿景是解放 3D 内容生产力。除了通过 3D 大模型解决基础建设问题，还需要更多的开发者共同发挥创造力。我们团队了解到行业及许多独立开发者对于这方面的应用有着长期的需求。由于 3D 领域的门槛较高，因此"饱和式创新"至关重要。这就需要开源模型的支持，我们义不容辞地推动大家共同朝着这个方向努力。

ZP：你们是一家专注于模型和应用的公司，那么在规划产品线时有哪些考虑？

宋亚宸：我们的产品线主要分为以下两部分。

第一部分是为了迭代我们的技术而提供的 ToB 和 ToC 业务。目前，我们已经拥有约几十家战略合作伙伴，涵盖了几乎整个 3D 行业的各种领域，包括工业、

## 6. AI 3D 应用：宋亚宸，想做 3D 大模型的"字节跳动"（VAST-下期）

3D 打印、游戏和动画公司等。我们通过服务这些合作伙伴来获得具体且落地的场景反馈，以迭代优化我们的技术能力，甚至优化技术策略。这是我们的一个独特之处，我们从一开始就坚持技术要应用到场景中，与市场形成良性的迭代循环。

第二部分是 Tripo 品牌，2023 年 12 月 21 日上线的 Tripo 1.0 能够使用文字和图片生成带有完整贴图和 Mesh 的高精度 3D 模型。目前，生成过程分为两个阶段：第一阶段大约需要 5~10 秒，让用户对生成结果进行初步筛选；然后进入第二阶段的高精度生成，目前 1.0 版本的生成速度为 5 分钟。其核心目的是展示我们的技术实力，并让更多人上手使用，同时收集使用数据以帮助我们的大模型优化算法策略。此外，我们的大模型能力后续也将针对行业推出通用版本，提供给一些战略合作伙伴。

此外，一些核心的第三方开发者已经开始使用我们的内测版本设计小游戏。2023 年 12 月底，我们的开发者社区将发布一款名为 Tripo GO 的 AIGC 小游戏。因为我们的内测用户中有资深的宝可梦玩家，在拿到我们的内测大模型后，他们就想通过我们的模型能力来实现自己的游戏梦想。就像我们的开源策略一样，我们会鼓励和推动更多这样的内容尝试，期待能出现一些 3D 大模型时代的全新内容品类。

ZP：为什么要这么做？

**宋亚宸**：我们坚信 3D 内容的爆发式增长取决于三个核心因素：首先，发行门槛的降低；其次，生产门槛的降低；最后，体验门槛的降低。内容生产门槛的降低主要通过 3D 大模型实现，这是推动整个行业内容爆发式增长的关键。发行门槛的降低则依赖于一个能够为 3D 内容提供更原生体验的托管平台，这个平台并非 XR 等硬件，而是一个更贴近用户体验场景的软件平台。体验门槛的降低则需要通过运营来推动，类似于抖音和快手在初期的发展，当硬件和软件平台已经准备就绪时，人们需要一个更具体的内容范式来理解和体验短视频。在这方面，我们将重点发展开发者生态。

这三件事情虽然看似复杂，但实际上是一个整体。我们相信未来会出现一个 3D 内容平台，该平台将承载大部分 3D 内容，具有极低的创作门槛，内容更短、更平、更快，甚至可能在某种程度上打破传统管线中 DCC 软件和引擎的分工。这就是我们展望的未来。

ZP：可以详细解释一下这里的内容范式吗？

宋亚宸：我们认为，内容范式的探索需要在变化与不变的两个维度上寻找合适的内容场景。

变化的部分主要体现在生产工具带来的效率和方法上的革命。这种变革将解放出许多因效率资源限制而无法实现的内容空间。例如，一个大型游戏中有上百个 BOSS 和上万件物品，这些资产的生产时间曾经需要以年计算，而现在基础资产的生产可能只需以月甚至周来计算。这仅仅是资源生产方面的变化，由此带来的场景设计创意的解放更是令人期待。

不变的部分则是内容体验。一旦生产效率的瓶颈得到解决，那些追求更平、更快、更爽的内容路线将在 3D 内容领域再次出现。根据过去内容行业的演进，每次这种内容路线的出现都预示着行业的爆发式增长。

ZP：VAST 面向哪些用户？您如何理解这些用户的需求或痛点？

宋亚宸：我们的团队成员都拥有丰富的项目经验，通过针对行业的大量交流和调研，我们构建了一个用户认知模型，将整个 3D 行业的用户分为四个层级。

第一层是专业管线的用户，主要使用传统的 DCC 软件和一些工业引擎。这些用户是整个行业中最精英的生产者，但他们的数量相对较少，在国内大约有十万人。

第二层是非专业的 3D 创作者，他们会使用如 Blender 等 3D 软件，但并非专门从事相关工作。他们可能只是出于兴趣爱好，如制作毕业设计或绘画等。这类用户对生产力工具非常敏感，需求迫切。尽管他们生产的内容质量总体上不如第一层用户，大部分也尚未达到可消费水平，但他们确实是实实在在的生产者。近年来，这一群体增长迅速，国内已突破百万人大关，全球也有数千万的规模。

第三层是游戏用户，像我一样对 3D 内容和体验敏感，觉得这是一件有趣的事情，但没有 3D 内容制作能力，也不知道如何系统学习。例如，如果让我生成一个宝可梦，我就会觉得很有趣，但请不要让我去建模，因为短时间内我很难学会。这些用户就是我们常说的大众群体。

第四层是尝鲜用户，他们对 AI 能生成什么感兴趣，愿意尝试和探索各种可能性，但没有明确的内容目标。

## 6. AI 3D 应用：宋亚宸，想做 3D 大模型的"字节跳动"（VAST-下期）

ZP：那么，你们的主要用户群体是哪些？

**宋亚宸**：我们主要想服务的用户群体包括三个层级，如图 6-2 所示。首先，我们计划通过 B2B2C 的模式来服务第一层用户，但我们的核心关注点将集中在第二层和第三层用户上。第三层用户代表未来 3D 大模型生态系统中的主要消费者，而第二层用户则是那些使用 Blender 等工具的人群，他们是 3D 大模型生态系统中的业余创作者，类似于 UP 主和主播这样的角色。这些创作者需要内容范式的指导来促进他们的创作活动。

**目标人群，精准覆盖业余创作者及内容爱好者两大部分群体**

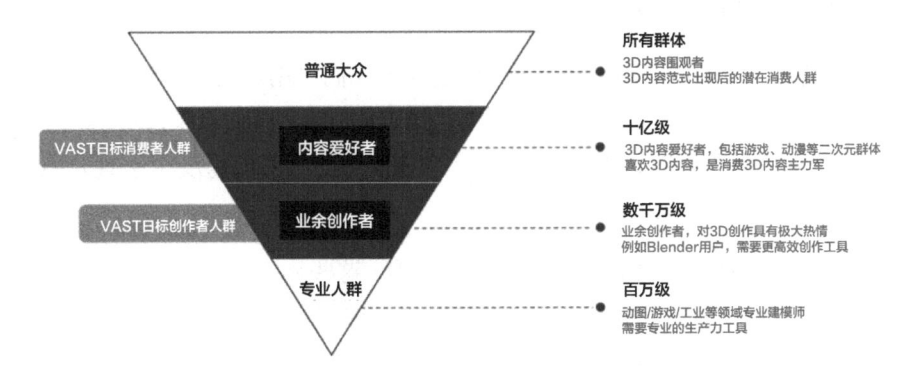

图 6-2 VAST 目标用户群体

ZP：VAST 是一家专注于模型和应用开发的公司，致力于自研端到端的数据驱动模型。那么，你们如何定义你们的竞争对手呢？

**宋亚宸**：3D 生成式 AI 领域是技术挑战最为严峻的赛道之一。目前，无论是行业巨头还是我们这样的创业公司，大都处于技术落地的早期阶段。

我们清楚地看到，全球的智力资源和计算能力正迅速向这个领域集中，相关的研究论文也在数量和质量上有了显著的上升。

在当前阶段，我们的人才储备和技术能力均处于全球领先地位，我们相信大家将持续见证我们的成就。

从长远愿景来看，我们将与其他内容平台展开竞争，其核心在于争夺用户的关注时间。

ZP：您为什么会认为3D内容范式蕴含着巨大的机遇？在3D内容范式这一领域，你们长期的竞争力又是什么呢？具体体现在哪里？

宋亚宸：首先，我认为竞争力并没有短期和长期的区分。一旦竞争力形成，它就会逐渐积累成为长期竞争力。对于创业公司而言，形成竞争力本身比维持长期竞争力要困难得多。在构建竞争力的过程中，有几个关键因素至关重要。

第一，技术是核心。它极大地降低了用户创作的门槛，即使是普通用户也能轻松创造3D内容。这就像手机摄像头的普及使抖音成为可能一样。我们的3D生成技术可以类比为手机摄像头，这是一个革命性的进步。这种技术的突破是推动内容创新的关键，类似于打字机的发明或活字印刷术的普及，我们体验到的许多内容都可以追溯到关键技术的突破。

第二，找到合适的内容范式至关重要。这要求我们对用户需求有敏锐的洞察力。只有当内容范式被市场验证后，才能诞生新的内容品类。一旦一个内容品类被点燃，后续的生产力就会更高效地进入这个领域。内容品类的出现速度将呈现指数级的增长，类似于寒武纪生物大爆发的现象。

当然，还有其他许多因素，比如工程能力等，这些能力虽然重要且必不可少，但它们本身很难形成竞争力。对真实用户的深入理解和对事业的坚定信念同样关键，在创新领域，我们相信"愿景即能力"。

ZP：从长期看，VAST的愿景是什么？

宋亚宸：我们公司的愿景是："为世界进文明，为人类造幸福"。这句话源自李大钊，它深刻地表达了我们致力于通过技术创新和服务改进，为全球文明的进步和人类的幸福作出贡献的决心和承诺。

ZP：怎么理解这句话？

宋亚宸：内容平台的核心在于为用户提供卓越的体验。作为人类，我们每天的生活就是选择不同体验的过程，无论是睡眠、运动、阅读，还是观影。

我期望未来3D内容能够无限扩展，让每个人都能成为超级创作者，像神一样创造新世界，制定新规则，建立全新的社会评价体系，形成新的世界观，并建立新的社会关系，最终共同创造一个全新的世界。在这个世界中，人们的目标、信仰和成就感都将发生根本性的变化。

## 6. AI 3D 应用：宋亚宸，想做 3D 大模型的"字节跳动"（VAST-下期）

在这样的环境下，许多社会问题将迎刃而解。每个人的生活都将是一种极致的心流体验：不断遇到并克服小挑战，通过个人成长解决问题。就像动漫中的英雄主人公一样，经历一种充满成就感和满足感的心流体验过程。

ZP：你有什么推荐的游戏？

**宋亚宸**：《极乐迪斯科》。

# 7. AI 游戏应用：白芷，《恋与制作人》主策划，游戏中展现 AI 魔法

访谈时间：2024 年 1 月

在探讨游戏行业与人工智能的融合时，我们不禁想象出一个充满奇幻的高科技世界，这里科技与魔法相交织，创造出前所未有的游戏体验。正如亚瑟·克拉克所言，"任何足够先进的科技，都与魔法无异"，在这个多元宇宙中，AI 不仅仅是工具或助手，更是一位能够赋予数字角色生命、构建复杂世界并与玩家互动的魔术师。

在这个宇宙中，每一款游戏都像是一个独立的实验室，研究者们不断探索 AI 的极限。他们不满足于传统的游戏设计，而是将视野投向 AI 创造性的新境界。在这里，AI 的应用不再局限于提高效率和自动化，而是变成了创造"魔法"般体验的媒介——它能够带来那些纯粹依靠人力无法实现的游戏奇迹。

本篇我们采访了《恋与制作人》的前主策划、Funmangic 的创始人白芷，她不仅是多年的二次元游戏玩家，也是一位重度游戏爱好者。让我们一起与她探讨 AI 在游戏领域中所展现的神奇魔法！

ZP：请先自我介绍一下吧。

白芷：在创业之前，我曾在字节跳动担任元宇宙生态（孵化）负责人，也曾经是《恋与制作人》的策划团队成员。现在，我正在开发一款以游戏内容驱动的 AI 社交产品。

ZP：您大约是在什么时间开始对二次元文化和虚拟社交产生兴趣的？

白芷：我对二次元文化的兴趣始于初中时期，最初是通过《美少女战士》《灌篮高手》和《俏皮小花仙》等经典作品培养起来的。随后，我也喜爱上了《新世纪福音战士》（EVA）、《机动战士高达》等系列。至于虚拟社交，我是在从事第一份工作，参与开发大型多人在线角色扮演游戏（MMORPG）时开始感兴趣的。我发现通过角色扮演，可以更轻松、更舒适地结交朋友，游戏剧情和玩法也为社交提供了载体，减少了社交中的尴尬。从那时起，我便认为虚拟社交相比线下社交，能让年轻人以更放松的方式交友。

我的创业之旅始于 2022 年上半年，但受疫情的影响，直到下半年才组建起完整的团队。

## 7. AI 游戏应用：白芷，《恋与制作人》主策划，游戏中展现 AI 魔法

ZP：这次作为创业团队的核心领导者，您的主要动力是什么？这个创业的种子大约是在什么时候开始萌发的？

白芷：我对于创业的初步构想可能始于大学时期，尽管当时这个想法并不十分明确。真正决定创业是在我意识到自己在思想上已经形成了一个相对完整的方向，并且对具体产品有了初步的设想的时候。

例如，我从小就喜欢阅读小说，尤其是科幻作品，如《浩瀚苍穹》等。我也热衷于观看欧美的偶像剧，比如《吸血鬼日记》，还有宫斗剧，如《甄嬛传》，以及金庸的《神雕侠侣》等。我始终觉得，现实世界只能经历一种人生，而角色扮演能让我体验到平行世界中的不同生活。因此，我产生了将虚拟形象和虚拟社交结合的想法，既可以扮演我曾经喜爱的角色，也可以通过角色扮演来结交朋友。

在探索这次创业的新机遇时，我发现了两个关键点：一是 3D 技术能够为用户带来更加精致、多模态的体验；二是生成式 AI 可以在不牺牲内容质量的前提下，大幅提升内容生产的效率。这些发现激发了我创建一个 3D 交互式社交平台的想法。

ZP：您如何看待目前市场上主流的角色扮演游戏（RPG）与您目前所从事的工作之间的差异？

白芷：目前市场上的主流游戏大多以战斗系统为核心，例如大型多人在线角色扮演游戏（MMORPG）通常采用回合制战斗或即时制战斗。对于纯粹的单机角色扮演游戏，公众有一种刻板印象，认为它们仅仅是换装游戏，玩家只能在游戏中搭配时尚服装，体验一些单机内容。这类游戏往往难以构建一个不依赖于战斗的和谐友爱的虚拟世界。尽管目前市场上也有一些小型产品取得了不错的成绩，但仍然缺少一款符合主流定位的产品。

ZP：您在担任《恋与制作人》的主策划期间，在游戏的制作过程中发现了哪些机遇？

白芷：女性向游戏品类起源于早期的乙女游戏，《恋与制作人》并非该品类的绝对创新之作，主要得益于移动设备的普及。项目组致力于精心打造手机恋爱体验，尊重并满足人们对情感的需求。游戏中的虚拟情感陪伴角色能够引起用户共鸣，这表明不仅女性，人类普遍对情感有着巨大的需求。

《恋与制作人》之所以成功，首先归功于其精心的制作和打磨，其次是在文本创作方面也经过了几年的精心雕琢，使其相对精致。更深层次的原因在于移动

时代的特点，这使得《恋与制作人》成为第一款可以随时拿在手中的游戏，玩家可以通过电话、朋友圈、短信等方式与虚拟角色进行即时互动。这种互动性和即时反馈是游戏能够迅速走红、实现快速增长的关键因素。

ZP：请介绍一下 Funmangic 的主打产品，包括其目前的主要功能，以及未来计划开发的功能和灵感来源。

白芷：Funmangic 的灵感来源包括一些优秀的互动剧情游戏，如《极乐迪斯科》（*Disco Elysium*）、*VA-11 Hall-A: Cyberpunk Bartender Action* 和《博德之门 3》（*Baldur's Gate 3*）。特别是《十三机兵防卫圈》（*13 Sentinels: Aegis Rim*），这款由香草社开发的游戏凭借 13 个主角、青春科幻推理的设定，即使没有强烈的战斗元素，也能提供卓越的游戏体验。这启发我在自己的产品中融合 3D 剧情角色扮演的互动性和社交性，是产品最初的开发灵感。

Funmangic 的目标是创建一个名为 Online Story 的游戏化内容 App。它允许用户在碎片化的时间里与朋友一起进行角色扮演，享受一段宝贵的时光。这些朋友可以是真实的人，也可以是 AI 伙伴，甚至可以是由用户自己创建的 AI 伙伴。因此，Funmangic 的整个形态实际上是一个人机共生的虚拟世界（图 7-1）。

图 7-1 Funmangic 虚拟世界 1

ZP：这些功能是产品首次上线时即具备的，未来计划增加哪些新功能？

白芷：我们期望未来能够形成一个良好的社区生态，实现内容创作上的真正共创造。熟练的创作者将能够让自己的作品得到这个小众品类爱好者的认可，并邀请大家一起参与角色扮演、线上桌游、COC 跑团等活动。同时，也欢迎那些愿意轻松享受的用户，体验这些创作者提供的优质内容，享受即时的游戏乐趣。AI 将通过生成 3D 角色和场景，创建一个角色扮演的互动空间。

## 7. AI 游戏应用：白芷，《恋与制作人》主策划，游戏中展现 AI 魔法

ZP：你们的主要用户群体是哪些？

白芷：我们的主要目标用户是 Z 世代的年轻人。他们的社交需求正在发生变化，越来越强调虚拟身份的重要性。Z 世代的一些年轻消费者喜欢在网上扮演不同的角色，通过这些虚拟角色展示自己多面丰富的个性，创造属于自己的不同形象。他们通过虚拟化和沉浸化的方式在线上娱乐和交友。实际上，我们在线下也能看到 Z 世代的年轻人通过参与桌游、COC 跑团、万智牌、宝可梦 PTCG、血染钟楼等活动来交友。我们理解，Z 世代用户的这些需求能够在我们的产品中找到适合自己的生态位。

2023 年 TGA 最佳游戏《博德之门 3》是一款 CRPG 类型的游戏，也是 RPG 的一个子类别，这证实了这一点。《博德之门 3》拥有 300 万字的文案，并且有 1.7 万种不同的结局。其文本质量和内容丰富度与前作《神界：原罪 2》相比，并没有太大的差别，但在剧情的深度和精细的影视化方面存在显著差异。《博德之门 3》注重高质量的 3D 动画和声优表演，例如获得了最佳扮演角色奖的尼尔·纽邦（Neil Newbon）所扮演的阿斯代伦（Astarion）。我认为，现在这些产品提供的高精致的剧情角色扮演和联机互动的交友方式，会成为 Z 世代用户喜欢的一种形式。

ZP：能否进一步概括 Z 世代的痛点？例如，为何他们倾向于通过角色扮演来进行社交活动？

白芷：相对年轻的 Z 世代用户较为羞涩。他们不像父母那一代，拥有固定的工作和生活的城市，以及稳定的线下社交圈。随着时代的进步和科技的发展，年轻人的工作流动性增加，导致他们的工作内容和社交圈也变得不那么稳定。在这种情况下，年轻人更倾向于先在线上建立社交联系，在一个能够让他们感到放松、安全和舒适的环境中逐渐扩展自己的社交网络。

多数游戏提供了轻度场景化社交，这种社交依托于游戏场景，依赖于玩家在游戏场景中的互动。这种社交主要发生在完成任务和战斗过程中，强调临时合作性，常见于排位、匹配等游戏模式。

这种社交在完成游戏任务或战斗目标的互动中产生，强调合作与协同。通过语音交流讨论策略、相互支持完成任务，可以建立起短期的合作关系。然而，由于玩家本身的社交能力有限，这种关系往往难以延伸到游戏之外。

轻度社交很容易被打断，游戏中的互动可能因为任务结束或玩家下线而频繁中断，缺乏持续的交流机会。但最根本的原因可能是缺乏动机。玩家主要是为了

完成游戏任务而互动，缺乏深层次的互惠互利的动机，因此难以超越游戏本身形成更深层次的关系。

"萍水相逢"正是这种社交模式的真实写照。短暂的相遇，虽有缘但无牵挂，随时可能消失。相比之下，轻度社交只是游戏体验的一个补充。尽管如此，它也有可能发展为更深层次的关系，或在其他条件下继续发展。

Funmangic 研发了多种围绕角色扮演的语言类 Gameplay 内容，以适应不同的社交场合，满足 Z 世代年轻人的社交文化需求。同时，公司也在运用成熟的 MMO 社交原理来构建长期更深层次的关系。

ZP：怎么看待竞争呢？

白芷：目前，市场上的竞争确实激烈，无论是行业巨头，如字节跳动、腾讯、网易，还是创业公司，都在推出各自的 AI 产品。这种竞争是健康和积极的，推动了技术的进步和创新。

从我所了解的情况来看，许多公司目前确实还在集中于提升文本和上下文处理能力，以及 AI 在多轮对话中的表现。然而，我们的产品选择了不同的道路，通过游戏化的形式来打造 AI 伙伴和虚拟社交体验。我们的目标是与一线大厂的产品相媲美，不仅在 3D 建模水平上，还包括剧情内容的水准。我们注重细节，从 2D 角色的外观设计、皮肤、服装材质，到肢体语言的表达，都力求做到精致和细腻。此外，为了提供更加丰富的体验，我们还为 AI 伙伴定制了独特的声音，包括必要的声优（CV）支持。

通过这样的方式，我们希望能够为用户提供一个更加真实、沉浸式的虚拟社交环境，让 AI 伙伴不仅能够理解和回应，还能够以更加自然和生动的方式与用户互动。

ZP：相对于其他竞争对手，Funmagin 的核心竞争力主要体现在哪个方面？

白芷：Funmangic 目前在数据工程、模型算法、算法工程、产品设计、长线运营和商业验证等多个方面表现出色，形成了一个全面的六边形团队。

我们的研发团队以内容为导向，拥有扎实的游戏研发技术。团队成员在产品质量把控、经济数值稳定性、技术底层和服务器稳定性等方面都有深入的理解和实践，确保了产品能够持续更新和优化，即使在上千万用户同时在线的情况下，也能保持 AI 服务的流畅性和稳定性。这些能力是工业化产品所必需的。

### 7. AI 游戏应用：白芷，《恋与制作人》主策划，游戏中展现 AI 魔法

我们的第二个竞争优势在于内容的长期工业化更新能力。以蛋仔派对为例，该游戏已经官宣累计用户突破 5 亿人，并且从最初的平台跳跃玩法发展到了包括家园模拟经营、吃鸡、狼人杀等多种玩法。这种可持续的内容更新是我们的核心竞争力之一。虽然我们的团队不专注于 AI 大模型的研发，但我们引入了开发《逆水寒》手游人工智能的核心技术伙伴。《逆水寒》作为全球首个商用智能化的手游 App，在 2023 年暑期档上线两个月内就实现了 50 亿元的流水，截至 2023 年 11 月，其流水已接近 200 亿元，这在很大程度上得益于垂类语言模型在产品内容生成和 AI 辅助社交方面的突破。

与其他 AI 产品相比，Character.AI 拥有纯角色扮演模块，用户活跃度也较高，但目前仍停留在文本阶段，沉浸感相对较弱。Replika 的不足之处在于提供的内容有限，难以满足多种需求，且只能与虚拟 AI 进行交互，不能实现既可以选择人类也可以选择 AI 的自然链接，无法提供人机共生的虚拟世界生态。

此外，Funmangic 独有的 OpenRank 算法通过社交网络对玩家行为进行度量评价，进而影响游戏中的内容分发与资源投放。这不仅提高了内容分发的匹配度，还促进了玩家之间的高频深度社交，帮助玩家建立更深层次的长久社交关系。基于社交网络的图机器学习能够更好地从关系中提取实体特征，并在高维空间进行相似度比对，从而更精准地匹配资源与用户，使社交模式更加高效。

ZP：在用户画像方面，是否与 RPG 游戏用户群存在重叠？

白芷：确实存在一定程度的用户画像重叠，但从产品定位来看，仍存在显著差异。我们的产品具有高度的便携性和碎片化特性，允许用户在虚拟世界和现实世界之间扮演不同的角色。然而，无论是虚拟角色还是现实角色，都只是表达自我的一种方式，这些角色最终都连接到同一个真实的自我。

当用户玩游戏或参与虚拟社区时，他们会暂时融入那个虚拟世界，以某个虚拟角色的身份进行活动和社交。但即便如此，他们仍然是真实的自己，在社交过程中积累的感情和关系都是真实可感的，属于他们记忆和灵魂的一部分，不会因为扮演的不同外形或身份而改变。因此，在虚拟世界中相遇的是我们的灵魂，而在其中沉淀的则是真实的关系。

ZP：期望用户在何种目的驱使下，于何种心情和时刻选择访问 Funmangic？

白芷：Funmangic 作为一个以角色扮演为核心的社交平台，旨在满足用户在不

同情境下的需求。无论是快乐时扮演快乐的角色，渴望成为英雄时扮演英雄，还是在悲伤时扮演悲情角色以释放压力，Funmangic 都能提供相应的体验。这种体验与观看剧集释放压力相似，但更加强调身临其境的参与感，让用户成为故事的主角。

Funmangic 的转变在于，用户不再仅仅是观众，而是能够与朋友一起参与剧情，甚至在搭戏的过程中结识新朋友。这些朋友不一定是真人，增加了社交的多样性和趣味性。

在 Funmangic 的虚拟世界中，用户的情感得到共鸣，他们的快乐会被他人分享，他们的经历会触动他人的心弦，他们的挑战会得到他人的鼓励。这是一个感性与理性交织的世界，用户可以在这里扮演任何他们想要的角色，体验演员之间精彩的对戏和高光互动时刻（图 7-2）。

图 7-2 Funmangic 虚拟世界 2

ZP：在 AI 伙伴方面，角色扮演技术的快速发展引人注目。目前，大语言模型在角色扮演方面是否已经达到了 Funmangic 的技术标准，是否已经能够真正理解人类情感，并作为伙伴存在？如果尚未达到这一水平，那么预计还需要多久才能实现这一目标？

白芷：《逆水寒》手游的产品推出过程相当顺利，并且迅速实现了每月活跃用户（MAU）达到 3000 万～4000 万人的显著成绩。然而，这一成就尚未触及您所提及的技术拐点。技术的更新和迭代速度非常快，作为 AIGC 领域的面向消费者端

#### 7. AI 游戏应用：白芷，《恋与制作人》主策划，游戏中展现 AI 魔法

的产品，Funmangic 将随着技术的进步，将最优秀的性能和产出能力整合到产品中。

至于达到这一技术拐点的具体时间，一方面取决于 AI 领域科学家在算法上的推进；另一方面，人类情感的复杂性很难被完全模拟。因此，我们更多依赖 C 端产品来收集用户数据，并每周迭代特定领域的情绪语言模型，以期在技术上有更为精细的把控。

ZP：是否存在用户频繁更换角色，导致每个角色都无法记住用户的情况？

白芷：确实存在这样的情况。为了解决这个问题，我们在产品中集成了专门的长期记忆语言模型，这些模型旨在提供具有记忆能力且能够理解用户情感的 AI Agent。在角色方面，我们更倾向于根据用户的需求来设定。Funmangic 目前允许用户自定义创建 AI Agent，系统会提供充分的指导，帮助用户在产品世界中找到理想的 AI 角色。此外，用户还可以创建多个 AI Agent，通过多线程发展，以便进行横向比较和选择。

ZP：目前的产品进展怎样？

白芷：进展非常顺利，我们已经完成了 Demo 阶段，并提供了多种角色扮演内容的体验。我们将开发 AIGC 游戏化引擎，使用户不仅能够创建 AI 伙伴，还能通过简单的指令创建 3D 场景及相应的角色、演员或剧本。这将允许用户及其小伙伴进入这些场景，进行更加丰富的角色扮演体验。

ZP：如何看待其他 3D 社交产品，例如 VR Chat？

白芷：我们并不将 VR Chat 视为直接竞争对手。VR Chat 缺乏长期的内容更新方向，而 Funmangic 则围绕角色扮演和互动展开，拥有明确的长线运营策略。此外，VR Chat 并没有完善的社交系统，相比之下，《蛋仔派对》等游戏则通过长期维护的社交系统和数值系统来支持其超长线的运营。目前，《蛋仔派对》虽然仅上线 18 个月，但其内容更新量巨大，已从单一类型的手游转变为用户可以自行创造的线上游戏社交平台，这也是我们未来发展的明确方向。因此，与 VR Chat 相比，我们的产品有本质的区别。

ZP：从长远来看，Funmangic 的使命和愿景是什么？

白芷：我们的长远使命和愿景是：从"人人观看"转变为"人人扮演"。我们致力于打造一个 Online Story 游戏内容平台，通过让用户扮演半真半假的自己，实现更轻松、更具包容性、更多思想交流的娱乐体验。与其他公司的核心区别在于，

我们专注于降低用户获取游戏体验的难度和试错成本。简而言之，Funmangic 的愿景是"创造一个属于成年人的童话世界"。

ZP：在实现这一愿景的过程中，你们将进行哪些调整和改进？

白芷：在追求这一愿景的过程中，我们计划对角色扮演的 AI 及其引擎进行更细致的优化和打磨。目前，许多创业公司在生成 3D 资产时主要关注 AI 生成的面部细节，而我们将进一步优化眼珠、毛发、服装细节，以及背后的光影效果，以达到用户期望的高精度视觉效果。

ZP：在商业模式方面，你们是如何进行推演和规划的？

白芷：在商业模式方面，我们并不希望采用传统游戏的重数值收费模式。当然，在前期，我们仍将以皮肤销售为主要收入来源。随着社区运营的不断完善，我们将实现直播和短视频模式下的全民免费体验，即所有人都能无障碍地享受全部游戏内容。部分成本，包括 AI 消耗成本，可以通过广告流量进行转移，为用户提供相对绿色、无负担的体验。

ZP：目前，AI 行业中仍有众多创业者持续探索和尝试。在未来，您认为 AI 伙伴这一细分市场将呈现怎样的格局？

白芷：在 AI 社交产品赛道上，互联网大厂纷纷推出了各自的产品功能。例如，抖音推出了"抖音心晴"和豆包 App，快手有"AI 小快"，美团开发了"WOW"，新浪微博则提供了明星 AI 情感伴聊。在这个赛道上，竞争的焦点在于谁能够更快地发展，以及谁能在该领域内提供最优质、最完善的服务。

ZP：2024 年，有什么特别让您感到兴奋或激动的事情吗？

白芷：让我特别兴奋的是谷歌发布的新型 AI 多模态模型 Gemini。我非常期待能够亲自试用这个模型。它在文本生成方面取得了重大突破，同时在言行举止、意图理解和指令理解方面展现了更高维度的分析、理解和推理能力，这无疑是令人振奋的进步。

ZP：如何跨越角色扮演中的代入感鸿沟？

白芷：20 年前，角色扮演游戏已经证明了这一代入感鸿沟是可以被跨越的。角色扮演游戏是所有游戏类型中占比最高的。

无论是对于海外联机的 UP 主还是国内用户，《博德之门 3》都获得了极高的评价。这表明，只要内容制作精良，就一定能赢得用户的喜爱。《恋与制作人》同样如此，

## 7. AI 游戏应用：白芷，《恋与制作人》主策划，游戏中展现 AI 魔法

它并没有取代其他角色扮演游戏。《薄樱鬼》和《刀剑乱舞》实际上都属于乙女游戏这一大类，《恋与制作人》则在这个基础上做得更加精细，并且以手游的形式呈现，它将微信这类社交通信软件以游戏的形式呈现出来。

ZP：关于 AI 重塑人类社会，您有什么看法？

白芷：AI 的发展很可能导致人类变得越来越懒惰。在线下，人形机器人可能会帮助人们完成洗头、洗澡、进食甚至化妆等日常任务，使人们能够"躺着"进行社交活动；在线上，生成式 AI 提供的推理能力和理解能力将极大地帮助人们从烦琐的工作和生活中解脱出来，拥有更多的时间和精力进行思考和放松。

凭借我个人对宇宙极强的好奇心，我认为相对论和量子理论将更早地统一，甚至在我们有生之年就能揭开宇宙的真正奥秘，因为更多的人将能够从日常琐事中抽出时间进行深入思考。最近，IBM 发布了量子计算机，结合 AI 在思考和推理能力上的提升，我们了解宇宙奥秘的时间可能会大幅缩短。因此，马斯克提出的移居火星或时间旅行等之前只在科幻小说中出现的情节，有可能在未来成为现实。

# 8. AI 编程应用：张海龙，CODING 创始人，做复杂软件生产的 AI Agent

访谈时间：2024 年 1 月

  软件开发的历史是一部技术革新与人类创造力相互激发的史诗。早期，软件开发是精英的专利，代码编写如同古老的羊皮卷撰写，只有少数人能够揭开其神秘的面纱。随着个人电脑的普及和互联网的兴起，软件开发开始步入千家万户，变得更加大众化。开源运动的崛起打破了技术壁垒，让全球的开发者共同参与，如同构建数字时代的金字塔。移动互联网的出现，又将软件开发的边界扩展到了每个人的掌中，从而诞生了像 Facebook、Instagram 这样的世界级应用。

  现在，我们站在 AI 的肩膀上，看到了软件开发的又一次革命。AI 不仅为软件开发带来了新的工具和助力，更为思维方式和创新路径带来了颠覆性的变革。AI 时代可能将催生出一种全新的软件工程模式，我们期待看到 AI 续写软件开发的尤里卡时刻[1]，将传统工作流转变为创新的奇迹。

  本篇我们有幸采访了 CODING 的创始人张海龙先生。CODING（图 8-1）作为国内领先的开发者工具 SaaS，于 2019 年被腾讯收购。在这场深入的对话中，我们一同探讨了 AI 在软件开发中的潜在角色、未来软件的开发范式，以及技术发展趋势等问题。

图 8-1　CODING 标志

---

[1] "尤里卡时刻"（Eureka Moment）是指一个人在思考某个问题或进行某项任务时，突然产生了一个解决方法或创造性的想法，从而获得豁然开朗的感觉。这个词汇源于古希腊语"Eureka"，意为"我发现了"，得名于古希腊科学家阿基米德的故事。相传他在洗澡时突然想出了如何测量皇冠体积的方法，兴奋地大喊"尤里卡"，并跑出了浴室。

## 8. AI 编程应用：张海龙，CODING 创始人，做复杂软件生产的 AI Agent

# 01 以软件开发为生，五度开启软件创业之旅

ZP：请先自我介绍一下吧。

**张海龙**：我认为自己非常幸运，因为相较于许多人在高中甚至大学阶段还在探索职业方向，我在初中时期就已经明确了自己的目标。自 1996 年我接触到了计算机并开始尝试编程起，我就对计算机产生了浓厚的兴趣。那时还是组装机的时代，到了高中，我参加了信息学奥林匹克竞赛，大学选择了软件工程专业，研究生阶段继续学习计算机科学。我的第一份工作也与计算机相关，之后我创业也选择了计算机领域。这一切的起点是我初中时的一个物理老师，他对拆装电脑和软件开发非常感兴趣，可以说是我编程生涯的引路人。他向我介绍了许多相关知识，所以当其他同学在晚自习写作业时，我读完了厚厚的四本《电脑报（全年合订本）》。这种影响一直持续到现在。直至今日，在我们的招聘过程中，我们也倾向于寻找那些对软件有着发自内心的痴迷和热情的人，因为很多在工作中遇到的问题，往往是通过那些偏门的隐性知识来找到解决方法的。

我大学本科在复旦大学学习软件工程，研究生阶段在卡耐基·梅隆大学（CMU）深造，获得硕士学位。毕业后，我加入了 Oracle 工作，当时的工作相对清闲，于是我搭建了一个网站，专门从国内进口鞋子到美国销售。那时，我注意到了美国的电商系统 Magento，它后来被 eBay 收购。相比之下，中国当时的类似系统不仅数量少，而且质量不高。于是，我认为我们应该开发一个电商系统来帮助商家销售产品。

然而，回国后我们在电商系统领域努力了一年，发现这条路在中国走不通。中国市场缺乏的不是电商软件系统，而是流量。我们曾服务过许多品牌，发现它们的销量不佳并非因为网站建设问题，而是因为缺乏有效的流量体系。我们意识到中国的电商市场实际上只需要像淘宝这样的平台，而不需要独立的软件系统。因此，我们最终决定放弃电商系统业务。

2009 年，我开始兼职创办开源中国，2011 年后全职投入。尽管流量持续增长，但在尝试变现时，除了少量的广告费，我们并未找到其他有效的赢利途径。这个问题在 CSDN 时代就已经被证明是不可行的，但我当时并不信邪，还是尝试了一遍。我意识到，很多时候，某些事情之所以不成功，并非因为人不够聪明或不够努力，而是因为这件事本身就不可能成功。看到别人做了十年都没有成功，我就不应该再重复尝试了。后来，我将这块业务卖给了国内一家想要上市的公司。

后来，阿里的云栖大会给了我新的启发。我感到云计算的时代已经到来，加之当年爆火的各种O2O概念。于是我搭建了一个关于程序员的O2O平台，名为"Uber for Developers"（客户临时需要一个程序员时，可以在平台上找到人解决问题）。最终，这个平台失败的原因是需求无法标准化，而需求的标准化是O2O模式能够成立的核心标准。不过，当时为了配合O2O平台的交易管理，我们做了一套管理工具，包括代码托管、项目管理等功能。

尽管O2O模式最终未能成功，但我们所开发的工具却得以保留。因此，在2018年决定放弃O2O业务后，我们开始转型，专注于开发工具SaaS——CODING。那时，我们已经积累了200万开发者和一套完善的工具体系。巧合的是，2018年也是腾讯决定进军企业服务市场（ToB）的一年，由Dowson带领组建的CSIG主要负责腾讯云业务。可能是因为CSIG的高层都有技术背景，CODING很快引起了腾讯云的注意。当时我们转型做SaaS确实面临不少困难，非常感谢腾讯云对我们产品的认可，这为后续产品和资本层面的合作奠定了基础，也促成了2019年的收购。

加入腾讯后，我开始学习企业服务市场的运作，腾讯为我提供了一个绝佳的平台，让我有机会接触中国各行各业的客户。通过与不同层级的企业客户交流，我逐渐意识到一个问题：除非拥有独特的核心技术和产品，否则你只是在参与一场招投标游戏。这也是为什么从2022年开始，腾讯转而专注于产品和供应商的角色，让合作伙伴去参与招投标。

随后，我开始思考新的业务方向。当时，CODING的产品体系已经非常完善，几乎覆盖了除安全外软件工程的所有领域。但我意识到，尽管我们的产品解决了管理问题，却并未真正提高软件开发的效率。在2022年下半年，随着GPT-3.5的推出和GitHub Copilot变得更加实用，我开始构思一个名为Babel的新项目（界面如图8-2所示）。我的目标是设计一套全新的工程方法论，希望通过这个项目将开发效率提升十倍。这套工程体系和产品交付的设计旨在彻底改变软件开发的方式。

2023年，我们开始投入AI领域，AI对我们产生了巨大的影响。我们花费了大量时间研究AI，并将其融入产品力中，为我们的产品增加了类似于Copilot的功能。按照这个思路，我们一直开发到2023年10月，并推出了Beta版本。

在这个过程中，我们进行了很多关于AI的思考，比如AI是否会取代传统软件开发？它在复杂工程中能发挥何种价值？但到了2023年10月，我们意识到这

### 8. AI 编程应用：张海龙，CODING 创始人，做复杂软件生产的 AI Agent

个方向可能存在问题，基本的问题在于，仅仅提高现有开发者的效率可能并不是一个真正的机会——因为这应该是 Github Copilot 的机会，Babel 并没有实现质的飞跃。从想法到代码（Idea to Code）并不奏效，中间遗漏了需求，一个想法并不等同于一个需求，将一张图变成一个网页，或一句话变成一个贪吃蛇游戏，这都是错误的创业方向，这种能力与实际应用关系不大。

图 8-2　Babel 界面 1

## 02 复杂工程才是创业公司的机会，要为 AI 设计一套工作流程

ZP：如何理解从想法到代码不奏效这一现象？

张海龙：因为这将变成一种通用能力。如果一句话的需求能够直接通过代码解决，那么这个需求可以通过 ChatGPT 的 Code Interpreter 工具，或者直接在通用 AI 助手中得到解决，不需要单独的软件来处理这个需求。然而，ChatGPT 无法做到的是生成一个完整的 CRM 软件。

一些认真的参与者也意识到了这个问题，开始着手解决软件复杂工程的问题。如果将编程语言视为一种模态，那么针对复杂工程，就需要在这个模态上进行开发。例如，电影是图像的复杂工程，写书是文字的复杂工程，而软件则是代码的复杂工程。图像、文字、代码等模态的生成能力是 ChatGPT 的机会所在。而复杂工程才是创业公司的机会。这不再是生成问题，而是工程方法论的问题。

ZP：那么，您如何看待 AI 的出现对软件行业可能产生的影响？就像蒸汽机在工业革命中的作用，电脑在信息革命中的作用一样，AI 的出现预示着什么？

**张海龙**：AI 标志着智力革命的到来，它代表着对人类智力的替代。工业革命使英国农业人口从 60% 降至 10%，信息革命使美国工业人口从 40% 降至 8%。按照这一趋势，AI 作为智力革命，可能导致白领在就业市场的占比从 60% 以上降至个位数。

AI 在某种程度上是对人类的替代。GPT-4 的智力水平已经相当高，而 GPT-5 可能会超越 80% 的人类智力。在这样的背景下，问题转变为如何让 AI 真正替代某个工种。以当前的情况来看，我们如何让 AI 替代初级程序员？目前，像 GitHub Copilot 这样的工具并不能完全替代初级程序员，因为它本质上是一种生产工具的增益，而不是生产工具本身。如果 AI 要替代一个人，那就意味着它替代了一种生产要素，这对生产力的影响是巨大的。因此，我们需要思考的是如何让 AI 能够在软件生产这个长链条上独立完成任务。我们成立公司之初的愿景是"让人人都可以写代码"，但现在这一愿景已经转变为将更多的人"赶出"写代码的工作。

ZP：一个开放性的讨论，"让人人都可以"在哪些事情上是可行的，在哪些事情上则不可行？

**张海龙**：让大部分人感受到快乐的事情，或者是人的本能所驱使的事情，通常是可行的。例如，让人人都可以拍照是可行的，因为追求美是人的本能。然而，让人人都可以骑马则不可行，因为对很多人来说，骑马并非一个目的，而只是一种从 A 地到 B 地的交通方式。因此，当汽车出现后，人们就不再骑马。

能让大多数人感到快乐的事物肯定是值得追求的，但写代码并不属于这类活动，或者说只有少数人能通过写代码获得快乐。所以，最终的问题变成了，即使我们能降低编程的门槛，使每个人都能编程，这也不是人类本能的需求。要吸引人们去做某事，那一定是与他们的本能需求相关的，而不是强迫他们去做他们不感兴趣的事情。

ZP：把更多的人"赶出"写代码的工作，你们将如何基于这一理念开发出一个产品？

**张海龙**：在中国，目前有大约 700 万程序员被雇用，其中 35% 是月薪 1 万元的初级程序员。取代这部分人力资源是我们产品潜在的市场份额。本质上，我们可以将 AI 看作是一个清华大学的毕业生，它能够完成编写代码和文本等各种任务。

## 8. AI 编程应用：张海龙，CODING 创始人，做复杂软件生产的 AI Agent

然而，要将其培养成一个能够解决实际问题的工程师，还需要向其传授大量的行业知识和经验，并提供优秀的工具。这正是我们目前所做的事情。因此，这个过程并不仅仅是简单的模型应用，特别是对于复杂软件而言，它更多是一个工程问题，而不仅仅是编写代码的问题。

我们希望开发一个能够处理严肃规范（Take Serious Specification）的 AI Agent，而不是仅仅基于一句话的想法。这个规范应包含详细的需求。这个 AI Agent 背后可能由多个子代理组成，可以将其理解为一个施工团队。这个团队会根据需求不断工作，如果遇到无法解决的问题，会发出警报请求人类介入。对于简单需求，这个系统可以在半天到一天的时间内交付一个完整且可用的软件。而人类的工作则转变为定义"做什么"，因为 AI 目前还无法解决"做什么"的问题。这种方法为软件开发提供了一种新的工作模式，由 AI 处理任务，而更复杂的决策和创造性工作仍然由人类完成。

ZP：那么，未来这个 AI Agent 是否还需要人类的支持？如果需要，人类将扮演什么角色？

张海龙：未来，这个 AI Agent 确实需要人类的支持，特别是需要高级程序员来撰写技术规范（Specification）。在这些情况下，人类将扮演架构师的角色，解决架构问题后，由 AI 填充具体内容。在当今的工作流程中，如果一个任务很简单，高级程序员通常会直接将产品需求转发给初级程序员处理；对于复杂的需求，高级程序员则会指导初级程序员如何解决问题。这种模式在未来的软件开发中仍然适用。高级程序员将撰写详细的技术规范，然后由 AI Agent 执行。我们预见，未来高级程序员亲自编写代码的频率将大大降低，他们将更多地担任 AI 的监督者（Supervisor）角色。实际上，高级程序员现在也在扮演这样的角色。我们的观点是，高级程序员是不可替代的，因此我们首先解决的是如何用 AI 替代初级程序员的问题。

ZP：Copilot 现在无法实现的功能，未来是否有可能实现？

张海龙：这是一个非常有趣的问题。在目前的工具链中，任何与代码相关的机遇对微软来说都是宝贵的。然而，现行的工具链主要是为人类工程师设计的，而不是为人工智能（AI）设计的，这就导致了众多的兼容性问题。因此，从零开始设计可能会更加高效。我们可以这样理解：我们的产品是专门为 AI 设计的，其中的 Agent 配备了自带的生产工具，形成了生产工具与劳动力的结合体，这更类似于一个 AI 外包公司。

ZP：那么，如何定义你们的产品？

**张海龙**：人类在定义"What"方面比 AI 强大的地方在于人类的创新能力。我们不仅仅能够模仿，还能够创造出前所未有的概念和解决方案，而且并不依赖抄袭。目前，AI 已经能够根据明确的规范或规格说明书生成完整的软件。这一点已经实现。然而，一个负责任的"施工队"需要不断地检查和验证以确保工程的一致性和正确性，这是 AI 目前还无法完全胜任的。

同样，包括在运行过程中的调试（Debug），如果 AI 能够自主进行分析、修改和部署，那将是一个重大的进步。但这一能力目前还未实现。这背后涉及多个 Agent，如何将行业经验传递给它们，以及如何确保它们工作的有效性和一致性，这是一个庞大而复杂的问题。

我们需要为 AI 设计一套工作流程，并赋予其一系列工具，以帮助 AI 更有效地完成任务。我们的目标非常明确，关键在于我们能否实现这些目标。

ZP：这个产品实现的主要难点可能在哪里？

**张海龙**：AI 在工作方式上与人类有显著的差异。人类可以通过键盘和鼠标进行手眼协调操作，这在长串代码中修改一个字符对人类来说相对简单，但对 AI 来说却是一个挑战。因此，我们需要认识到我们服务的对象不同，许多工作方法和工具都需要相应的改变。这也是为什么我们认为，即使在 GitHub Copilot 的垄断下，仍然存在机会。

Copilot 已经推出一段时间了，但它仍然受到之前产品定义的限制，主要是因为它需要在开放领域中处理各种编程语言、开发平台、工程逻辑和结构，变量太多，面对的问题复杂度极高。我们重新开始的目的就是要减少这些变量，采取类似于制造电动车的逻辑，去除所有不必要的部件。

ZP：目前你们的进展如何？产品是否已经正式上线？

**张海龙**：目前上线的产品并非我们期望的最终形态（如图 8-3 所示），它仍然是以人为使用对象。我们预计在半年内能推出一个简化版的真正产品。虽然这个版本可能还无法处理像 CRM 这样的复杂系统，但开发一个日历应用是可行的。然而，即使是日历应用，其需求也并非简单的一句话可以概括，相对而言也是较为复杂的。

在追求这个领域的"圣杯"的过程中，大家都知道目标是什么，但实现目标

### 8. AI 编程应用：张海龙，CODING 创始人，做复杂软件生产的 AI Agent

的路径却各不相同。我们目前的策略是，我们不参与前端开发，而是专注于后端；避开视觉部分，只处理后台 API。我认为视觉部分由于非标准化，需要另一层抽象，因此我们决定先集中精力于后端 API 的开发。

图 8-3　目前上线产品界面

ZP：在定义产品的过程中，如果我们把 AI 视为"用户"，应如何验证产品的有效性？

张海龙：我们拥有现成的输入和输出素材，验证过程就是观察 AI 是否能够正确地将输入与输出相匹配。这个过程完全在线上进行，类似于训练大模型时进行的填字游戏，相对简单且直接。

ZP：为何将产品命名为"Babel"？

张海龙："Babel"源自巴别塔的故事，传说中人类试图建造一座通天塔，但上帝为了阻止这个计划，创造了不同的语言使人类分裂。我们选择这个名字，是因为我们认为编程语言应该实现统一，不应该有过多的语言障碍。

## 03 要做非共识的、大多数人不愿意去做的事情

ZP：AI 领域未来可能发生哪些变化？这些变化将如何助力你们的产品开发？

张海龙：GPT-5 致力于智力的提升。在软件工程领域，存在一些固定的工程方法论，Agent 需要理解这些方法论后自主进行规划。Agent 与非 Agent 的核心区

别在于对环境的感知和反馈能力。它需要判断哪些代码是正确的，哪些是错误的。

ZP：你们现在已经探测到的 GPT-4 在你们的应用场景中的性能边界是什么？

张海龙：在解决"如何做"（How）的问题上，如果你给 AI 一个具体的编程任务，它已经能够超越 80% 的程序员。然而，AI 的一个主要局限在于它无法自动理解和组织上下文信息。因此，撰写一个清晰、具有明确上下文的提示（Prompt），以及以正确的方式提出问题，变得至关重要。

当然，有些问题是 AI 无法解决的，特别是那些需要高度创新性和原创性的问题。例如，AI 在多步推理方面的能力还不够强大。假设给 AI 爬取网页并根据内容决定如何解析，判断信息是否符合需求等任务，除非你的需求描述得非常详细，否则 AI 无法自动拆解并解决这个问题。

ZP：Agent 成为 2024 年的热门话题，你们如何评价 AutoGPT 这类产品呢？

张海龙：首先，Agent 通常扮演框架或带有行业属性的角色。然而，构建框架往往是大公司的机会，例如微软推出的 AutoGen。人们可能会误以为 AutoGPT 可以处理任何事情，但实际上它可能无法实现预期目标。AutoGPT 面临的问题是缺乏行业属性和行业知识。缺乏特定的行业知识和专业性会严重降低 Agent 的实用性和有效性。（Babel 界面如图 8-4 所示。）

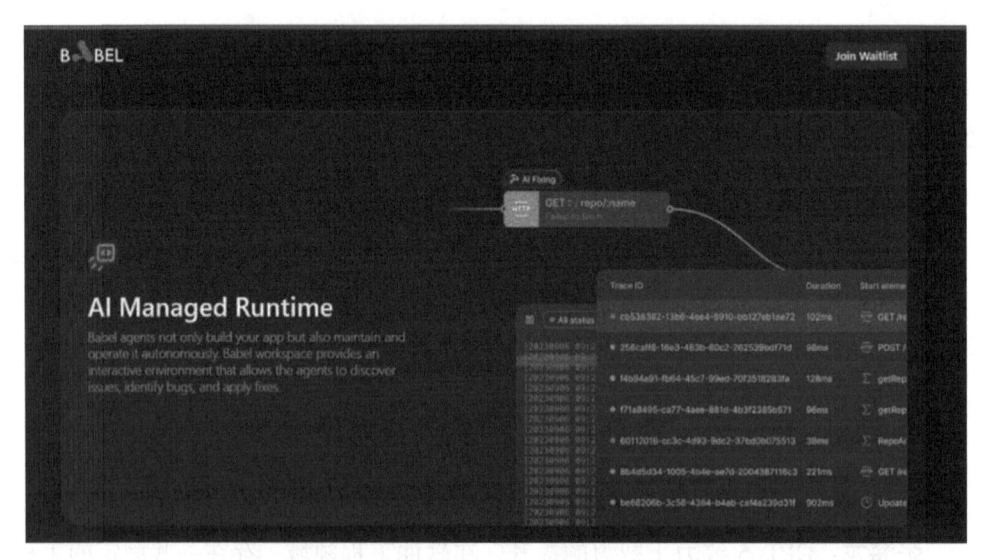

图 8-4　Babel 界面 2

## 8. AI 编程应用：张海龙，CODING 创始人，做复杂软件生产的 AI Agent

ZP：当前市场状况如何？竞争者的切入点是什么？

**张海龙**：在当前市场中，竞争者的切入点主要分为两大类。第一类是不依赖微软工具的公司，例如我们公司；第二类则是选择与微软及其工具集成的公司。从宏观逻辑来看，如果选择集成微软的工具，公司要么迅速扩张规模，以期被微软收购，否则机会渺茫。例如，Replit、Cursor、Vercel 等公司选择了不与微软的工具合作。

而那些选择合作的公司，如 Copilot、CodeGen、CodeRabbit，它们的发展方向各有侧重。CodeGen 专注于根据 GitHub 上的 Issue 提交 PR，这个智能代理仅处理软件工程的某个环节，不涉及需求理解等前置工作。CodeRabbit 则在生成 PR 后帮助进行代码审查。市场上许多公司都在尝试这类事情，但各自的切入点不同。我还了解到一家专注于开发文档编写的 AI 工具的公司。最终，许多公司会意识到，真正的价值不仅在于提高人类工作效率，更在于通过智能化工具将特定的工作流程完全从人类手中转移到 AI。

ZP：从 GPT-3.5 到 GPT-4 的升级，对我们有何影响？

**张海龙**：在 GPT-3.5 时代，我们对此并没有太多的思考。然而，随着 GPT-4 的推出，我们意识到这个技术的可行性，因为 GPT-4 带来的提升非常显著。

首先，上下文长度的增加是一个重要的进步。如果上下文长度不足，那么我们无法将软件需求完整地传达给 AI。其次，推理能力的提升也很关键。最后是 AI 对指令的遵循能力。在我们的工程逻辑中，我们不需要 AI 有太多的自主思考，我们更需要它能够严格按照标准执行任务，因此指令遵循能力的重要性尤为突出。

ZP：您拥有丰富的创业经历。如果时光倒流回到 CODING 创业时期，您还会选择创办 CODING 吗？

**张海龙**：如果能够回到过去，我不会选择再次创办 CODING，或者涉足 O2O 领域。相反，我会倾向于 Gitlab 这样的方向，因为我认为在当时进入 GitLab 是有市场机会的。尽管如此，CODING 的那段经历对我而言极为宝贵。我经历了融资的喜悦，也遭遇了资金紧张的挑战，面对过团队的动荡和裁员的艰难，经历了招募新人的过程，见证了公司的大规模扩张，最终还做出了将公司出售的抉择。在此，我也要感谢腾讯，因为在困难时期，他们给予了支持。可以说，除了上市，我几乎经历了企业发展的所有阶段。

ZP：经历了这些事情之后，您个人最大的变化是什么？

张海龙：我认为自己变得更加从容不迫了，不再那么急于求成。因为很多事情急也急不来，而且实际情况往往没有想象中那么严重，天不会塌下来。很多时候我都会有这样的体会。

ZP：当时是否有过感到焦虑和迷茫的时刻？后来您在心态上做了哪些调整？

张海龙：确实，在 2017 年，我意识到之前的市场策略无效，且难以获得融资，这让我感到非常焦虑和孤立。

因此，对行业知识和方法论有更深入的理解变得至关重要。如果我认为某件事任何人都能做，我就不会感兴趣。我更倾向于从事那些非共识的、大多数人不愿意尝试的事情。在移动互联网领域取得成功的公司，并非简单地添加移动互联网元素就能成功。像字节跳动和美团这样的公司，都是原生的移动互联网公司。如果没有移动互联网这一要素，这些公司的成功是不可想象的，大机会一定在这里。现在 AI 时代也是如此，如果只是简单地在所有事情上添加 AI，那么要么机会很小，要么就是别人的机会。

"AI+"这个概念目前看起来还不太清晰。就像移动互联网早期的切水果游戏那样，并不是真正的机会。真正的机会通常出现在后期。在 AI 时代，这个阶段可能会来得更早一些。历史虽然不会简单重复，但总是在某种程度上"押韵"。因为经历过，所以我大概知道哪些是机会、哪些不是。首先，一定要做一个 AI 原生的项目，这才是大机会；其次，这件事情必须足够有挑战性才有价值。

ZP：CODING 成功退出并被并购，您认为主要原因是什么？

张海龙：我认为 CODING 的退出并不算是传统意义上的成功，但至少是一次有结果的创业经历。我们始终专注于认真打造产品，拥有一个出色的 Git 平台。当时有大量开发者使用我们的产品。我们坚持不投机取巧，即使在比特币热潮期间，尽管有人建议我们发行代币，我们也始终没有偏离初心。如果你总是追逐机会而偏离正轨，最终可能只是浪费时间。此外，我们的运气也不错，哈哈。

ZP：从您的角度来看，为什么选择持续创业呢？

张海龙：创业对我来说已经成为生活的一部分，这受到了我父母的影响，因为他们也是创业者。人生终究是有尽头的，关键在于我们如何体验这个过程。虽

## 8. AI 编程应用：张海龙，CODING 创始人，做复杂软件生产的 AI Agent

然从美国回来时我放弃了很多东西，但我不后悔自己的选择。对我来说，创业的过程充满了许多独特且不同寻常的经历。

ZP：您是否有特别崇拜的人物？

张海龙：我非常崇拜埃隆·马斯克。他是个非常有趣的人物。在 2017 年，我感到迷茫的时候，我去了中欧商学院学习，那里有一门课程讲述了马斯克的薪酬体系。他为自己设定了极高的目标，如果没有达成这些目标，他就无法获得激励；而一旦达成目标，他就能获得极其丰厚的回报（价值 1000 亿美元的股票）。

ZP：您是否有印象深刻的书或电影？

张海龙：我印象非常深刻的一本书是凯文·凯利讨论"涌现"概念的《失控》。这本书对我产生了巨大的影响，极大地改变了我对世界的认知。书中核心逻辑围绕着"涌现"展开，凯利通过大量实例阐述了这一概念。实际上，大模型也是一种"涌现"现象。这本书虽然厚重，但核心可能只传达了一个观点。

至于电影，我喜欢看《星际穿越》和《盗梦空间》这类能引人深思的作品。

ZP：如果这次创业取得成功，您接下来打算做什么？

张海龙：如果这次创业成功，我可能会投身于抗衰老领域，研究合成生物学。我认为这是一个非常有价值的方向。目前我没有涉足这个领域，主要是因为它所需要的资金投入可能高达数亿美元。

然而，人的想法会随着不同的人生阶段而变化。从根本上说，创造是我快乐的源泉，无论是写文章、画画，抑或制作音乐，在某种意义上都是一种创造。并非所有人都能从创造中获得快乐，但对我来说，创造就是我的快乐所在。

ZP：现在有许多年轻创业者致力于 AI 领域，您有什么想对他们说的吗？

张海龙：寻找并建立壁垒。这也是我最近一直在思考的问题。我观察了许多项目，发现它们缺乏明确的市场壁垒。在文生图领域，存在一个潜在的壁垒：如果你能够拥有世界上最全面的某一类画风的素材库，然后训练一个类 Diffusion 模型，使其在生成特定画风的图像上表现出色，这将是一个强大的壁垒。然而，这也意味着你的市场将非常细分。但这可能是 Midjourney 未来的发展方向，因为只有这样才能避开大模型的冲击。

# 9. AI 硬件应用：胡依林，重塑腕表体验模式

访谈时间：2024 年 2 月

小牛电动，作为一家领先的智能出行解决方案提供商，其主要产品是智能锂电两轮电动车。该公司于 2018 年在美国纳斯达克证券交易所成功上市，股票代码为"NIU"，标志着其在自成立以来的短短四年内取得了显著成就。

本篇我们有幸采访到小牛电动的创始人胡依林（如图 9-1 所示）。他再次启程，秉承"科技驱动创新体验"的品牌理念，创立了时研家 TIMEZ。通过利用人工智能底层技术的颠覆性创新，TIMEZ 汇聚了来自全球的海量数据，构建了一个完整的生态腕表服务平台，涵盖"全球腕表行情专业数据、智能数据鉴定、全生命周期管理"等方面。

在这次深入的对谈中，我们与胡依林先生共同探讨了他在 Token 创业过程中的经历，如何利用颠覆性的 AI 技术改革腕表行业，以及 TIMEZ 的定位和价值等话题。

"尝试用设计找到美学与科技性的平衡点，为这个时代创造更美好的体验。"

图 9-1 胡依林

9. AI硬件应用：胡依林，重塑腕表体验模式

## 01 好奇心和兴趣驱动，开启人生"疯狂之路"，第一个十年创立小牛电动

**ZP**：请先自我介绍一下吧。

**胡依林**：我的成长历程颇为丰富多彩。我出生于安徽，童年时期随父母在部队生活，因此经常更换学校和教材。直到初中，我回到安徽阜阳的一所优质初中就读。然而，我由于经常逃课，最终被学校开除，并转学到了另一所学校。在初三下学期，我被送到父亲的一位战友开设的计算机培训班，在那里我对计算机产生了浓厚的兴趣。当时互联网刚刚兴起，我开始自学网站制作，成为中国较早接触互联网的一批人。回顾过去，我认为，保持好奇心和强大的学习能力是我成长过程中的关键因素。

1999年，我开始为他人制作网站，当时制作一个网站的收费高达6000元。2000年，我盲目学习编程，结果"黑"了一个网站，并因此被捕，相关的报道至今仍可在人民网上找到。2001年，我来到上海闯荡，2002年找到了第一份工作，月薪为3800元。2003年，我带着一个动漫制作项目从上海到广州，创建了一个当时可以算作国内最大的动漫工作室。2005年，我回到上海加入九城，参与《魔兽世界》的项目。我总是幸运地在不同阶段接触到当时最热门的行业。

尽管我从未缺过钱，但我觉得不能一直这样混日子，于是在2007年加入了微软。面试时，我一句英语都不会说，于是把准备的所有中文翻译成英文背下来，完全是按照拼音记忆的。尽管对方听不懂我的英文，但因为我展现了勇气，最终还是收到了Offer。后来，我加入了Frog Design公司，那时用户体验和交互设计非常热门，特别是随着安卓系统的推出，其市场需求突然大增。

**ZP**：当时是什么契机促使您创立了小牛电动？

**胡依林**：在Frog Design公司工作期间，我组装了一台电动车，这源于我对摩托车、汽车和手表的热爱。我将这台车的模具卖给了生产山寨车的厂商。他们利用这个模具销售了价值200万元的产品，这成了我创业的最初动力。尽管兴趣是起点，但我还是进行了深入的市场调研。当时中国的电动车市场价值是1000亿元，年销量达2000万台，市场上只有本田、雅马哈等少数品牌，而且产品缺乏互联网元素。这个品类已经存在了近100年，我坚信这类产品的发展不会止步于此。国内的厂商大多从自行车起家，对产品的定义通常是简单的自行车、电机和电池组合而成的"电瓶车"。

我运用了一些方法论，比如在一个 100% 的市场中，先排除掉 80%，然后在剩下的 20% 中寻找用户。我发现即使在这 20% 的市场中，也有百万元量级的市场商机。感性让我发现了这个机会，而理性分析则给了我坚定的信心去实现它。

值得一提的是，明势资本的黄明明对我有知遇之恩。我最初将商业计划书交给了理想汽车的创始人李想，他引荐我认识了明明总。当时普遍的观点是硬件不赚钱，东西卖得越便宜越好，这与我的想法相悖。我认为低价产品无法满足用户的真正需求。因此，我见了六七十家投资机构，融资过程非常艰难。商业计划书中还提到了"需要 CEO"这一点，明明总后来介绍了男哥，我们一拍即合，并成功获得了明势资本领投的天使轮融资。2014 年 8 月 28 日，我带领团队从上海迁至北京，正式开始了小牛电动的创业之旅。

ZP：小牛电动的成功秘诀何在？

**胡依林**：小牛电动通过设计轻便的电池，让用户可以轻松携带电池回家充电，这一举措解决了 95% 以上的中国用户的需求。在当时，涉足该行业的从业者大多遵循传统思维，缺乏对物联网（IoT）、智能化，以及用户体验的深刻理解和实践。小牛电动的突破性创新，正好填补了这一空白。

ZP：十年前，您对未来的自己最大的期待是什么？

**胡依林**：十年前，我 29 岁，正值小牛电动创业之际。如今我 39 岁，见证了公司十年的成长。29 岁那年，我曾想过，我若是选择在一家大企业担任设计部门的领导，职业生涯可能一眼就会望到尽头。当时我的想法是冒险搏一次，给自己一次突破的机会，但开一家设计公司似乎还不足以展现我的全部潜力。当时我的目标很简单，就是要把产品做出来，小牛电动的成就超出了我的预期。那时的我决心满满，我和合伙人明明总说，如果有人认为这个项目有潜力，我愿意放弃我所有的股权，因为我坚信这件事一定会成功。

## 02 利用中国工业自动化优势，融合 AI 技术，第二个十年重塑腕表体验模式

ZP：站在新的十年起点，这一次您的创业契机和动力是什么？

**胡依林**：2019 年，我通过一篇访谈文章结识了一位创业者，他正在搭建与手表相关的数据库。我作为手表的忠实爱好者，从购买数千元的手表起步，直至收藏价值数万元的高端腕表。在这一过程中，我发现了行业的一个痛点：很难找到

## 9. AI 硬件应用：胡依林，重塑腕表体验模式

一个拥有全面的手表信息及进行手表评测的平台，需要在 Instagram、Twitter、腕表之家、各类论坛和微博上四处搜索，手表领域缺乏像汽车之家、懂车帝这样的信息聚合平台，也没有类似的数据库资源。

2022 年，我投资了一个小型团队，利用爬虫技术搜集了市面上的所有腕表信息。数据的魅力在于其可提取性，而 AI 的强大在于处理这些数据并提炼出其中的价值。在爬虫运行两个月后，我发现了一个问题：我们需要不断增加腾讯云的计算能力。基于我对市场规模的认知，一个行业的市场容量、市场流通量和用户关注度与全网数据量有着必然联系。我原以为腕表市场仅有 100 亿元规模，但面对庞大的数据量，我意识到其市场规模远不止于此。因此，我购买了更多的研究报告、查阅了各类公开数据进行仔细检查，最终得出全球市场规模达 5000 亿元，其中中国市场占半壁江山，中国腕表市场年交易额可达 1000 亿元人民币，二手市场可达 1400 亿元。2022 年，瑞士对中国的出口额为 350 亿元人民币，瑞士品牌在中国市场上的占比为 60%，从而反推得出 1000 亿元的市场规模。同时，我们还搜集了一些品牌数据，如劳力士年销量为 120 万块，卡地亚 60 万块，天梭和浪琴分别为 180 万块和 210 万块。

当然，这次创业更加理性，我们也做了大量用户调研。发现机械腕表的投资属性已深植用户心中。许多人会在工作后的第三年开始考虑购买人生中的第一块腕表，以纪念某个里程碑，可能是建立了一段关系或获得了职业生涯的一个成就。当人们需要给自己一个奖励时，往往会选择腕表这种产品，它代表了社会地位，也是一种理财产品，至少用户认为这是不会亏损的投资。而购买第二块腕表通常会在两年后，届时他们会卖掉第一块腕表，进行升级。

**ZP：** 目前有哪些平台正在解决这类用户需求？新的机会在哪里？

**胡依林：** 目前全球领先的平台是 Chrono24，其 GMV（成交总额）约为 20 亿欧元，主要服务欧洲市场。另一个重要平台是 Watchfinder，于 2018 年以十几亿美元的价格被历峰集团收购。国内市场的交易主要集中在闲鱼、淘宝、京东、得物等几个平台。

然而，这个行业极其缺乏数字化，想要在一个地方找到所有相关信息几乎是不可能的。在 AI 技术出现之前，这一问题尤其难以解决，因为许多数据已经在品牌官网上下架，留存的数据散布在各种资讯和媒体网站上。此外，用户使用的行话与官方语言之间存在差异，例如"绿水鬼""绿金迪""余文乐"等词汇在官

方语言中是不会出现的,而这些俗称远比官方的型号编号(如116519)更容易被记住。AI的优势在于能够将这些不同的语言和术语融合在一起,提供更精准的信息匹配。

ZP:您做了哪些技术储备?

**胡依林:** 我们在AI识表技术上投入了大量精力。与海外平台依赖大量检测人员不同,在中国,所有PCB的印刷、SMT的工程采用的都是在线检测技术,通过高速定位找到标定点,并利用这些标定点来验证腕表的真假。瑞士有一条成熟的产业链,铸造厂、表盘厂和夜光涂料都是分开的,每家都有各自的专利技术。我们使用光谱分析仪,能够精确检测到金属材质含量的$0.0x\%$,从而轻易辨别真伪。

我们技术的核心在于自动化。我们引进了工业机械臂,以及军事级别的全载激光镜头进行全景扫描。因为传统检测师使用的目镜放大倍数在30~50倍,头部轻微移动就会产生剧烈晃动,而我们采用的工业机械臂上装备的是300倍显微镜,进行矩阵式拍摄,AI能够据此判断出90%腕表的真伪。目前我们的平台正在努力实现半自动化,因为仍需要人工将腕表放置在检测设备上。(时研家鉴定中心主界面如图9-2所示。)

图9-2 时研家鉴定中心主界面

中国的优势在于工业自动化。我们实验室的所有设备并非自主研发,而是将其他行业积累的技术进行了复用和集成,比如开发的芯片组、逻辑模块、IoT模块等,我们将这些技术整合并应用于腕表检测行业。

## 9. AI 硬件应用：胡依林，重塑腕表体验模式

ZP：贵平台为用户提供了哪些价值？

**胡依林**：首先，我们的平台能够识别用户上传的腕表图像，简单来说，就是"用户上传一张照片，平台告诉用户这是什么型号的腕表"。然后，我们运用 AI 技术进行数据采集、清洗和模型构建，为用户提供精准的真伪鉴定服务（图 9-3）。这种细致入微的检测是任何男性用户都无法抗拒的。最后，我们为用户提供安全可靠的运输和交付服务，确保每一个环节都在掌控之中，包括实时追踪位置、温度、高度等信息，以及监测产品是否被开启过，用户通过手机扫码即可在屏幕上查看状态，为高端产品赋予了应有的仪式感。

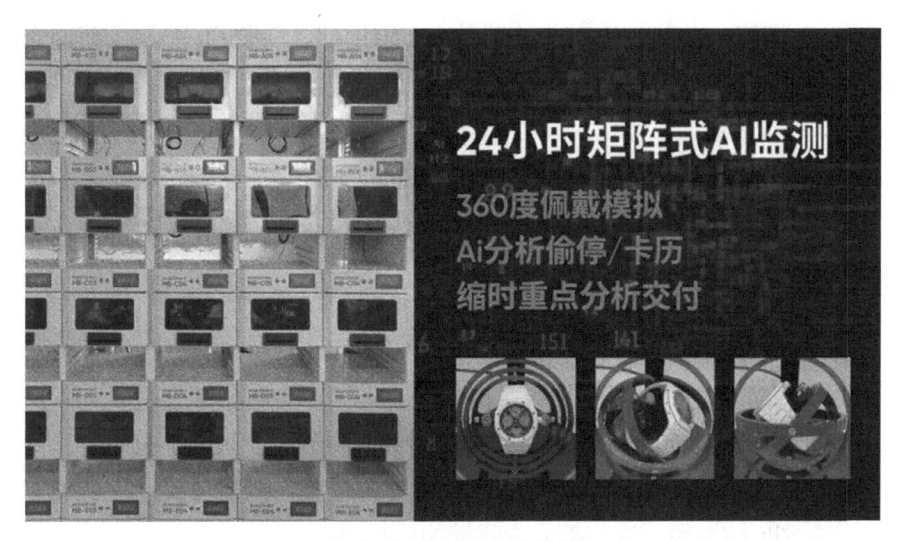

图 9-3 矩阵式 AI 监测

ZP：你们的目标用户群体和用户画像有何特点？

**胡依林**：我们主要的目标用户群体是 25~40 岁的消费者，这个年龄段的人群通常具有更强的消费能力。

ZP：在这个过程中，您认为 AI 扮演了怎样的角色？

**胡依林**：没有大模型，这项任务是难以完成的。AI 的作用主要体现在信息的筛选和提炼上，这是小型模型无法解决的。我们的文本模型采用了双系统备份，分别基于 GLM-6B 和 Llama 进行训练，而图像处理最初是由团队中的四名成员负责的，后来转而采用了 Meta 推出的 SAM 模型。我们发现必须紧跟技术发展的步伐。我们将自己定位为一家 AI 应用公司，专注于将最前沿的 AI 技术应用于解决实际问题。

**ZP**：时研家的长期愿景是什么？未来将发展成怎样的企业？

**胡依林**：我们的目标是成为人们身边值得信赖的腕表顾问。腕表行业的商业格局极为复杂，在分析红布林等平台的商业模式时，我们注意到它们试图改变传统零售商的运营模式，让用户直接出售商品，然而，这种方法在现实中存在诸多挑战。我们的策略并非颠覆传统零售商，因为平台的收货能力永远不会比中国现有的三四万家二手奢侈品店铺要强。我们的愿景是与之合作、共同成长。

## 03 创业者心态和持续学习之道

**ZP**：在您第一次创业的商业计划书中，您提到"需要 CEO"，而如今您在心态上有了哪些转变？

**胡依林**：最大的转变在于思考问题的视角。之前，我更多地专注于创造一个"产品"，这相对直接和简单。一个人能够掌控的"项目"规模与他的性格和能力紧密相关。虽然我们现在所做的事情没有达到我十年前的构想，但我一直在探索一个问题：有什么事业是我愿意再投入十年时间去做的。

**ZP**：您到现在仍能保持空杯心态，继续创业的动力是什么？

**胡依林**：动力在于这件事竟然还没有人去做，那么我就来尝试一下。这一点与我十年前创业时的初心相同。尽管现在做出创业的决定与十年前大不相同。十年前的我还一无所有，而十年后的我肩负了许多责任，但同时我也拥有了更多的资金、信誉和人脉资源，这些都成为我继续前行的动力。

**ZP**：您如何看待创业的成功和失败，不同结果的原因有哪些？

**胡依林**：我认为最本质的原因在于直觉。我曾经将直觉视为一种"第六感"，但后来我领悟了一套自洽并经过实践验证的理论：直觉是由大脑在各个层面上接收的大量信息所激发的，尽管这些信息之间可能没有直接联系，但大脑深处似乎有一套类似于 AI 的系统，这套系统学习所有行为数据，并在后台系统中进行沉淀，为了节省氨糖、糖分和多巴胺等资源的消耗，大脑最终会直接输出一个结论，而不会展示其推导过程。

因为我相信，人能够得出超越自身认知范围的结论的概率微乎其微。因此，人们应该广泛学习，所有吸收的信息最终都会以某种形式得到利用。同样，AI 也是通过概率来预测结果的，它并不理解信息的深层逻辑。如果无法验证每个环节

## 9. AI 硬件应用：胡依林，重塑腕表体验模式

的正确性，那么最佳策略就是增加输入量，即"大力出奇迹"。许多重要的决策实际上是基于"感性"的。

ZP：您是如何保持对技术和产品的敏锐洞察力，并持续学习的？

**胡依林**：我是通过阅读各类书和与不同人士交流来保持这种敏感度的。至今，我仍保持着每周在淘宝上至少购买五件物品的习惯。这些物品可能是一些新奇有趣的东西，比如逗猫棒。我曾经买到过的最奇特的一件物品是一个这辈子都不可能买到胶片的照相机，我认为它是一件艺术品。我还收藏过第二代的苹果电脑Apple II。此外，我每天都会要求自己至少花 30 分钟浏览抖音、30 分钟浏览小红书，这对我来说是要达成的 KPI 之一，我主要关注推荐和发现页。我对自己的瀑布流管理得非常严格，比如"八点修发动机"，如果遇到不感兴趣的内容，我会立即单击不感兴趣。字节跳动的推荐引擎非常强大，抖音能够准确识别用户是一时兴起搜索的内容，还是真正感兴趣的内容。

ZP：您有什么兴趣爱好吗？以及有崇拜的人吗？

**胡依林**：夏天骑车（摩托车），冬天滑雪。我对汽车、摩托车和滑雪的热爱源于我对速度感的追求。我最崇拜的人是乔布斯，他最打动我的一点是，他是一个特别有执念的人，认同自己的方向和敏锐度，同时也是一个很不近人情的人。在项目中，我也扮演着类似的角色，我会坚持达到我设定的效果和目标，有时候可能也会显得不近人情。

# 10. AI 硬件应用：York Yang，在硅谷创建的智能购物车项目收购金额达数亿美元

访谈时间：2024 年 2 月

2021 年 10 月，Instacart 宣布以 3.5 亿美元的价格收购了 Caper AI（如图 10-1 所示）。Instacart 是一家提供在线生鲜订购和上门配送服务的上市公司，而 Caper AI 则是一家专注于智能购物车和无收银员结账技术的初创企业。Caper AI 利用计算机视觉等先进技术来识别商品，并实现为购物者自动结账的功能。

图 10-1 未来的购物车

## 01 从生活洞察到 Y Combinator[1] 青睐，2016 年"自助结账"项目引领零售新变革

ZP：请先自我介绍一下吧。

York：我是 York，本科毕业于浙江大学电子工程专业。回顾我的大学时光，可以用"从文艺青年到创业探索者"来概括。

大学前两年，我更像一个追寻诗与远方的文艺青年，将大量时间投入到了乐

---

[1] Y Combinator（简称 YC）是一家美国创业加速器，由保罗·格雷厄姆（Paul Graham）、杰西卡·利文斯顿（Jessica Livingston）、特雷弗·布莱克威尔（Trevor Blackwell）和罗伯特·莫里斯（Robert T. Morris）于 2005 年创立。它通过提供资金、指导和资源，帮助初创公司快速成长。

## 10. AI 硬件应用：York Yang，在硅谷创建的智能购物车项目收购金额达数亿美元

队活动中。虽然学业上并未全力以赴，但我始终保持着对新鲜事物的好奇心和对自我实现的渴望。只是当时对未来的职业发展路径，特别是就业和创业，还没有清晰的认识。

人生的转折点出现在大三，我有幸加入了浙江大学 ITP 项目（创新与创业管理强化班）。作为竺可桢学院设立的特色辅修项目，ITP 汇聚了众多志同道合、怀揣创业梦想的同学。这个拥有 20 多年历史的项目不仅为我们提供了系统的创业知识培训，更重要的是构建了一个充满活力的创业者社群，每一届学员都保持着紧密的联系和互动。

在 ITP 的学习经历极大地开阔了我的视野，让我对创业产生了浓厚的兴趣。我开始如饥似渴地学习商业知识，深入了解创业的理论框架。与此同时，我还与一位学长共同尝试了 O2O 领域的创业项目。这段短暂的创业实践虽然未能持续，却让我第一次真切地感受到了市场的脉搏，也让我认识到校园与真实商业世界之间的差距。

这段经历成为了我人生的重要转折点，它让我从一名文艺青年逐渐成长为一名具有商业思维和实践精神的探索者，也为我后续的创业之路奠定了重要基础。。

2014 年，我完成了本科学业，随后前往加州大学洛杉矶分校（UCLA）攻读计算机科学硕士学位。在 UCLA 的学习期间，我积极参与了几次小型创业项目，尽管这些尝试并未带来显著的成果，但它们为我积累了宝贵的经验。临近毕业时，我遇到了 Caper 的另外三位创始人，我们共同创立了 QueueHop，这是 Caper 的前身。令人振奋的是，QueueHop 成功加入了 Y Combinator（YC）创业孵化器。对于我们这些刚刚毕业、怀揣创业梦想的年轻人来说，能够进入 YC 就如同被哈佛大学录取一样令人激动。于是，我们毫不犹豫地全身心投入到创业中。如今，距离我们最初创业已经过去了八年多的时间。

ZP：Caper AI 的几位核心创始人是如何聚到一起的，当时的契机是什么？

York：我们的团队由四位联合创始人组成。其中最年长的联合创始人是目前 Caper AI 的 CEO——Lindon Gao。他同时也是 Instacart 的副总裁，是 Caper 最早的发起人。我的硬件合伙人黄一林，毕业于清华大学，他和 Lindon 是小学同学。后来 Lindon 随家人移民到美国，但两人一直保持着联系。我和一林是在加州大学洛杉矶分校（UCLA）攻读硕士学位期间认识的，当时他正在南加州大学（USC）攻读电子工程博士学位。我们的最后一位联合创始人 Ahmed，是一位非华裔的外国人，他是 Lindon 的老朋友，目前主要负责 Caper 的业务发展和市场拓展。

我们聚在一起创业，其实并没有经过太多刻意的安排。通常人们认为，创始人之间需要有深厚的联系，团队才不容易解散。很多朋友也问我如何找到这些合伙人。总结下来，我觉得很大程度上是运气使然。除了 Lindon 和一林之间原有的交情，我和 Ahmed 都是后来分别以技术和业务人才的身份加入的。但自从加入后，我们发现团队非常契合。我们四人在性格和业务能力上形成了完美的互补，而非彼此竞争或对立的关系。正因如此，我们共同合作了八年，至今依然紧密团结，从未发生过重大分歧。

回想起来，最大的契机或许就是缘分。这有点像寻找人生伴侣，缘分到了，一切就水到渠成。如果要给创业者一些建议，我会建议大家尽量选择那些你熟悉其为人、理解其性格、了解其人生阶段的人一起创业。否则，团队中途分家或有人退出的情况很容易发生。

ZP：对您来说，当时还有其他选择吗？为什么最终选择了创业这条路？

York：我刚从 UCLA 毕业时，确实拿到了雅虎暑期实习后的 Return Offer。当时大多数像我这样的留学生毕业后，都会选择去硅谷的大公司工作，那里的薪资和声誉都相当不错，而且这样的背景对于将来无论是创业还是跳槽都有很大的帮助。我的很多同学都选择了 Google、Facebook 这样的科技巨头公司。

但我当时对创业有着浓厚的兴趣，对传统的就业路径并没有太多的热情。在找工作的过程中，同学们都在努力刷题，而我却完全提不起兴趣，一直在寻找可以做的事情。我也清楚，作为一名来自中国的留学生，在当时的情况下，仅凭我个人的背景和资源，想要在美国成功创业并站稳脚跟并非易事。所以我早就在考虑，如果能在美国找到一个合适的本土合伙人，我就选择创业，否则我就老老实实地去上班。当我遇到 Lindon，知道他是美国人，而且团队中还有一位纯外国人时，我觉得这是一个机会，于是决定和这个团队一起创业。

除了拥有强大的合作伙伴，促使我决定创业的另一个关键因素是我们的创新理念。我们的首个创意，即 Caper 的前身——QueueHop，是最早涉足无人零售领域的产品之一。当时，无人零售这一概念甚至还未被广泛认知。如今在优衣库等店铺中常见的自助结账机，实际上最早源于我们的创意。2016 年初，我们开始对服装防盗扣进行改造，因为我们意识到消费者排队付款的主要目的仅仅是让收银员解锁防盗扣，这一过程效率低下。鉴于移动支付已经相当普及，我们在防盗扣中嵌入了 RFID 标签，并印制了二维码。消费者只需使用手机应用扫描二维码完

## 10. AI 硬件应用：York Yang，在硅谷创建的智能购物车项目收购金额达数亿美元

成支付，支付成功后，防盗扣会自动解锁并脱落，消费者便可直接带着商品离开。

这一创意在 2016 年显得极为超前。当时，互联网行业正从蓝海转向红海，而我们的产品是少数几个尝试将互联网思维引入实体行业的创新之一，极具前瞻性。正是基于这种新颖性和潜力，我毅然决定踏上这段创业之旅。

ZP：那么，这个最初的创意是由谁提出的，受到了哪些启发？

York：是 Lindon。他的初衷其实非常简单。在美国，有一个备受瞩目的购物日——"黑色星期五"（Black Friday），它类似于中国的"双十一"购物节。然而，美国的零售环境长期以来以传统线下模式为主。在"黑色星期五"这一天，像奥特莱斯（Outlets）、梅西百货（Macy's）和布鲁明戴尔百货（Bloomingdale's）这样的传统商场，常常会出现排长队的现象。为了抢购折扣商品，顾客甚至可能凌晨就起床排队，这种场景与中国三甲医院在没有线上挂号时，大爷大妈们凌晨排队挂号的情形颇为相似。美国的"黑色星期五"正是充满了这种紧张而热烈的氛围。

如果能够通过类似 QueueHop 这样的产品解决排队结账的问题，那么我们就有机会彻底改变消费者的购物习惯。这种创新不仅能够提升购物体验，还可能对整个零售行业产生深远的影响。

科技创业圈的 CEO，要么自己是做技术的，要么是做产品的，Lindon 是一个非传统科技创业者，是做金融出身的。在开始创业之前，他在 JP Morgan 等投行工作过几年。他最大的特点就是思维敏捷，能够迅速观察到生活中的小问题，并思考是否可以通过技术方案来解决。虽然他不确定如何实现这些想法，但他大致知道可能有哪些技术可以应用。他当时就在想，美国的 Black Friday 那天，买任何衣服都要排队超过半小时，一晚上可能要花四五个小时在排队上。如果有了自助结账，就能提高结账效率，帮助商家更快地销售商品，同时也能鼓励消费者购买更多商品。所以，我们最初的思路非常直接和简单，我们认为只要这个产品能够做出来，用户就会无脑选择——没有人喜欢排队——大家肯定都愿意使用。

## 02 及时转型，并坚持最适合的产品形态，"多思考客户要什么，而不是技术有多酷"

ZP：这个想法听起来很有意义，当时你是带着这个想法加入 YC 的，那么后来为什么又调整了方向呢？

York：当然，这个想法在当时非常具有创新性，但作为一支学生团队，我们

对如何实际应用它并没有深入的理解。我们只能从普通用户的角度来看待问题，而忽视了零售商后来可能遇到的挑战。在经过大约一年半的努力后，我们不得不考虑转向新的产品。我们主要遇到了以下几个问题。

我们的智能防盗扣产品要求零售商在前期进行大量投资。他们需要投入大量的人力和物力，将所有库存服装上的传统防盗扣替换为我们的智能防盗扣。这种前期的一次性投入成为零售商决定是否与我们合作试点的关键考虑因素。

更糟糕的是，大多数防盗扣都是在服装生产过程中进行源标签的，也就是说，在工厂里就已经被标记好了。因此，如果品牌零售商长期使用我们的防盗扣，我们还需要与他们的上游制造商合作，将我们的防盗扣整合到整个生产流程中。这对于一家初创公司来说几乎是不可能的，因为服装行业已经全球化分工，一个品牌商可能在多个地区都有代工厂。

我们发现存在排队问题的客户主要是大型品牌店，而美国本土的一些小型精品店（类似于国内的街边小店）实际上并没有排队问题。因此，我们只能与这些大型客户探讨合作。然而，这些大型客户的决策周期通常较长，每次决策都需要经过多个部门的层层审批。对于他们来说，一年半的时间可能并不算长，但对于我们这样的初创公司来说，这段时间可能会导致我们的资金耗尽。因此，我们最终无法继续与他们合作。

因此，在2017年年中，我们带着大约10万美元的银行存款，决定开始转型并探索新的方向。我们希望找到一个使用频率更高、不需要从一开始就与大型跨国公司打交道，并且有快速落地机会的场景。因此，超市成为我们的理想选择，因为消费者在超市的购物频率远高于服装。此外，像购物车这样的产品形态，客户决策周期也不会太长，可以"随插随用"，不会像防盗扣那样需要大规模改变客户的现有运营模式。

ZP：因此，调整后你们的产品形态是什么，为客户带来哪些价值？

York：经过调整，我们推出了Caper（其主界面如图10-2所示），一款智能购物车产品。这款产品的核心目标是解决排队结账的问题，我们希望用户在超市购物后，无须排队等待结账，而是能够直接在购物车上完成支付，然后轻松离开超市。随着我们对这款产品的深入思考，我们逐渐意识到，购物车的功能远不止于解决结账问题。由于它在整个购物过程中始终陪伴着顾客，它完全可以演变成一个虚拟的导购、推荐和广告平台。这种转变不仅为用户提供了更加便捷和个性

## 10. AI 硬件应用：York Yang，在硅谷创建的智能购物车项目收购金额达数亿美元

化的购物体验，同时也为商家开辟了全新的商业机会。购物车不再仅仅是一个承载商品的工具，而是成为了连接消费者与商家的智能桥梁，既能提升用户满意度，又能为商家创造更多价值。

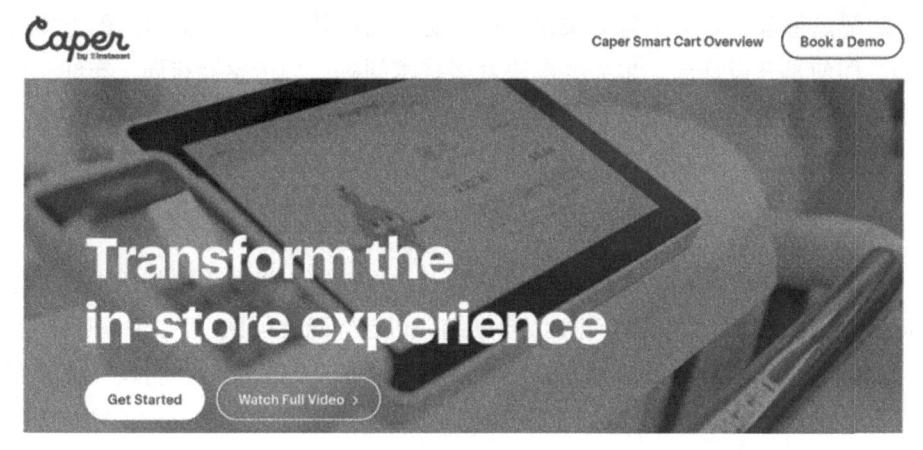

图 10-2　Caper 主界面

　　ZP：目前，国内许多商超和便利店已经开始采用自助结账机，而国外也曾风靡过像 Amazon Go 这样的无人店铺解决方案。然而，你们选择了智能购物车作为你们的产品形态。那么，你们是如何定义这款产品的呢？

　　York：首先，让我们回顾一下无人店的发展。无人店在 2018—2019 年间成为一个热门趋势。随着深度学习技术的普及，计算机视觉的应用从无人驾驶领域扩展到了零售业。2018 年年初，Amazon 推出了 Amazon Go，一家完全无人值守的商店，利用摄像头和其他传感器监控顾客的购物过程，实现自动结账，省去了传统收银环节。然而，Amazon Go 的发布对我们来说很尴尬，因为我们已经在 2017 年年中开始转型开发智能购物车产品。我们的投资者甚至质疑我们是否只是一个过渡形态，最终为 Amazon 铺路。尽管如此，我们认为 Amazon Go 等无人店方案存在几个核心问题。

　　1. / **实现成本极高**。我们了解到，一个仅几十平米的便利店需要约 400 万美元的投入。对于利润微薄的便利店来说，这样的前期投入可能需要几十年才能回本，这对传统零售商来说是难以接受的。

　　2. / **无人店仅优化了效率**。零售商不仅希望提高结账效率，还希望提升线下购物的用户体验，增加顾客在店内的停留时间，帮助他们更快地找到心仪商品。

因此，Caper 从成立之初就致力于"Make shopping magic"，为零售商提供全面的解决方案，而不仅仅是"Make shopping fast"。

3. / 从 QueueHop 的经验中，我们深刻认识到零售商更关心产品的实用性，而非其酷炫程度。对于零售商来说，产品必须简单易用。Amazon Go 的方案过于复杂，即使是开设新店，也需要解决众多技术问题，如传感器布局、布线、网络带宽和计算服务器等，更不用说改造现有店铺了。没有零售商愿意在投资回报尚不明确的情况下，就让第三方施工队进场，安装复杂的电线和摄像头。

因此，我们遵循内心的声音，没有盲目追随 Amazon Go 的方案。

再来看国内常见的自助结账机。实际上，自助结账机在美国的历史比中国悠久得多。我在 2014 年去美国留学时，自助结账机已经随处可见，而在中国还未普及。美国商家和消费者对这款产品非常熟悉。但与 Amazon Go 类似，自助结账机提供的仅仅是结账的单一价值。我们希望提供的是提升线下零售体验的全面解决方案。这是自助结账机无法实现的。

ZP：智能购物车的技术原理是什么？

York：我们的购物车采用了先进的计算机视觉与传感器融合技术（如图 10-3 和图 10-4 所示），以识别商品信息。这一技术方案，与传统的条码扫描方式不同，不仅为顾客带来了更为流畅的购物体验，还巧妙地平衡了自助结账与商品防盗这两个看似矛盾的功能需求。购物车上装备有四个摄像头，这些摄像头并非用于识别车内已放置的商品，而是专注于捕捉商品被放入购物车的瞬间。这样的设计确保了即便商品数量增多且相互覆盖，也能清晰识别每一件商品。

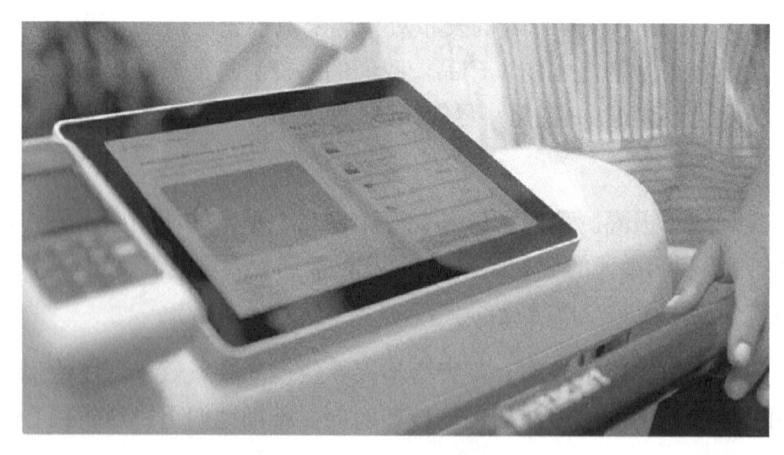

图 10-3 Caper 购物车一

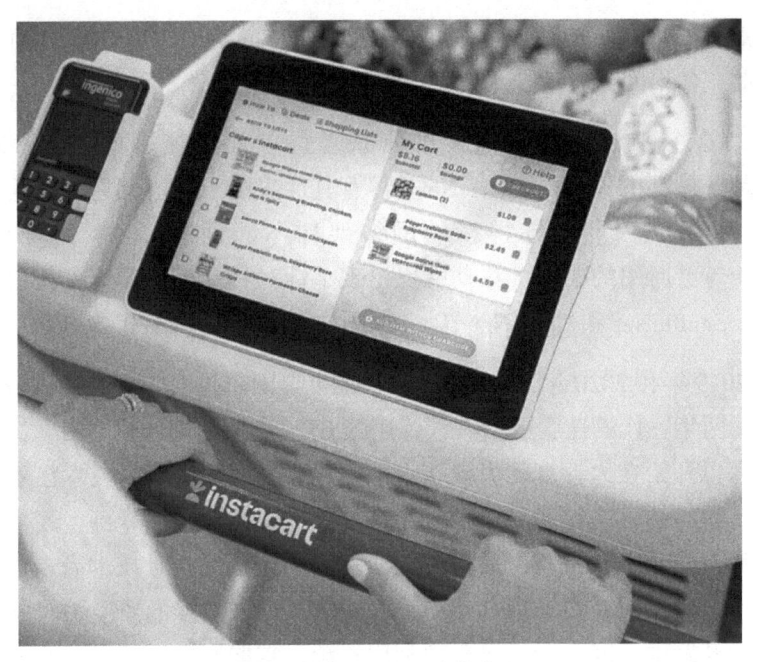

## 10. AI 硬件应用：York Yang，在硅谷创建的智能购物车项目收购金额达数亿美元

图 10-4　Caper 购物车二

我们的重点仅在于追踪商品的进入和离开，而不在于购物车内具体存放了哪些商品。这种做法大大增加了技术实现的复杂性。商品进出购物车的瞬间通常仅持续几百毫秒，我们在这短暂的时间内需要利用图像和其他数据，从包含几万种甚至几十万种商品的数据库中精确识别出当前商品。这本身就是一个极具挑战性的任务。此外，我们的技术还需要在移动端设备上运行，这对模型的优化提出了更高的要求。

Caper 是全球首家成功研发出大规模可用的零售商品计算机视觉识别算法的公司。即便在今天，我们看到的唯一类似产品是 Amazon 推出的购物车，而其他所有竞争对手尚未推出类似产品。

ZP：当时技术已经准备好了吗？在过去的几年里，技术领域发生了哪些变化？

York：我们自 2017 年下半年开始研发购物车技术。除了前端和后端技术每年的常规演进，计算机视觉和深度学习领域的发展尤为关键。在 2017 年，学术界普遍关注 ImageNet 的跑分竞赛，工业界在无人驾驶领域的研究成果相对丰富，商品识别和无人零售领域的研究几乎是一片空白。同时，当时的移动端计算能力还相当有限。桌面级 GPU 的性能仅限于 NVIDIA 1080 和 Titan 系列，而移动端的计

算能力更是有限，即便是当时算力最强的NVIDIA Jetson系列，也仅处于TX1/TX2阶段。因此，如果问当时的技术是否准备就绪，答案显然是否定的。

然而，这个领域的发展速度非常快，每年都有显著的进步。2017年，ImageNet跑分最高的模型是DenseNet（尽管其后来由于性能问题而使用较少）。到了2018年和2019年，各种新的网络架构不断涌现，CNN领域出现了如EfficientNet等更通用的架构。移动端也出现了针对移动设备优化的网络架构，如MobileNet、ShuffleNet和GhostNet等。Vision Transformer（ViT）也开始受到关注。

到了2019年和2020年，ViT开始在性能上全面超越CNN。在硬件设备方面，英伟达以每两年一代的速度更新其训练用的GPU和移动端计算平台。高通等手机芯片制造商也开始在大计算能力设备上加大投入。时至今日，技术已经取得了巨大的进步。我们的算法性能从最初的1秒处理5张图片，提升到了现在1秒处理几百张图片，性能提升了几个数量级。回顾过去，虽然当时技术尚未成熟，但我们一直坚信，边缘计算在未来几年将成为主流，越来越多的研发力量将投入到算法和硬件的开发中。因此，只要合理利用资源，掌握好发展节奏，我们就完全有能力实现技术突破。

ZP：作为一家以产品为核心的公司，如何应对技术快速迭代所带来的挑战？

York：技术和产品之间存在着服务与被服务的关系。因此，技术的迭代应当与产品的迭代相协调。这个概念虽然听起来简单，但在实际操作中却颇具挑战。许多具有技术背景的创业者往往认为，只有使用最前沿的技术才能打造出优秀的产品，这种想法容易导致他们陷入追求技术而忽视产品实用性的困境。然而，我们的做法恰恰相反。

以Amazon Go为例，我们承认，从长远来看，Amazon Go可能代表了未来的趋势。Amazon有足够的资源投入未来20年甚至50年的研发中。但对于创业公司来说，没有投资者愿意提供持续不断的支持。因此，要实现产品技术的同步迭代，我们必须找到当前技术能够有效解决的问题。

我们的快速迭代策略是用最低的技术成本实现最大的产品效果。例如，一些同行在商品识别上，为了提高识别准确率，会尝试使用复杂的3D重建算法来获取商品信息。这种技术虽然前沿且吸引人，但难以实际应用。我们换个角度思考，我们的零售商客户真的关心3D重建吗？他们可能连C++是什么都不知道。他们关心的是识别的准确性。因此，如果我们利用2D信息，结合一些成本更低的算法，

## 10. AI 硬件应用：York Yang，在硅谷创建的智能购物车项目收购金额达数亿美元

是否能更好地适应我们的应用场景，并确保算法在实际生产环境中的有效应用，从而推动技术的进一步迭代呢？

我们的工作主要是整合现有的公开研究成果，从中筛选出最适合我们的部分进行融合，创造出最适合我们的方法。通过这样做，技术得以进步，产品也能随之发展。如果单纯追求技术而忽视了产品与业务的同步发展，没有后续资金的有序支持，那么这种技术追求也不会长久，最终可能一无所获。

ZP：回顾这次创业历程，你们认为团队做得最正确的三件事是什么？

York：在回顾我们的创业历程时，我们认为团队做得最正确的三件事是如下这三件。

首先，我们坚持了自己认为正确的道路。这种坚持源自我们从 QueueHop 的经验中吸取的教训，让我们学会了如何真正理解客户的需求。客户并不关心技术有多先进，他们关心的是实现方案的前期投入、投资回报率、节约成本，以及额外收益。因此，在开发 Caper 时，我们坚持了我们认为的核心真理——真正理解并满足客户的需求。

其次，在技术层面，我们坚持追求真理。我们深入研究当前技术的真实状况，而不是盲目追随市场的热点。如果我们持续关注前沿的研究论文，我们就能了解最新的技术动态。我们不过分夸大大公司所掌握而我们无法触及的技术，也不盲目期待他们解决我们的技术难题。例如，Amazon Go 在 2019 年选择了推出购物车产品 Amazon Dash Cart。我们坚持第一性原理，确保逻辑的连贯性，不依赖任何外部的、不确定的因素。如果逻辑上一切通顺，我们就能通过不断的技术提升来完善我们的产品。

最后，作为一家小公司，我们的生存之道在于投资于人。我们不走大公司的高薪招聘路线。对于创业公司来说，用 30 万至 40 万美元的年薪去吸引顶尖人才是不现实的。我们一直不追求那些背景光鲜的人才，而是寻找愿意踏实工作的人。我们从一个小规模团队开始，逐步发展壮大，并与团队成员建立长期的合作关系。我们的团队一直具有很强的凝聚力，比如我们在上海的分公司，至今仍有大部分创业初期的伙伴在一起并肩作战。

ZP：那么，团队在发展过程中遇到了哪些弯路或挑战，又是如何克服的？此外，还有哪些方面可以进一步改进？

York：主要是硬件开发方面遇到了一些弯路或挑战。从最初的原型制作到最终的量产，我们实现了从无到有，没有任何经验，也没有人指导我们。2019年左右，我和一林回到中国，开始搭建硬件供应链。当时，我们资源有限。在早期，一些投资人建议我们找原始设计制造商（ODM）合作。由于我们当时并不了解，就接受了这个建议。然而，第一版产品存在很多问题。这可能是大多数硬件创业者都会遇到的问题。很多软件领域的人士都认为硬件领域难以进入。毕竟，软件领域知识可以通过网络自学，而硬件领域感觉相对封闭。事实上，硬件领域也确实非常专业和封闭。你需要花时间去理解整个链路。因此，在当前，很多有软件背景的创始人会自然而然地选择利用ODM资源进行产品设计。

但是利用ODM有一个前提，就是你想要做的产品需要相对成熟。比如，你现在做一个手机或电脑，即使你完全不懂也没关系，ODM可以提供一条龙服务，帮你把设计搞得清清楚楚。从功能、性能、可靠性指标到制造产线，他们都可以手把手地从0到1帮你搞定。

我们当时找ODM就遇到了很大的问题，因为ODM不太能理解我们的产品，市面上完全没有参照物。他们把我们的产品理解为一个购物车加上一个iPad，所以在设计的过程中，很多可靠性标准和性能标准都是按照iPad来设计的。这也是因为我们第一次做，自己也不懂，当ODM问我们要什么指标的时候，我们说不出来。所以，我们的第一代产品在功能上基本实现了预期，但在可靠性方面却远不尽如人意。

购物车在欧美地区的使用环境极为严苛。在美国，许多超市都设有露天停车场，购物车会被推到户外。一旦到了户外，它可能会遭受汽车撞击，可能会经历暴雨和暴雪，也可能会在40℃的高温下暴晒。在我们第一次与ODM沟通时，他们问的是我们需要什么样的防水等级，需要多少年的使用寿命，我们很难将真实场景中可能遇到的问题与所谓的指标联系起来。后来我们甚至发现，3C行业普遍采用的IP防水等级并不适用于我们的产品。现在，我们已经自行定义了一个介于两个现有等级之间的防水级别。

同时，在供应链方面，由于没有可以直接对标的产品，我们需要对每一个零部件的供应商进行严格的审查，甚至需要逐个进行深入合作，否则这些供应商可能会认为我们的产品没有太大的前景，销量也可能不高。因此，如果我们能重新来过，那么我们当然希望更快、更早地了解整个硬件行业的运作。但这是不可能的，没有这一次的实践和摸索，我们也不可能积累到如此丰富的经验。至今，我们已

10. AI 硬件应用：York Yang，在硅谷创建的智能购物车项目收购金额达数亿美元

经实现了整车的量产，在各种可靠性测试中也没有发现明显的问题。早年投入使用的购物车，最旧的已经用了 2~3 年，至今仍然可以正常使用。

ZP：因此，中国制造业的优势还是应该好好利用，对吗？

York：确实，如果你没有亲身经历，你甚至可能不清楚中国制造业优势的真正含义。中国制造业最大的特点之一是拥有强大的生态系统，这在其他国家，如美国，是难以找到的。例如，如果你在美国想要进行 3D 打印，那么你需要将设计图纸交给 3D 打印服务商，他们帮你打印出来，这个过程就结束了。

然而，在中国，进行 3D 打印之后，你还可以找到模具公司、线材定制公司、电子部件公司等。中国的产业链非常完整，只要你愿意去探索，几乎所有的资源和专业知识都能找到。而且，这些公司都有成熟的知识体系。你可以在完全不懂的情况下开始，经过一番学习和交流，获得大量的新知识。

## 03 关注生成式 AI 的发展，期待其为无人零售领域带来更多创新可能性

ZP：您何时开始关注生成式 AI，并且它如何影响了您的生活和工作？

York：从 2022 年开始，我关注了 Stable Diffusion，并尝试使用它进行 Logo 和 UI 设计。然而，当时的技术还不够成熟，需要非常复杂的提示词（Prompt）才能得到满意的结果。到了 2023 年年初，ChatGPT 的火爆给我的工作带来了显著变化，获取新知识变得更加迅速。作为技术人员，当我需要学习一个新领域时，传统的方法非常缓慢，因为知识分散在 Stack Overflow、GitHub 及各种博客中。有了 ChatGPT 之后，这个过程变得快多了。至于生活方面，至今没有太大变化。虽然我也关注一些 AI 应用，但它们还没有对我的生活产生太大影响。

ZP：您如何看待生成式 AI 对无人零售领域可能带来的新影响？

York：首先，大模型将降低交互成本。目前，智能购物车的主要交互方式是通过屏幕进行 UI 交互，以及一定程度的语音交互。然而，现有的语音理解能力仍然有限。大模型对语音理解能力的提升将非常有帮助。考虑到超市的用户群体涵盖全年龄层，尤其是中老年人，他们对现代用户界面的操作可能不太熟悉，不知道应该按哪个按钮。因此，如果智能购物车能够通过语音与他们进行交互，对他们来说将更为自然和方便。

然后，大模型将促进对新场景的探索。例如，在缺货检测和更智能的场景应用方面，大模型通过提升感知能力，可以帮助硬件迭代，从而做出更好的决策。

最后，大模型将提高无人化的程度，使我们更接近 Amazon Go 的愿景。大模型能够更准确地理解和预测人的动作和交互，从而进一步提升无人零售的效率和体验。

ZP：作为创业者，您通常通过哪些渠道来持续学习？

York：作为创业者，最佳的持续学习方式是读书。在零散的时间里，我也会浏览公众号文章或者参加一些相关活动，但如果不读书，就很难进行体系化的学习，观点容易变得片面。我平均每年阅读 20~30 本书。

ZP：能否推荐一本您最近在看的书？

York：最近我正在阅读《任天堂哲学》，这本书虽然在 2010 年左右出版，但它记录了任天堂在与索尼 PS 和微软 XBox 的竞争中，如何跳出传统思维并最终逆转取胜的过程。尽管这本书的内容只涵盖到 2009 年，那时候甚至还没出现后来全球大热的 Switch，但从当时任天堂 CEO 的描述中，已经能够感受到强烈的震撼。例如，他们如何跳出游戏机的固有思维去寻找更广阔的市场。

任天堂的 CEO 当时就认为，他们的目标不是简单地提升游戏的质量，而是要让更多的人接触游戏、愿意购买游戏机并开始游玩。因此，他是第一批跳出传统思维去思考这个问题的领导者。

# 11. AI 陪伴应用：李勇和高峰，"跃然创新"为孩子创造柔软的 AI 陪伴

访谈时间：2024 年 2 月

2024 年的消费电子展（CES）在热烈的氛围中落下帷幕，其中 Human AI Pin、Rabbit R1、AIBI 等高端 AI 硬件产品持续吸引市场的目光。这不仅预示着大模型与硬件结合的新趋势，也标志着通过新的物理接触点扩展互动体验时代的到来。目前，AI 技术已经在全球成年人群中广泛普及，并且越来越多的青少年也开始探索和使用 AI 助手。然而，对于那些没有手机、没有计算机、缺乏陪伴的儿童来说，大模型仍然显得遥不可及。

每年，成千上万的中国 10 岁以下儿童向非生命智能设备，如天猫精灵、小度小度、小爱同学，甚至是无法说话的毛绒玩偶提问、倾诉和交流，这无疑体现了他们对陪伴的强烈需求和极高的容忍度，也无疑代表了一个具有巨大潜力的蓝海市场。然而，在尚未完全成熟的技术、不断变化的用户需求、消费者与使用者之间的价值观差异，以及硬件供应链的挑战中找到平衡，是一个充满挑战的任务。

本篇我们有幸采访到了首位同时获得高秉强教授和李泽湘教授基金投资的 AIGC 公司"跃然创新"的 CEO 李勇和 COO 高峰（如图 11-1 所示），他们分享了自己的见解。李勇，拥有丰富的互联网和硬件知识，包括担任锤子手机的首任营销总监、天猫精灵的合伙人，以及爱奇艺智能的 CMO。高峰，作为中国电商早期的受益者之一，曾在电商领域创业，并完成了三轮融资。我们将深入探讨他们在智能硬件和 SaaS 领域的创业和工作经验，以及"跃然创新"的愿景和进展。

图 11-1 李勇和高峰

## 01 多年科技硬件从业经验，锤子手机和天猫精灵的创始团队

ZP：请先自我介绍一下吧。

李勇：我出生于 1981 年，祖籍湖北，在河南信阳长大。2005 年，我从中国矿业大学通信工程专业硕士毕业后，加入了德信无线，成为一名手机软件开发工程师。德信无线可能是中国最早的手机研发公司之一，2005 年已在美国纳斯达克上市，其后来被誉为中国手机行业的"黄埔军校"。

2012 年，我得知罗老师正在创办锤子科技并招募团队。当时，我是一名忠实的"罗粉"，听过罗老师的所有语录。通过朋友的介绍，我认识了罗老师，并在 2014 年年初正式加入了锤子科技。我感到非常幸运，能够与自己的偶像一起工作。锤子科技的早期团队中，拥有手机行业背景的人并不多，整个团队充满了理想主义的氛围，我成为锤子手机的首任营销总监。

ZP：在天猫精灵从 0 到 1，以及从 1 到 10 的发展阶段，您获得了哪些经验？您在这个过程中有哪些思考？

李勇：我于 2017 年年初加入阿里巴巴，负责天猫精灵的市场和销售工作，从零开始搭建了天猫精灵的市场销售体系。到 2020 年，天猫精灵的销量接近 3000 万台，总销售额达到几十亿元人民币。然而，在销售达到 3000 万台之后，我们注意到增长开始放缓。主要问题在于天猫精灵在京东、拼多多或微信体系等平台上都无法销售，尽管我们广泛开拓了线下渠道，但在这种情况下，很难实现爆发式增长。

当时我们面临的主要问题是如何针对这样一个通用的语音交互入口进行人群区分，实现精细化运营。例如，针对年轻女性用户，我们考虑将天猫精灵整合到美妆镜中。我们还研究了针对儿童、老人等不同群体的应用场景。经过研究，我们得出了一个重要结论：在当时，AI 的能力可能仅能让孩子感到新奇和有趣。如果将天猫精灵定位为成年人提升效率的工具，那么其日活或月活用户数可能不会达到预期。

对于孩子来说，他们的期望并不高，对这种智能设备会感到乐此不疲。如果他们没有使用过智能手机，那么第一次接触语音交互设备会感到非常新奇。我从那时候开始探索将天猫精灵与儿童场景相结合的可能性，比如将其集成到儿童玩具中，这也激发了我创业的想法。

## 11. AI 陪伴应用：李勇和高峰，"跃然创新"为孩子创造柔软的 AI 陪伴

**ZP**：您是什么时候正式决定创业的？又有什么契机呢？

**李勇**：因天猫精灵内部业务调整，我离开了阿里巴巴，加入了爱奇艺智能担任 CMO。在爱奇艺智能内部，我们孵化了奇布奇布品牌，主要针对 3~6 岁儿童，主打产品包括绘本拼图、早教机等益智玩具。经过近一年的孵化，我们在营收和其他方面都取得了不错的成绩，高峰负责管理这个品牌事业部。

然而，爱奇艺智能的一些投资人担心这块业务与主营业务 XR 不相关，甚至可能超过主营业务的营收。因此，我们面临两个选择：要么关闭这个业务，要么将其独立出去。最终，我们与爱奇艺智能达成了拆分协议，并买下了所有存货。2021 年 8 月，我们成立了公司，于当年年底彻底从爱奇艺智能拆分出来，并获得了蓝驰创投数千万元的天使投资。2023 年，公司将总部从北京迁至深圳，并更名为深圳跃然创新。

## 02 反共识而行，从孩子们的灵魂拷问抓住新的 AI 陪伴机会

**ZP**：请高峰总也简单介绍一下自己。您的过往经历带来了哪些成长？您经历了哪些心路历程？

**高峰**：我出生于 1989 年，在北京出生，后随父亲到深圳创业，我在深圳读书长大。虽然我在学习上并不突出，偏科严重，但我经常参加计算机、演讲和辩论比赛，并多次获奖。我还曾创办一个名为"南方学生网"的网站，类似于百度贴吧的早期形态，但其后来被班主任要求关闭。

2009 年，高三的时候，我开设了一个代写文案的淘宝店。有一次，一位天津的耳机店老板请我撰写公司介绍，我对耳机非常感兴趣，因此以免费文案作为交换，获得了以成本价购买优质耳机的机会。这是我第一次接触 Hi-Fi 耳机。后来，我与耳机店老板成为朋友，并合作销售耳机。

大学期间，我去了澳洲。大学的第一年，我主要通过"淘宝商城"的电商渠道销售耳机。在两三年的时间里，我赚到了足够买一辆奥迪 A4 的钱。大学毕业后，我女朋友的父亲认为我从事的电商工作不够稳定。有一天晚上，我在优化店铺数据时，看到罗永浩发布了一条招募电商团队的微博。没有工作经验的我直接给老罗发了简历："罗老师，我是高峰，我觉得自己非常厉害，这个店铺（附上淘宝后台数据截图）都是我一个人做的，我觉得行业里的其他人都比不过我。"第二天，锤子科技的李勇哥面试了我，我最终以电商主管的身份加入了这家公司。当时对手机市场一无所知的我，通过李勇哥认识了很多行业内的优秀人士，并了解到在

手机行业，100万台的销量只是入门标准，这让我对这个行业有了基本的认识（在当时，我认为Hi-Fi耳机如果能卖到10万台就已经非常了不起了）。

**ZP**：您是什么时候正式决定创业的？又有什么契机呢？

**高峰**：2016年，在创业热潮的推动下，我创立了一个名为ECNOVA的电商供应链平台。我在锤子科技负责电商业务时，注意到官网销售第三方配件的销量非常高，月销售额接近千万元。这让我意识到，任何有流量的地方都有销售商品的可能。当然，锤子科技官网的火爆可能部分归因于老罗的影响力。世界上还有很多形象鲜明的人物，他们想要自己组建一个选货、选品、供应链结算的团队会很麻烦，这是一个多对多的市场机会。

因此，我创建了ECNOVA平台，帮助"网红"进行选品。我们甚至帮助许多App和新能源汽车公司（包括蔚来、理想、小鹏等）进行电商选品。那时候，我们获得了三轮融资，但到了2020年，受到新冠疫情和市场的多重打击，不得不解散了公司。后来，孩子的出生不仅帮助我走出了上次创业失败的阴影，也成为我加入爱奇艺负责儿童方向项目的契机。直到2021年，我们的项目在朋友圈被投资人关注到，最终获得了蓝驰创投的天使轮投资，我和勇哥决定再次独立创业。

从2017年天猫精灵发布第一款产品时，孩子通过X1问："妈妈，你爱我吗？"天猫精灵却无法应答，到我们终于可以摆脱一切束缚，想尽一切办法来解答这个问题，整整过去了五年，现在我们终于能真正去做自己想做的儿童项目了。

在创业历程中，我们团队研发了包括早教机在内的多种产品，并实现了可喜的销售业绩。然而，我们也面临挑战：产品定位不够精准，且易被模仿。随着"双减"政策的实施，众多在线教育企业转向硬件开发，加之疫情封城的影响，我们决定回归初心，将天猫精灵融入儿童毛绒玩具中。大模型的出现让我们看到了实现初心的可能。记得那时，我们带着暖壶、茶叶、茶壶，穿着羽绒服在北京唯一开放的奥森公园深入讨论，并最终决定全力以赴地投身于AIGC玩具领域。自2023年初起，团队结构进行了优化调整。至今，我们的产品已接近完成，计划在2025年春节后正式推出。

**ZP**：你们做过手机等多个智能硬件品类，什么东西让你们依然选择在这个赛道创业？

**李勇**：首先，我的个人喜好和团队特质是决定因素之一。2016年，我在360科技公司不仅负责IoT硬件业务，还兼顾了软件业务，例如花椒直播等项目。在

## 11. AI 陪伴应用：李勇和高峰，"跃然创新"为孩子创造柔软的 AI 陪伴

这一过程中，我发现自己对智能硬件领域有着更浓厚的兴趣。

然后，行业壁垒也是我考虑的重要因素。在移动互联网软件产品中，营销和运营的比重较大，而在智能硬件行业，产品的核心竞争力更为突出。

最后，我们坚信在 AI 时代，硬件是不可或缺的重要入口。AI 技术的实际应用场景可能会与各种硬件形态深度融合。因此，我们并非选择最容易的道路，而是选择与我们团队特质更为契合且更有可能取得成功的路径。

**高峰**：我之前并没有太多硬件研发经验，但硬件具有一种实体魔力，就像孕育一个孩子一样。在我创业这件事上，最大的契机之一就是我自己的孩子出生了。这让我对这件事的感知比别人更强烈。他的每一步成长，我可能比一般的父亲更加负责一点，更关注他的成长过程，所以我对很多产品的理解会更深刻。另外，在中国做硬件有一个巨大的先天优势，中国的智能制造方面的起手牌至少比硅谷要好，这是我考虑创业的一个重要因素。

ZP：儿童方向有很多可选项，为什么一开始选择儿童玩具 +AI 伙伴这个赛道？

**李勇**：我认为，现在创业必须与科技紧密结合。产品如果具有科技属性，那么新品牌更容易取得成功。中国最早的品牌崛起，如华为、大疆或新能源汽车，都来自科技行业。儿童玩具行业是我们喜欢且擅长的领域，而且全球知名的玩具品牌没有一个是中国的，尽管全球绝大多数玩具都是在中国生产制造的。我们相信中国的玩具品牌一定会崛起，大模型的出现为中国玩具品牌提供了弯道超车的绝佳机会。

ZP：你们选择产品形态为 AI 毛绒玩具而非 AI 故事机的原因是什么？

**李勇**：2019 年，我们推出了天猫精灵故事机。然而，由于当时 AI 技术尚未成熟，导致我们的产品在用户体验方面与其他故事机相比无显著优势，最终销量不佳。如今，在创业过程中，我们不再打算花费大量时间培育市场，而是选择在儿童领域寻找合适的品类，并融合大模型的能力。经过深思熟虑，我们决定推出毛绒玩具，原因有二：首先，疫情期间，毛绒玩具的需求量显著上升；其次，更为关键的是，尽管当前大模型还不足以成为成年人日常生活中的 AI 伙伴或助手，但对于孩子们来说，他们的期望并不高，对大模型幻觉有较高的容忍度。孩子们在成长过程中需要柔软的陪伴和安慰，因此我们认为毛绒玩具是最佳选择。毛绒玩具能够说话，这在孩子们看来是非常自然的，就像动画片中的小猪佩奇一样。

我们相信，毛绒玩具更贴合用户的使用场景，也更适合大模型的角色定位。

虽然大模型看似功能强大，但它只有在特定的角色和场景下才能发挥出最佳效果。目前，作为通用型人工智能助手（如 Siri 等），大模型的能力尚显不足。

ZP：在 HAIVIVI 这款产品中，你们计划如何利用大模型的能力，使其成为陪伴孩子成长的 AI 朋友呢？

**高峰**：2016 年，中国实施了全面二孩政策，随后在 2017 年，天猫精灵正式推出，在这个时期，孩子们开始出现大量情感问题，例如他们会问"爸爸是不是更喜欢弟弟"或者"妈妈到底爱不爱我"。据我们了解，超过 60% 的智能音箱对话是由儿童发起的，而这些对话大部分属于闲聊性质。然而，到了 2021 年和 2022 年，我们发现涉及情感问题的对话比例有所下降，这主要是因为人们意识到智能音箱无法满足孩子的情感需求。

HAIVIVI 解决了以下几个问题。

首先，我们是一家玩具公司，而非智能音箱公司。正如《玩具总动员》所展现的，玩具应当是孩子一生的陪伴，它们有生命、能说话、有情感。我们邀请了沈奕斐教授进行合作研究，发现孩子在 7 岁或 9 岁之前，会给非生命体赋予生命。例如，我的孩子会问我："玻璃杯碎了会疼吗？"这表明孩子会对非生命体产生生命幻想。我们随着年龄和知识的增长，逐渐失去了这种想象力，不再和毛绒玩具对话。

其次，对于任何人来说，最先吸引我们、产生神经刺激的是视觉，其次是听觉。我们首先是看到某物，然后决定是否想与之交流。想象一下哪种产品最能给予孩子柔软的情感陪伴，显然是毛绒玩具。从历史角度来看，人类自古以来就用动物的皮革等材料制作柔软的陪伴物给孩子。比如，中国有布老虎这种早年间所谓的类似毛绒玩具的产品，以及 150 年前有 Steiff 这样的第一个现代意义上的毛绒玩具。有人类历史文明的时候，毛绒玩具就开始陪伴孩子了。所以，我们做了一项简单而创新的事情——让毛绒玩具能说话。我们将大模型集成到智能硬件中，作为毛绒玩具的"心脏"，赋予毛绒玩具与孩子对话、玩耍、讲故事的能力。我们所有的技术细节和产品开发都是围绕这一场景进行的（产品界面如图 11-2 所示），专注于孩子童年时期的陪伴。

我们自豪地说，作为一家玩具公司，我们对孩子的洞察和相关产品功能都是独特的。

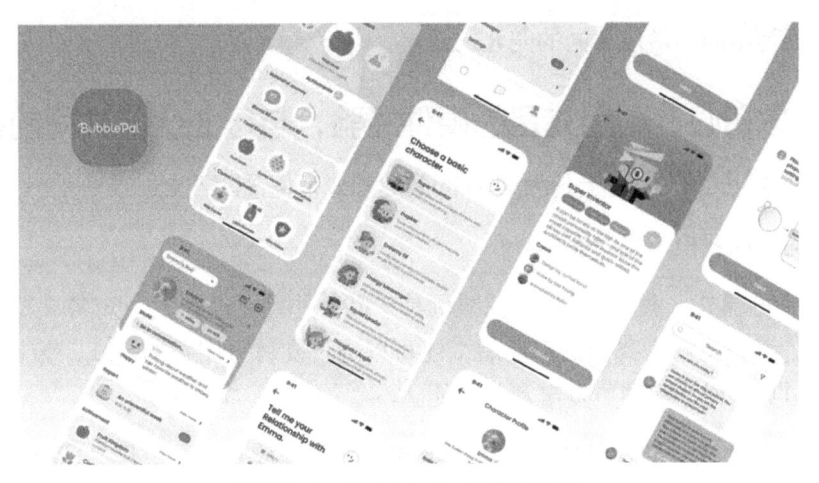

## 11. AI 陪伴应用：李勇和高峰，"跃然创新"为孩子创造柔软的 AI 陪伴

图 11-2　BubblePal 产品界面

**ZP**：用户是孩子，但是买单的人是父母，如何才能同时满足这两类人群的需求呢？

**高峰**：在硬件开发领域，我们不仅需要吸引孩子，还要赢得家长的青睐。我们必须兼顾消费者和使用者的需求，思考如何让这两者之间的关系和谐且互补。例如，我们的产品实际上满足了家长想要了解孩子内心世界的愿望。通过孩子与 AI 朋友之间的对话，家长可以捕捉到关键信息，了解孩子的兴趣所在，以及他们可能对某些事物特别敏感或有天赋。此外，这也有助于家长更好地理解孩子的性格，从而与孩子更和谐地相处。你会发现，孩子在享受与 AI 朋友的互动时并未受到任何负面影响，而家长却因此对孩子有了更深入的了解，能够提供更加适宜的爱与关怀。

我非常期待在未来的一两个月内，大家能够看到我们的产品是如何巧妙地连接消费者和使用者这两端的。正如高秉强教授所言，中国的孩子们都非常聪明，他们需要更好的陪伴和教育方式来引导他们健康成长，展现他们最耀眼的一面。我们的产品还具备传递教育信息的功能。家长和孩子之间是否有一些话语可以通过这个玩具来传递？简而言之，我们的产品是一个内置了大模型的毛绒玩具，但作为一家玩具公司，我们在产品背后还进行了大量的深入洞察。

**李勇**：我想补充一点，针对孩子的产品，通常是由家长代为消费的，但毛绒玩具这个品类有一个特别的优势，那就是，如果一个毛绒玩具设计得足够吸引人，那么妈妈们也会喜欢。实际上，很多知名的毛绒玩具品牌不仅是孩子们的最爱，也深受年轻人的喜爱，比如 Jellycat、Steiff 等。这些品牌的产品往往能够跨越年龄

界限，成为不同年龄段共同的宠儿。

## 03 不忘初心，利用充足的硬件经验，与行业伙伴共同前行

ZP：那么，你们对于 HAIVIVI 的商业模式有何预期？

**李勇**：商业模式主要有两种。

To C 的模式：我们销售 AI 毛绒玩具产品，并且已经与数个知名 IP 达成了独家合作。消费者购买我们的产品后，还可以通过支付订阅费的方式，像在游戏中解锁新道具一样，解锁更多丰富的功能。

To B 的模式：我们打造了一个"跃然万物"开放平台，提供一整套从硬件芯片，到大模型调优算法，再到软件工程的解决方案。我们向玩具公司交付包括硬件、软件和算法在内的完整套件，实现产业链的整合与开放。随着更多用户的加入，我们将积累大量数据，形成数据飞轮，使得我们的模型不断优化，进而持续提升产品体验。在 To B 的模式下，我们广泛寻求与玩具厂商的合作，并不单一追求利润最大化。

**高峰**：借此机会，我们向所有玩具和智能硬件厂商发出邀请，如果您的产品需要 AI 和生成内容（AIGC）的技术支持，那么也欢迎您使用我们的"跃然万物"开放平台。我们可以助力您快速实现硬件产品的 AI 化升级，不需要巨额资金招募 AIGC 人才，也无须耗费长时间进行研发。我们不会向您收取高昂的研发启动费用，并将毫无保留地提供我们的全部技术。我们的商业策略是与大家携手合作，共同推进中国儿童玩具行业的发展。

**李勇**：同时，我们也热切希望与大模型公司建立合作关系。随着我们用户量的增长，未来对于 Token 的需求也将大幅增加。如果有大模型公司愿意与我们合作，为我们的用户提供更多的 Token 额度，我们将非常欢迎这样的合作机会。

ZP：HAIVIVI 从技术角度来讲有什么优势？

**高峰**：虽然我们是一家专注于大模型应用的公司，而非直接研发大模型的公司，但我们的团队具备全面而强大的综合实力。我们拥有一整套完整的研发能力，包括大模型的微调、嵌入式 Rust OS 的开发、PaaS 端的控制、家长手机端应用程序的开发，以及全链路延迟优化的工程能力。这些跨多端联动、后台控制、大模型优化，结合消费硬件的研发管理、供应链管理、上市推广（GTM）管理等方面

## 11. AI 陪伴应用：李勇和高峰，"跃然创新"为孩子创造柔软的 AI 陪伴

的能力，使我们的工作比一般 AI 公司更为综合和复杂。

下面以一个具体的例子来说明我们是如何实现既能用上强大的大模型功能又使成本可控的。我们采用了一个前置模型，部分请求私有部署模型，在对话过程中，当遇到高评分的对话时，我们会请求其他云模型来补充长 Token 内容，这样的策略有效地控制了成本。因为大多数聊天内容质量较低，只有少数情况需要高质量的长内容。为了确保产品的快速响应和维持一定的智能水平，我们独家开发了异步传输协议。我们在许多不易察觉的地方实现了技术突破和细节创新，这些成就的背后都有强大的独立研发能力支撑。

ZP：产品预计什么时候上线？

高峰：我们第一款产品的研发工作基本已经完成。预计在 2025 年 4 月，向所有消费者展示我们的产品并公开发售（图 11-3）。

图 11-3　新品发售预告

ZP：HAIVIVI 的愿景是什么？

李勇：我们致力于成为一家由科技创新驱动的 AI 玩具公司，旨在让每个孩子在成长过程中都能拥有 AI 朋友。

ZP：HAIVIVI 在资本市场获得了哪些人和机构的投资？

高峰：2021 年，我们公司成立之初，获得了蓝驰资本领投的首轮融资。2023 年，我们荣幸地获得了高秉强教授和李泽湘教授基金的投资。我们不仅是高教授个人投资额最大的初创公司，也是首个同时获得这两位教授基金投资的 AIGC 创业公司。

ZP：二位觉得自己作为资深的硬件创业者，和很多年轻的 AI 原生创业者

相比，有哪些区别？

**高峰**：我认为 App 与硬件产品在产品定义上有着本质的区别。App 通常使用的是免费下载，后续在平台上进行消费的模式，比如先下载抖音，使用后在平台上消费。而硬件产品则相反，消费者需要先做出购买决定，随后在使用过程中逐渐建立起情感联系。这意味着硬件产品的整个定义过程与 App 完全不同。

无论是移动互联网时代的硬件设备还是 AI 原生的硬件设备，它们都应该遵循硬件公司的开发策略和管理模式。硬件公司在这一领域的成功率往往高于软件公司，因为人力资源的投入不太可能导致公司崩溃，但库存管理不当却是有可能的。我认为，开发 AI 硬件产品与传统硬件产品最大的不同在于，它不仅需要扎实的硬件基础，还需要强大的软件技术能力。

**ZP**：AI 与硬件结合的赛道竞争非常激烈，你们如何看待这个市场竞争格局，以及如何看待其他竞争对手？

**李勇**：我们并不认为 AI+ 硬件领域的所有参与者都是竞争对手。AI 是一种基础设施，而硬件则涵盖了广泛的产品类型。从商业策略来看，竞争主要体现在对同一目标群体和场景的争夺上。例如，像 AI PIN 和 Rabbit R1 这样的产品，我们并不将它们视为我们的竞争对手。同样地，很难想象大模型公司会涉足毛绒玩具领域，或者玩具公司会投身大模型应用。我们所专注的 AI 毛绒玩具市场，仍然是一个巨头们尚未充分关注的领域。

**高峰**：我认为产品可以按照横纵轴进行分类（如图 11-4 所示）。横轴上，左侧是功能型产品，右侧是情感陪伴型产品；纵轴上，上方是个人场景，下方是家庭场景。将所有品牌的硬件产品放入这个框架中，可以看到，天猫精灵、小爱同学等即使采用了大模型技术，也属于功能型家庭产品，位于左下角；AI PIN 和 Rabbit R1 等产品则属于个人功能型产品，位于左上角；大型机器人和机器狗等则位于右下角，提供情感陪伴。我们的产品则位于右上角，专注于个人情感陪伴。

在这个细分市场中，只有右上角的产品可能与我们的产品定位相似，其他产品与我们的产品定位都有所不同。但在这个赛道上，你会发现没有一家公司是从人性的本质出发的。回到之前的问题，我们是一家玩具公司，因为我们利用大模型技术实现了长久以来人们梦寐以求的、会说话的毛绒玩具，而不仅仅是因为我们拥有这项技术。

## 11. AI 陪伴应用：李勇和高峰，"跃然创新"为孩子创造柔软的 AI 陪伴

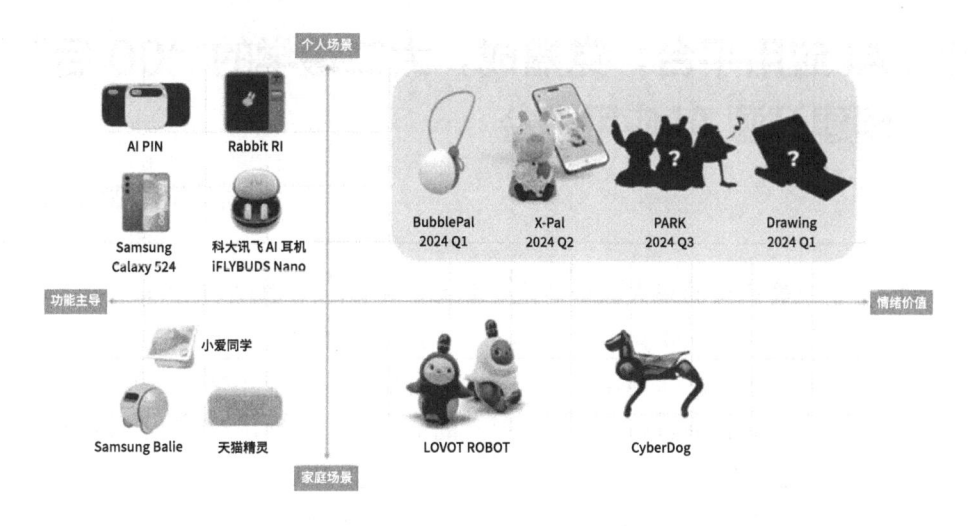

图 11-4　AI 产品分类轴

**ZP**：能否给读者推荐一些您感兴趣的书、崇拜的人物，或者您关注的 AI 创业公司？

**李勇**：我不敢贸然推荐，但我可以分享一个经历。2017 年，我在天猫精灵团队时，会给每位新加入的同事送一本茨威格的《人类群星闪耀时》。这本书讲述了人类历史上一些重大时刻是由一些平凡的人在偶然间改变了历史进程的故事。那时我就深信，AI 有能力改变世界。我们身处这个时代，在阿里巴巴集团这样优秀的平台上，应该有使命感去推动 AI 的发展。随着大模型技术的出现和进步，我们更加坚信 AGI 时代的到来，我们应该为那个时代的孩子们做些事情。

**高峰**：正如我之前提到的，我是一个学渣，不是一个热衷于阅读的人，但我非常喜欢看动画片。我认为动画片有两种观看方式：一种是在无聊时观看日系动画片，另一种是在心情低落或遇到挑战时观看迪士尼和皮克斯的动画片。每看一次，你都会变得更加可爱、单纯，对世界更加无所畏惧，也能够更加豁达。你会发现很多问题其实都很简单，难以启齿的话也能轻易说出，不敢做的事情也敢去做了。

# 12. AI 应用平台：党嘉成，大二辍学的"00后"创建开源 AI 应用平台

访谈时间：2024 年 3 月

AI 行业中最年轻的华人创业者之一党嘉成（Jay），2002 年出生，就读伯克利大学二年级时选择了辍学，投身创业。在 2023 年 1 月，也就是 GPT Store 上线前 10 个月，Jay 创立了 FlowGPT——全球领先的开源 AI 应用平台（如图 12-1 和图 12-2 所示）。在没有进行任何广告投放的情况下，FlowGPT 实现了数百万的月活跃用户量、超过 10 万个 AI 应用，吸引了全球成千上万的顶尖 AI 应用开发者。该项目已经获得 DCM、Goodwater 等多家全球顶级风险投资公司的多轮融资。

Jay 的创业之旅始于高中时期对 AI 的持续探索和实验。在经历了多次失败和挑战之后，他不断反思和调整，最终与生成式 AI 的新趋势不期而遇。

FlowGPT 坚信 AI 和大模型技术将成为未来人们生活和工作中不可或缺的一部分。平台为创作者提供了基于 Prompt 开发 AI 原生应用的工具，并为全球用户带来了最新和最受欢迎的 AI 原生应用。其长期愿景是让任何人都能创建、寻找和使用 AI 原生应用，目标是成为全球 AI 原生应用的首选平台。FlowGPT 的口号"当 AI 无限放大我们的创造力时，限制我们的，只剩下想象力"为我们带来了深刻的启发和鼓舞。那种充满能量的惊喜，难以用言语表达。

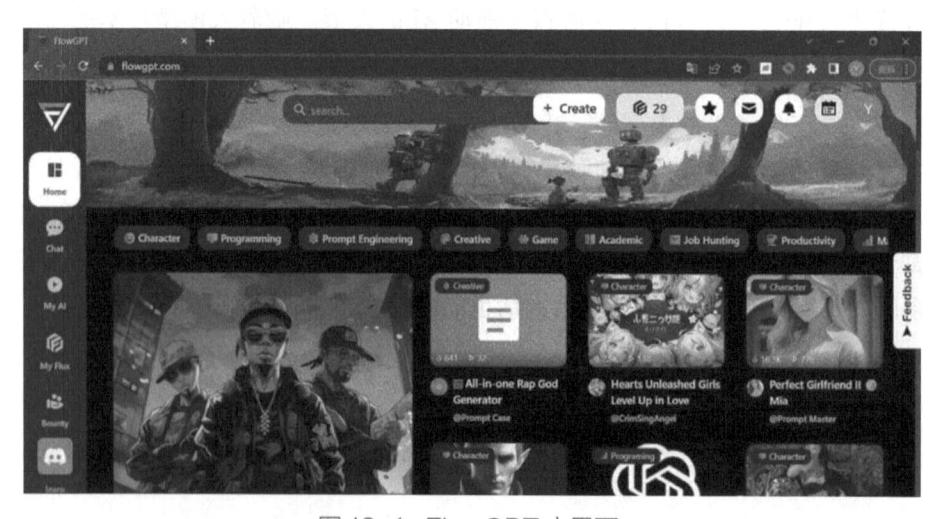

图 12-1　FlowGPT 主界面

## 12. AI 应用平台：党嘉成，大二辍学的"00 后"创建了全球最大的开源 AI 应用平台

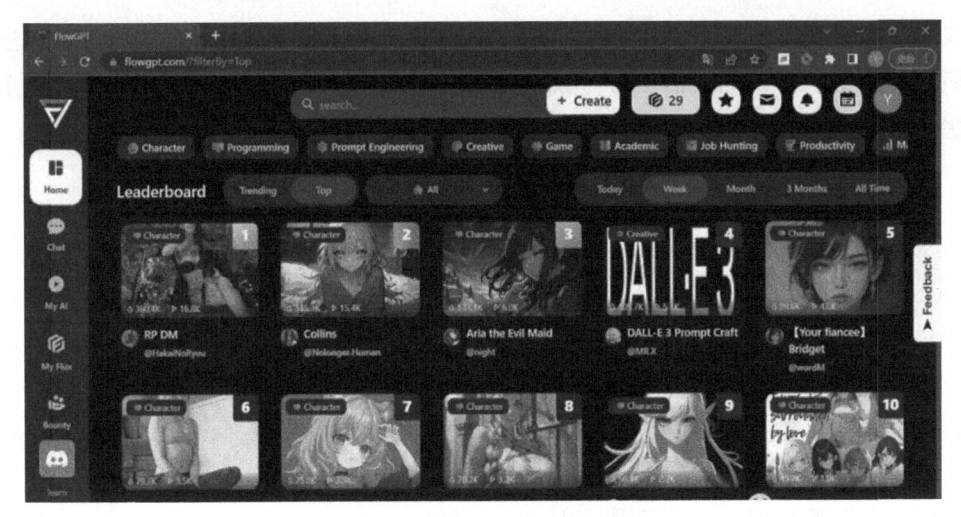

图 12-2 FlowGPT 界面之一

ZP：请先自我介绍一下吧。

Jay：大家好，我是 Jay，2002 年出生，是 FlowGPT 的创始人。FlowGPT 是我从 2023 年 1 月开始启动的项目，目前月活跃用户量有三百多万，并且每月都保持着高速增长的势头。FlowGPT 现已是全球最大的 Prompt 创作者社区。我们的目标是构建一个 AI 原生应用的生态平台，让即使没有编程背景的人也能够轻松编写 AI 应用。

进入大学后，我就开始考虑创业。大一期间，我去了四家不同的创业公司实习，尝试了与科技相关的各种职位。大一下学期，我辞去了实习工作，开始了自己的创业尝试，当时做的项目是利用 AI 模型进行广告的 A/B 测试。这个想法源于我的一个观察，即许多中小型企业缺乏进行广告 A/B 测试的机会、财力和资源。我组建了一个小团队，也获得了上市公司的客户，但最终因为与合伙人在发展方向上存在分歧而告终。合伙人更倾向于销售算法，而我希望专注于生成式 AI 的发展。虽然这次尝试没有继续下去，但它在我心中埋下了创业的种子。

ZP：你是从什么时候开始想做生成式 AI 的？

Jay：其实早在 2022 年 1 月，我就已经有了利用 AI 生成广告的想法。后来我放弃那个项目的原因是，在那次创业中，我主要负责产品开发，而另一位合伙人负责销售。由于我没有与客户进行太多交流，所以很多客户的需求都是通过合伙人得知的。那段创业经历持续到了 2022 年 12 月，也就是 ChatGPT 问世的时候。

109

我一直想要开发面向消费者的 AI 产品，我认为这是新技术，能够实现许多人无法做到的事情。传统的机器学习对数据要求极高，应用场景多限于企业内部，这个想法难以实现，但 ChatGPT 的出现让这一切变得可能。

ZP：什么时候和什么契机让你决定开始做 FlowGPT？

Jay：在深入体验了 ChatGPT 一段时间后，我加入了 Discord 和 Twitter 上的 ChatGPT 用户群组。在与众多用户交流的过程中，我观察到一个有趣的现象：用户们热衷于分享他们精心编写的 Prompt。有的用户通过邮件附件的形式发送 Prompt，有的用户则将其制作成 TXT 文档，在即时通信软件中广泛传播。当时，围绕 ChatGPT 的 Discord 群组如雨后春笋般涌现，每个群组都设有专门的 Prompt 讨论区。你能看到大量的人在讨论 Prompt，我感觉这已经形成了一种协作社区的雏形，类似于 GitHub 的早期形态 Ruby on Rails。

2023 年 1 月 3 日，我萌生了这个想法，仅用了两天时间，即 1 月 5 日，就成功上线了产品。开发速度非常快。上线后，该产品迅速受到了广泛关注。

ZP：为什么选择 FlowGPT 这个名字？

Jay：我坚信人工智能（AI）有潜力在底层彻底革新工作流程，"Flow" 正是这一概念的象征。未来，这个平台将能够支持多种不同的工作流程。GPT 是模型的名称，当时人们普遍认为 ChatGPT 代表了生成式 AI 的巅峰。"FlowGPT" 这个名字的含义是：这是一个能够承载多样化生成式工作流程的平台，每个人都能在 FlowGPT 上找到适合自己的工作流程。

ZP：你们产品的迭代频率是怎样的，你们开发这个产品最大的收获是什么？

Jay：每两天发布一个新版本，每周进行一次具有重大意义的大更新。最大的收获是用户的积累，每一次迭代都是一次学习和试错的过程。

ZP：迭代速度这么快，你们团队目前有多少人？

Jay：最初是 3 个人，现在有 10 个人。

ZP：2024 年，你们团队进行了一次重大的转型，从 Prompt 社区转向 AI 原生 App/Agent，这背后的思考是什么？

Jay：在 ChatGPT 还没有开放 API 的时候，我们就已经在平台上集成了 ChatGPT 的功能。当时的做法相当于通过技术手段实现，用户需要安装一个浏览器插件，这个插件会登录用户的 ChatGPT 账号，从而实现在我们的平台上直接使

## 12. AI 应用平台：党嘉成，大二辍学的"00 后"创建了全球最大的开源 AI 应用平台

用 ChatGPT。Prompt 实际上就是 AI 原生代码。用户在平台上使用 Prompt，就像使用一个软件一样。

我们最初选择以 Prompt 为主体，到了 2023 年 3 月，我们意识到可以开发 AI 原生应用。Prompt 需要不断迭代，当时很多人愿意分享 Prompt，是希望能够了解如何提升 Prompt 的效果。创作者创作出 Prompt 后，希望用户能够使用并提供反馈，然后他们可以根据反馈进行修改。这个过程本身就类似于产品迭代。我们看到，GPT Store 和 C.AI 等平台本质上也是在通过不同的方式改进 Prompt 本身，以及修改给大模型的 Input（输入）的。

ZP：在早期，你们是如何建立产品市场契合（PMF）的？

Jay：在早期建立 PMF 时，最重要的是贴近用户。我们隐约感觉，OpenAI 的 Sam 的优化点不是用户，而是更关注 AI 在未来社会中的角色，因此他很重视 AI 的对齐和内容的适当性。但我们的理解不同，我们认为最重要的是让用户感觉到是他们自己在使用和控制 AI，而不是 AI 在控制用户。这也是安卓能够吸引众多开发者的一个重要因素。

因此，我们从一开始就采取了开放的态度，专注于满足用户的需求。用户想要什么，我们就提供什么，给予用户最大的自由度。在平台上，用户不仅可以使用服务，还可以互相学习和交流。

ZP：与 OpenAI 这样的闭源生态系统相比，你们产品最大的区别是什么？

Jay：区别在于我们提供了多种模型供大家使用和修改。例如，我们连接了 SD 的生态系统，用户可以自行修改并上传内容。这种做法在理论上提高了可能性，增加了选项，让用户对模型有了更多的控制权。我们希望创作者在这个平台上能够感觉他们自己真正拥有了这个平台，而不是平台将创作者视为一种资产。

ZP：怎么定义"创作者拥有这个平台"？

Jay：三个方面：首先，它是创作者的工具；其次，创作者可以创造任何他们想要的东西；最后，创作者拥有 100% 的控制权，可以选择公开或保持私密。这三个方面为创作者带来了更高的自由度、发展潜力和延展性。

ZP：这样做的风险是什么？

Jay：如果我们允许大家做任何事情，就可能会有人做出一些不当的事情。我们选择在确保平台安全的前提下，尽可能给予用户最大的自由度。

111

ZP：如何看待创作者和平台的关系？如何增强创作者与平台的黏性？

Jay：我们在这个领域起步最早、持续时间最长，而且我们的团队非常重视创作者的体验。平均来看，每位创作者的创作量在这三个月增长了 4 倍。AI 原生应用总数已经超过 10 万个，并且每月以 3 倍的速度增长。

ZP：关于创作者的最大非共识理解是什么？

Jay：有人认为撰写 Prompt 的是工程师，但实际上，当工程师撰写 Prompt 时，他们是在为 AI 添加功能模块，将 Prompt 视为代码的一部分，仅投入一定比例的时间。而真正投入大量时间去研究 Prompt 的，往往是那些没有技术背景的人。他们将 Prompt 视为新时代的代码，创造各种原生应用，他们关心的是这些应用是否能提供良好的体验和解决用户的问题。

ZP：FlowGPT 能够成为最大 Prompt 开源社区的关键（事件、元素）是什么？

Jay：起步早，发展快。每次迭代都是一次学习机会，我们通过大量的迭代积累了深厚的理解，并且进行了多次实际操作。

ZP：迭代过程中，有什么受挫的经历或者心态上的改变吗？

Jay：每次迭代都是围绕用户需求进行的。我们非常喜欢与用户交流，两位联合创始人在这几个月里总共与超过 1000 人次的用户进行了交谈，包括创作者和潜在创作者。我们也经常在凌晨 3 点接到用户的电话，反馈产品迭代的问题。

ZP：用户的需求天生是分散的，你们如何收敛用户的需求？

Jay：与用户沟通是一门学问。我们需要通过用户提出的需求，挖掘他们深层次的需求。需求是可以归纳总结的，通常无外乎几种："我想创造更强大的东西""我想用更简单的方式创造更强大的东西""我想获得更好的体验"。

ZP：大模型能力的边界拓展，是否会影响平台的发展？

Jay：我们看到随着模型能力的增强，Prompt 变得越来越复杂。我们对过去六个月的数据进行了分析，发现 Prompt 的平均长度增加了 7 倍，从 400 多个字增加到 3500 多个字（如图 12-3 所示），这是量化分析的结果。

## 12. AI 应用平台：党嘉成，大二辍学的"00 后"创建了全球最大的开源 AI 应用平台

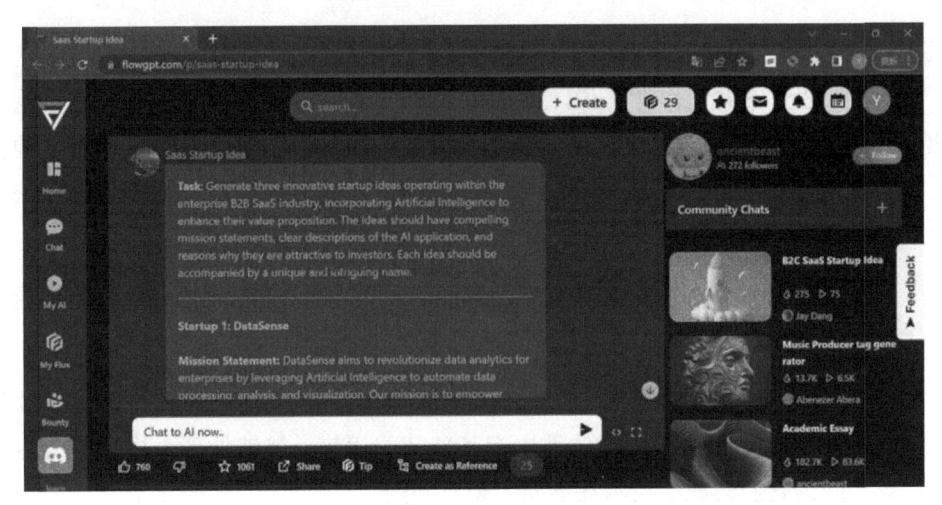

图 12-3　FlowGPT 界面之二

ZP：大家逐渐倾向于开发更复杂的应用，这是否是一个原因？

Jay：这确实是原因之一，但有三个主要因素在推动这个趋势。

第一，模型能力的增强。这意味着上下文窗口（Context Window）的扩大，以及模型能够执行更多操作，例如联网、运行代码、生成图像等。

第二，社区的增长和活跃。FlowGPT 作为一个开放社区，为创作者提供了一个轻松的学习和交流环境。社区内存在一种基于集体的创新机制，比如在 2023 年 3 月，一位创作者发现了一种特殊的撰写 Prompt 的方法，可以使 ChatGPT 调用外部文生图模型的 API，进而直接生成图像。这一发现实际上比 DALL·E 3 提前了半年，因此一经公布便迅速走红。此后，社区迅速采纳了这种新方法，促使创作者开发出更多元化的应用。开放社区的价值在于促进创作者共同学习和成长，触及潜在的创新天花板。

第三，平台的赋能作用。平台提供了底层能力，使创作者能够任意调用各种工具，开发更复杂的应用。以前需要编写代码才能实现的功能组件，如设计 UI、调用向量数据库，现在通过撰写 Prompt 就能实现，这使得创作者能够触及更高的创新天花板。

这三个因素共同推动了平台上的内容和应用的复杂度提升。

ZP：在你看来，平台上的创作者最关心的是什么？

Jay：对于顶尖创作者来说，他们更关注的是创新天花板，也就是在理论上能够开发出多么复杂的应用，探索技术的极限。而对于中坚力量的创作者，他们更看重的是成长空间，即能否利用平台提供的工具或在社区中获得有趣的用法和灵感，以此来开发更复杂的应用，从而提升自己的能力和扩大影响力。

ZP：在未来，AI 原生应用与传统软件之间的关系将如何发展，它们是否会取代传统软件？

Jay：大模型可被看作新一代的 CPU 或计算机，它们能够执行许多传统软件无法完成的任务。然而，传统软件也有其独特的优势，能够处理大模型无法触及的问题，因为它们的底层技术在本质上是不同的。

我认为大模型不会替代传统软件，而是会扩大软件市场的范围。AI 原生应用提供了新的能力，解决了传统软件难以处理的问题。例如，在教育领域，最佳方案是能够实现真正的个性化教学，为每位学生提供定制化的学习计划，这是传统软件难以做到的，但大模型可以胜任。大模型的优势在于其个性化输出，能够根据每个人的不同需求定制化地提供内容。因此，从技术层面来说，AI 原生应用是用新的能力更好地解决旧问题。

同时，从社区层面来看，AI 原生应用降低了软件创作的门槛。以往软件开发成本高昂，需要专业的工程师和产品团队长时间合作。这不仅导致了软件开发的人才集中，而且只有商业价值高、投资回报率为正的问题才值得用软件解决。但现在，大模型降低了开发软件的门槛和成本，使得没有技术背景的个体也能通过编写自然语言来创建解决问题的原生应用。这些人分布广泛，能够发现更多需求，实质上是以更低的成本通过 AI 原生应用满足了那些原本不值得开发软件的长尾需求。因此，AI 原生应用实际上是在扩大软件市场，而不是替代传统软件。有些问题更适合用传统软件解决，有些问题则适合通过软件与 AI 结合来解决，还有些问题可以完全由 AI 解决。

如今，大模型将软件工程师的角色转变为软件创作者，这一转变使软件开发更加普及和民主化。本质上是民主化软件开发，让更多人能够以更低的成本参与到软件开发中来。因此，那些以前因为市场或商业价值不足而无法解决的问题，现在也可以通过 AI 原生应用来解决了。

## 12. AI 应用平台：党嘉成，大二辍学的"00 后"创建了全球最大的开源 AI 应用平台

ZP：在技术层面上，下一步的迭代计划是什么？是否会开发自己的大模型？

Jay：我们公司不是以技术为导向的，而是一家产品驱动的公司。我们认为打造优秀产品的关键在于深入理解用户，并懂得如何构建生态系统。我们更倾向于利用市场上现有的高质量模型为创作者提供支持，给予他们更多的选项。

ZP：是否会做自己的杀手级应用（Killer App）？

Jay：起初，我们自己尝试了开发许多应用，但我们逐渐发现平台上的创作者在 Prompt 撰写能力上比我们更强。因此，未来我们会让那些对产品有更深入理解的专业人士继续进行一些示范，以引导平台上的创作者。

ZP：FlowGPT 一直在进行产品迭代，您认为是什么精神和能力让你们能够持续走在正确的道路上？

Jay：我们的团队非常注重数据驱动。我们要求每个团队成员，包括工程师和运营人员，每天都要关注用户行为数据和用户反馈。我们两个人会每隔一天与用户交流，并且还会定期与一些固定用户进行深入交流。我们自己也会充当客服的角色。有时候，甚至有用户在凌晨 3 点打电话来反馈问题。因为全球时差，所以这是常有的事。

ZP：在这个过程中，有哪些指标是刚开始不太理解，但是后面观测到了之后逐渐优化的？

Jay：创作者与消费者之间的比例是一个重要的指标，这个比例增长了 10 倍。我们通过不断降低创作门槛、提升创作体验，以及举办活动提供激励来优化这个指标。

ZP：作为"00 后"创业者，你觉得你们最大的优势是什么？

Jay：我们的用户大多是 Z 世代，我们与用户有着相似的思维方式，能够理解他们的想法和偏好。例如，"00 后"更倾向于简单、直接和明了的交流方式，这使得我们与用户沟通起来更为轻松和自然。

ZP：我们看到 FlowGPT 作为华人团队出海，第一步迈得很成功，有什么给其他出海创业者的建议吗？

Jay：想到就去做，"Get your hands dirty"。在冷启动阶段，需要成为全球第一个做这件事的团队，或者至少是第一个出现在大家视野中的团队。FlowGPT 就

是这样，我们是最先做的，就像 GPTs Hunter 一样，第二个做的可能无法获得太多关注。

ZP：对于年轻的创业者，你有什么想说的话？

Jay：在开始这个项目之前，我们没有任何平台和社区经验。但这样的好处在于我们愿意投入更多的时间和精力去学习，没有太多的自我包袱。这让我们能够快速学习和成长。最近的一个深刻感受是，在产品类创业中，从 0 到 1 的过程并不需要太多的经验，只要愿意投入时间、愿意深入思考，就能够做得好。不要给自己太多压力，边做边学，这是关键。

ZP：可以分享下你们最崇拜的人物是谁吗？或者最喜欢的一本书？

Jay：我最崇拜的人物是乔布斯和王慧文。王慧文是我的产品经理启蒙老师，我算是他的粉丝。我学完他的清华产品课后，感觉就像获得了一个 MBA 学位！虽然王老师的一些观点可能不完全适用于当下，但他依然给了我很多启发，推荐大家也去读一读。

Fafa：我最崇拜的是马斯克，因为他总是能够跳出常规来思考问题。而我最喜欢的一本书是《霍乱时期的爱情》，因为我非常热衷于研究与人性和情感相关的话题。

ZP：OpenAI 的 GPT 模型对我们会有什么影响吗？在未来一两年内，你对 AI 领域的发展最期待的事情是什么？

Jay：我认为不会有太大的冲击，因为 OpenAI 的 GPT 模型本身做的就是 iOS 系统，这种产品形态一旦确立，可能会吸引更多的创业者来构建安卓 AI 原生平台或应用商店。目前还没有看到这样的趋势。

我最期待的是视频领域的大模型发展，因为从内容消费者的角度来看，视频作为一种娱乐形式，能够更快地激发多巴胺的分泌。这是一个非常激动人心的方向。

# 13. AI 搜索应用：张佳圆，"95 后"创业 AI 搜索，三个月访问量超百万

访谈时间：2024 年 4 月

在生成式 AI 的时代，"开发者不存在了"与"我也能当开发者了"这两种声音交织在一起，标志着软件开发者这一群体从边缘走向了舞台中央。随着服务软件开发者的生成式 AI 产品层出不穷，张佳圆和他创立的 Devv 成为这个领域的佼佼者。

这位"95 后"年轻创业者，一出手便获得了顶尖风险投资公司的青睐，资金支持让他的创业之路更加稳健。在经历了三次艰难的战略调整（Pivot）之后，张佳圆终于找到了产品市场契合点（PMF）。Devv（如图 13-1 所示）在短短四个月内迅速积累了 50 万名用户，成绩斐然。

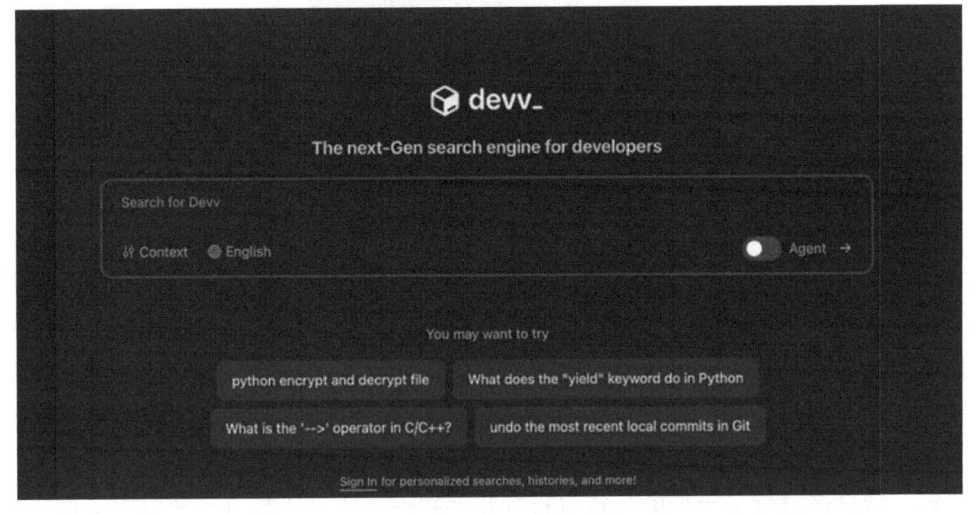

图 13-1 Devv 界面

在创业之余，张佳圆还是 Twitter 的知名"大 V"，他的 RAG 系列分享因深入浅出、见解独到而广受好评，不仅在行业内传播甚广，也为众多开发者提供了宝贵的知识和经验。张佳圆的故事，不仅是个人的成功，更是生成式 AI 时代下开发者群体崛起的缩影。

## 01 从步步高学习机编程开始，自学成才的技术极客

ZP：请先自我介绍一下吧。

张佳圆：大家好，我叫张佳圆（如图 13-2 所示），现在是 Devv 的创始人兼 CEO。我的职业生涯起步于爱奇艺，担任工程师。2020 年，我加入了 TikTok。正逢抖音和 TikTok 业务分离，我有幸成为 TikTok 社交业务部门的早期成员，主要负责社交互动相关的工作。在 TikTok 工作了两年后，我在 2022 年 10 月决定创业。

图 13-2 Devv 创始人张佳圆

在我的学习历程中，有两件事对我影响深远。第一件事是我在初中时期就开始接触编程。当时，家里为了帮助我学习英语而购买了步步高学习机，我意外发现它不仅可以玩游戏，还能通过 BBK Basic 语言编写游戏，这成为我编程之路的起点。我对创造事物的热情驱使我开始自学编程，从 Basic 语言开始入门。在大学之前，我已经自学了大量的计算机科学相关知识，这也让我早早地确定了自己未来想要从事编程或软件开发的工作。

第二件事是在大学期间，我通过自学北美顶尖高校的公开课来巩固我的计算机科学基础。虽然我读的是国内的一所普通大学，但我利用课余时间自学了北美计算机科学四大名校的课程，这些课程的视频、教材和实验都对我的学习帮助极大。这段自学经历不仅为我打下了扎实的专业基础，也让我坚信，只要愿意，我就可以自学掌握任何知识和技能。这种信念在我后来创业和开发 AI 产品的过程中发挥了重要作用。每当需要学习新知识，我都会寻找最前沿的一手资料来自学。

## 13. AI 搜索应用：张佳圆，"95 后"创业 AI 搜索，三个月访问量超百万

ZP：听起来您对计算机科学有着与生俱来的天赋？

张佳圆：我觉得更多的是出于兴趣和对解决问题的渴望。比如，在用步步高学习机编程时，我需要深入了解很多底层知识，包括操作系统的工作原理，甚至涉及汇编语言的调试。这些学习过程在很大程度上是目标驱动的，我学习这些知识是因为我需要解决具体的问题。在大学之前，我所能接触到的资源相对有限，所以学习的内容可能比较浅显，但这也让我对计算机科学产生了浓厚的兴趣。

进入大学后，我开始进行更深入的学习，并完成了许多有趣的小项目，比如实现了一个 Lisp 解释器（这是 UCB CS61A 课程的一个大作业），以及一个类似 XV6 的简易操作系统等。我对计算机的热爱从小就生根发芽，最初是因为想要玩更多的游戏，但随着时间的推移，我发现计算机世界中有太多有趣的事物等待探索。这种对计算机的折腾和探索，从娱乐驱动逐渐转变为对技术和解决问题本身的兴趣。

ZP：您能否与我们分享一下，最初在 Twitter 上分享内容的初衷，以及迄今为止您对此的感受和体会？

张佳圆：最初在 Twitter 上分享内容时，我并没有刻意追求提升个人知名度或成为专门的 AI 博主。我系统地在 Twitter 上发布内容始于 2022 年，主要分享我的日常学习经验，比如阅读的书或学习的技术。这更多是一种"公开学习"（learn in public）的方式。类似地，我很早就开始写博客，并乐于分享我的学习过程。

随着 2022 年生成式 AI 的兴起，我开始定期分享我的认知。由于这个行业的快速发展，许多一手信息源自论文或顶尖研究者的公开内容。我会阅读这些论文，提炼重点并分享出来，这也为我带来了极大的关注度。

这实际上也遵循了纳瓦尔的建议："构建自己的影响力"。如果你的工作出色，就需要让人们看到你所做的事情。这也是我持续在 Twitter 上发布内容的原因。开始创业后，这种方式转变为"公开构建"（build in public），它让我能够直接与目标用户接触，通过 Twitter 与他们交流、了解他们的需求，并助力公司的早期成长。

ZP：Twitter"大 V"这个身份对您做公司的帮助大吗？

张佳圆：我认为它仍然具有相当的价值。设想一下，如果你已经拥有了一定的社会影响力，Twitter 可以极大地促进产品的快速启动，并帮助你吸引一批早期用户，这对于初创企业来说至关重要。然而，我并不建议仅仅出于创业目的而专门创建 Twitter 账号进行推广，因为这可能并非最有效率的途径。

除了 Twitter，还有许多其他方式可以吸引用户，例如付费广告或社区推广。像 Twitter 这样需要长期投入和维护的社交媒体平台，可能并不是最适合你的策略。你完全可以通过其他任何社交平台，包括国内的社交媒体，来建立你的影响力，这一切都取决于你的目标市场。如果你仅仅是为了创业而在 Twitter 上追求粉丝增长，那么这可能会失去其原有的意义。

ZP：让我们再次聚焦于创业的话题。您在很年轻的时候就开始了创业之路，那么是什么动力驱使您做出了这个决定？您心中的创业种子是在何时播下的呢？

张佳圆：实际上，我心中始终怀有创业的梦想。在大学之前，我就已经阅读了大量关于创业的书、文章，以及一些成功人士的传记。其中，YC 创始人保罗·格雷厄姆（Paul Graham）的《黑客与画家》给我留下了深刻的印象，这本书不仅启发了我，还让我对 YC 这个创业孵化器及其孵化的公司有了更深的了解。

工作之后，我依然念念不忘"创业"这件事，但总觉得时机尚未成熟。我认为，人们不应该为了创业而创业，而是需要有明确的产品想法或合适的时机。2022 年，我开始关注生成式 AI 的发展，特别是在那年年中，DALLE·2 发布以及 Stable Diffusion 开源。尽管那时生成式 AI 还处于早期阶段，但我坚信其有着巨大的发展潜力，特别是对于我们"95 后"这一代人来说，这可能是为数不多的几个大好机会之一。我们错过了移动互联网这样的好机会，现在，面对生成式 AI 的机遇，我们必须好好把握。

创业无疑是一件高风险、高回报的事情，赔率极高。目前我还处于职业生涯的早期阶段，即使创业失败，可能也只是损失几年的积蓄，我认为这个风险是可以接受的。因此，在权衡风险和回报之后，我决定全力以赴地创业。

在创业的道路上，我也受到了他人的影响，比如纳瓦尔。他提到，打工是通过时间换取收益的线性过程，而创业则是一个可能在后期实现指数级增长的复利过程，这是在大公司工作和创业的本质区别。创业还可以利用多种杠杆，包括劳动力杠杆（出卖时间）、金钱杠杆（融资）和影响力杠杆。我从纳瓦尔那里学到了很多，也更加坚定了自己创业的决心。

## 02 三次调整终于找到 PMF，四个月获得 50 万名用户

ZP：首先向大家介绍一下你目前做的产品吧。

张佳圆：Devv 的产品设计非常简洁，它本质上是一个面向开发者的搜索引

## 13. AI 搜索应用：张佳圆，"95 后"创业 AI 搜索，三个月访问量超百万

擎（如图 13-3 所示）。这款产品旨在满足开发者在日常工作中对信息检索的需求。过去，开发者通常依赖 Google 搜索特定关键词，或在 Stack Overflow 等平台上提问来寻找解决 Bug 的方法，或通过阅读文档来了解函数的用法和技术原理。如今，随着 AI 技术的发展，我们可以更有效地帮助开发者进行信息检索。Devv 能够从各种信息源中直接提取并总结出开发者所需的答案，从而简化检索信息的流程。

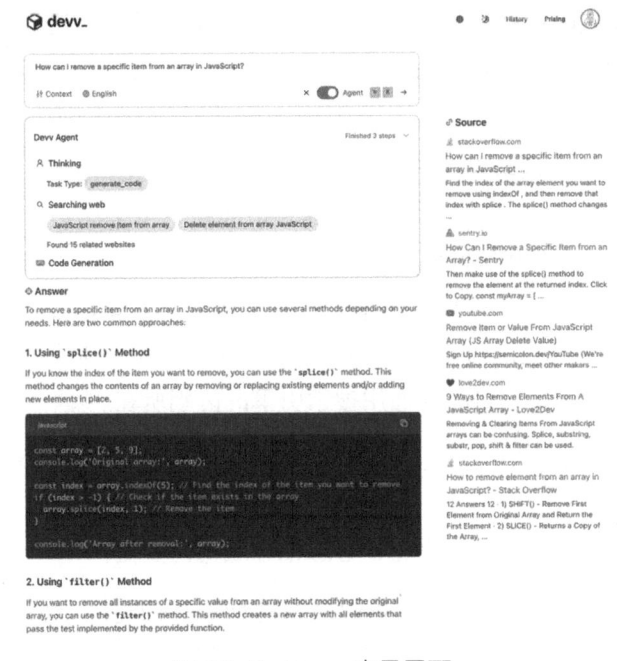

图 13-3　Devv 产品界面

**ZP**：您之前似乎并非从事这一领域的工作，那么是什么启发您转向目前方向的呢？

**张佳圆**：我们很早就萌生了打造生成式搜索引擎的想法。在 2022 年年底，我们开始考虑开发一个搜索引擎，当时我们面临的主要问题是：模型生成的内容存在严重的幻觉问题，经常产生错误的答案。后来，我们阅读了一篇 Meta 在 2020 年发表的关于 RAG（Retrieval-Augmented Generation）的论文，这篇论文提出了一种解决方案：通过向模型提供外部数据源来减少幻觉问题。

在 GPT-3 和 Google Search 的 API 基础上，我们创建了一个运行在 Jupyter Notebook 中的简单 Demo。当时，我们只完成了后端系统的开发，并没有制作前端界面。后来，我们之所以没有继续推进这个产品，是因为我们认为这个事情本质

上过于简单，产品的核心能力过于薄弱，因此我们转向继续开发 Copilot Hub。

在转向 Devv 这个大方向之前，我们没有急于开发产品，而是首先去了解软件开发者的需求和痛点。我们访谈了 50 多名软件开发者，发现尽管大多数软件开发者已经在使用 AI 工具来提高效率（例如使用 ChatGPT、Copilot 进行代码补全），但他们仍然依赖 Google、Stack Overflow 和文档进行信息检索。有软件开发者反馈，ChatGPT 在生成代码或提供开发相关答案时，幻觉问题仍然比较严重，实际运行时的错误率相当高，还需要回头进行调试（Debug），这不仅没有提高效率，反而降低了效率。

此外，模型的训练数据还存在时间截断问题，例如，GPT-4 的数据可能只到 2023 年某个时间点，这限制了它提供最新知识的能力。从对软件开发者的访谈中，我们发现了当前未被 GPT 类产品充分满足的多个需求点。结合我们之前关于生成式搜索引擎的想法，我们选择了更垂直的、专注于开发者场景的方向。垂直化的好处在于可以有针对性地构建索引，Devv 的底层包括了开发文档、代码，以及搜索引擎中的一些数据，这是它与通用搜索引擎的区别所在。

ZP：您在创业过程中经历了重大的方向调整，能否带我们回到创业的第一天，分享一下您最初的想法是什么，您都做了哪些尝试，以及您是在何时决定进行方向调整的？在此过程中，您的经历、心态和想法有何变化？

张佳圆：回到 2023 年年初，我们最初的计划是创建一个名为 Copilot Hub 的平台，这个平台旨在帮助用户根据自己的需求创建各种 AI 助手，有点儿类似于今天的 GPTs Store。我们在 2023 年 1 月左右发布了这个产品。Copilot Hub 的项目一直持续到 2023 年年中，尽管每个月都保持着增长，但我内心深处感觉这个项目可能并不太成功，主要基于以下几点考虑。

这是一个非常通用的平台，任何人都可以根据自己的需求创建各种 Copilot。理论上，所有用户都可能是我们的目标用户，但这也可能意味着没有特定的用户群体是我们的核心用户。我们可能能够做到五六十分，但无法在某些需求点上达到八九十分。

我们正在做的事情本质上与 OpenAI 的业务有所冲突，后来 OpenAI 确实推出了自己的 GPTs Store。我认为在通用平台这个赛道上，最终可能只有一两家能够真正存活下来，比如 OpenAI 和做得不错的 Poe。破局的方式可能在于深入垂直领域。

在 2023 年年中，我们决定进行方向调整，但具体要做什么还不确定，因此我

**13. AI 搜索应用：张佳圆，"95 后"创业 AI 搜索，三个月访问量超百万**

们进行了一些尝试。第一个尝试是教育方向，我们想做一个帮助学生根据自己需求创建 AI 助手的平台，可以帮学生阅读论文、解题等。然而，在邀请一些学生进行测试后，我们发现效果并不理想，因此转向了第二个方向。

在第二个方向上，我们犯了创业中的一个典型错误，那就是想当然。我们没有真正站在用户的真实需求上，而是拿着锤子找钉子。当时我们内部通过头脑风暴得到的一个想法是，上一代的知识问答平台（如知乎、Quora 等）可能都会被 AI 取代，因此我们创建了一个 AI 版 Quora。在这个平台上，我们有各种各样的 AI 角色，比如 Steve Jobs、Sam Altman，我们基于他们过往发布的文章和其他信息来训练这些角色。用户可以在这个平台上提问，并邀请某个 AI 角色来回答。

我们花了一两周时间就完整地搭建起了这个 AI 版 Quora，这个想法听起来不错，但实际体验后我们发现还是存在一些问题：一方面，AI 的整体回答效果无法像真人那样自然；另一方面，既然用户已经在向 AI 提问，为什么还要通过异步的方式邀请一个 AI 来回答，而不是使用同步聊天的方式呢？因此，我认为这个方向也是行不通的。这就是我们中间进行的两次方向调整尝试。

ZP：您提到的第一个方向，当时是如何决定选择教育领域的？又是基于什么原因，在尝试之后认为这个方向不可行的？

张佳圆：当时我们对 Copilot Hub 的用户群体进行了分析，发现最大的两个用户群体分别是学生和开发者。因此，我们首先决定针对学生群体，选择教育作为我们的发展方向。至于为什么在尝试之后认为这个方向不可行，原因有几个方面。

首先，我们开发了一个功能，允许用户拍摄题目，然后由 AI 来解答。然而，大语言模型本质上是一个基于统计学的系统，并不是一个用于形式化论证的系统。因此，在解答需要形式化论证的题目时，AI 的错误率相对较高。

然后，我们还创建了一个助手，旨在帮助用户更好地阅读学术论文和各种材料。但是，阅读论文本身是一个非常小众的需求，可能连大学生都不会去阅读论文，只有研究生或科研工作者才会有这样的需求，因此整个目标用户群体实际上非常小。

最后，我们对教育行业的了解相对有限。我们团队本身已经脱离了学生群体，对北美的教育市场也缺乏足够的认知。

这些因素综合起来，使得我们觉得教育这个方向并不适合我们继续发展。

ZP：在尝试了针对学生群体的教育方向之后，为什么没有继续探索针对开发者群体的可能性呢？

张佳圆：这是创业公司在早期常常面临的问题：当你发现投入了大量时间的事情并不如预期那样成功时，你不得不进入一个决策阶段。当时，尽管 Copilot Hub 仍在增长，但你必须决定是继续在这个项目上投入资源，还是放弃并转向新的方向。对于早期创业者来说，这是一个艰难的选择，尤其是当你的上一个产品仍在增长时。大多数创始人会抱有一种侥幸心理，希望市场情况会改善，或者产品还有改进的空间，未来可能会迎来新的增长。然而，大多数创始人内心深处明白，当你感觉某件事可能行不通时，它很可能真的行不通。

这时，你需要做出一些决策，尽管做出这些决策可能非常痛苦。比如，你可能会发现转变方向后的产品仍然失败，就像我们经历的那样，调整之后的两个产品都失败了，这对团队士气是一个巨大的打击，也可能会经历创业过程中最迷茫和痛苦的阶段。我们没有直接转向开发者方向，可能是因为在第一次调整之后，我们再次觉得这个方向也不可行，这导致我们的决策出现了一些偏差。

我们内部进行了许多次头脑风暴，有时会把希望寄托在一个看似惊人的想法上，希望它能够一夜之间走红。当时，我们可能有这种侥幸心理，没有冷静地分析用户需求和市场情况，这也是我们踩过的一个坑。在第二次尝试制作 AI 版 Quora 时，即使我们已经编写了上万行代码，建立了完整的前端和后端系统，但当我们发现它并不符合预期时，我们立即选择了放弃。

ZP：您的话非常实在。AI 行业本身正处于快速变化之中，您如何判断技术和应用场景之间的差距是一个暂时的问题还是一个长期的问题呢？

张佳圆：在做产品时，抛开技术和其他所有因素，一个重要的考量点是你的产品是否真正解决了用户的实际问题。你可能首先拥有一个强大的底层模型，然后考虑基于这个模型可以开发出什么样的应用，这就像手里拿着锤子去找钉子。我们在开发 AI 版 Quora 时，就陷入了这样的境地，它可能只是一个伪需求。

要判断技术和产品之间的差距，一方面，需要深入了解底层模型的能力，以及它的局限性，这些信息至关重要；另一方面，虽然很难准确预测一两年后大模型的能力，但我们可以预估六个月后的技术发展情况，然后判断你现在正在做的事情是否仍然具有价值。这是在开发 AI 相关产品时需要考虑的两个关键方面。

## 13. AI 搜索应用：张佳圆，"95 后"创业 AI 搜索，三个月访问量超百万

ZP：目前这个产品的想法是如何产生的？许多读者可能都会对这一点感到好奇。Devv 与 Perplexity 之间的主要区别是什么？

张佳圆：如果用户想要使用 LangChain 编写一个程序，Perplexity 会根据搜索问题的关键词找到相关的网页，并让 AI 基于这些网页提供生成式的回答。而 Devv 的工作方式是首先推断出用户正在使用的框架是 LangChain，然后根据问题的语义在 GitHub 上的代码库中找到相关的代码片段，并结合互联网上的数据对这些代码片段进行源信息的整合，最后生成答案。相对来说，Devv 提供的信息更加准确。二者区别如图 13-4 所示。

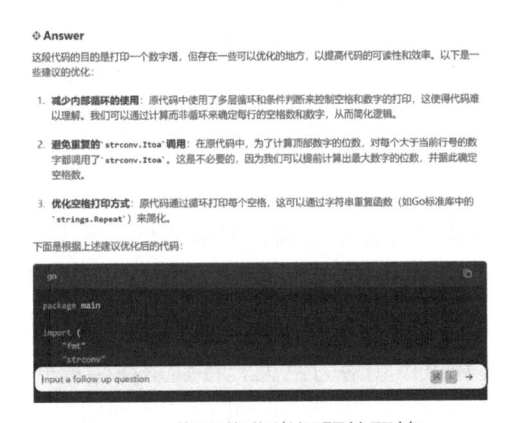

Devv：代码优化类问题的回答　　Perplexity：代码优化类问题的回答

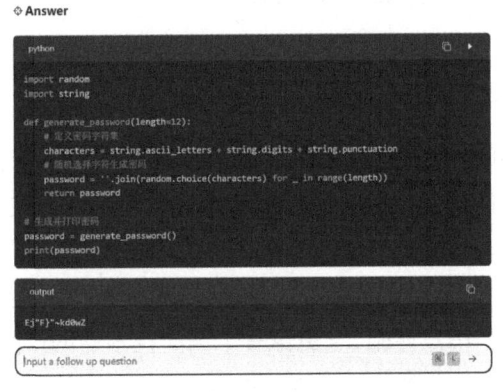

Devv：代码生成类问题的回答　　Perplexity：代码生成类问题的回答

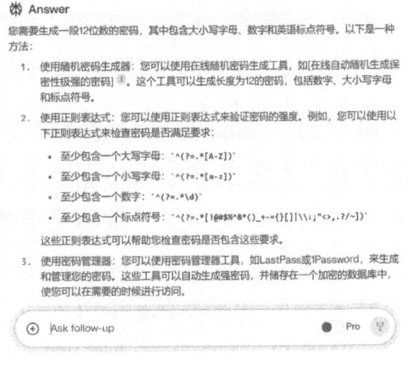

图 13-4　Devv 与 Perplexity 的区别

ZP：您对 Devv 未来的发展有何预期？您如何看待这个赛道的增长潜力？

张佳圆：在接下来的六个月里，我们的主要目标是提升搜索质量，包括提高搜索结果的准确性，以及构建更加强大的底层索引。这是我们短期内的焦点，而不是推出新产品。从五年的长期规划来看，我们的最终目标是实现 L5 级别的软件开发自动化。虽然这与我们目前的工作在本质上有区别，但我们希望通过目前的工作逐步实现这一长期愿景。

在一两年的时间框架内，我们希望将 Devv 搜索打造成为开发者工具的入口。信息检索是开发者日常工作中最频繁的需求之一，我们希望 Devv 能够成为开发者工具链的一个关键入口。开发者大约只有 30% 的时间在代码编辑器中编写代码，其他更多的时间是在执行信息检索、调试或测试等任务。如果这些任务可以通过共享相同的上下文，并结合 AI 技术来更有效地完成，那么开发者的整体效率将得到显著提升。

从开发者搜索的场景来看，市场天花板可能并不太高；但是从整个开发者工具赛道来看，市场天花板是非常高的。据我们估算，Google 大约有 5% 的流量与开发相关。虽然 5% 看起来不高，但与 Bing 全球 1% 的市场份额相比，每年却能带来 20 亿美元的收入。整个开发者工具赛道市场潜力巨大。特别是在生成式 AI 的加持下，未来整个开发者生态系统将有巨大的成长空间。我们的长期愿景是利用 AI 重新构建开发者工具，Devv 只是我们进入这个领域的起点。

ZP：在赛道中已经存在像 Phind 这样的公司，您如何看待这个赛道的竞争环境？Devv 具有哪些差异化竞争优势？

张佳圆：Phind 是我们的直接竞争对手。他们也在致力于开发面向开发者的搜索工具，大约在 2023 年 3 月发布了他们的产品。如果从十年的角度来看，我们之间的时间差距实际上是微不足道的。尽管 Phind 已经存在，我们仍然决定开发 Devv，这基于两点考虑：首先，在使用 Phind 的产品后，我们发现其在产品能力方面并不突出，包括整体的 UI/UX 设计和用户体验，它更像一个偏向技术性的产品；其次，虽然 Phind 在垂直领域进行了生成式搜索的尝试，但它并没有针对开发者场景的索引进行特别优化，而理论上，垂直搜索引擎的核心在于基于特定场景构建更有效的索引，这正是我们认为 Phind 未能做好的地方。

Devv 的竞争优势首先是，产品能力比模型能力更强，因为用户实际上使用的是产品而非模型。Devv 与 Phind、Perplexity 的区别在于，Devv 刻意淡化了底层模

## 13. AI 搜索应用：张佳圆，"95 后"创业 AI 搜索，三个月访问量超百万

型的复杂性，在产品界面中不会让用户选择模型。目前，大多数基于 AI 的产品都会让用户选择模型，这实际上是一种不智能的设计，就像在使用计算机打开应用程序时，系统却让用户选择应该使用哪一块 CPU。选择使用哪个模型的问题应该在产品设计阶段就决定，而不是交给用户。Devv 会根据用户的需求场景自动选择最合适的模型。

其次，我们为 Devv 构建了专有索引。我们投入了大量精力来爬取和分析与开发相关的网站和代码仓库，并进行代码分析，以理解代码结构和函数调用链。这是垂直搜索引擎所需构建的索引能力。

最后，Devv 的长期愿景不仅限于搜索。例如，我们发布的 Agent Mode，将搜索引擎扩展为一个解决多步骤问题的工具，这是我们与通用搜索引擎等其他产品的核心差异点。

目前，我们不会与 GitHub Copilot 这类代码生成产品进行直接竞争，因为我们现在并没有将产品线扩展到代码生成领域，但未来可能会有潜在的竞争，包括可能与许多其他开发者工具产品（如 Cody AI）产生一定的竞争。

ZP：要成功打造 Devv 这款产品，技术上的主要挑战是什么？

张佳圆：技术难点在于，目前 RAG 在架构和技术上并没有一套公认的最佳方案。这意味着我们需要自行探索和测试，以找出最合适的实现方法。要构建一个达到 60 分水平的 RAG 系统，可以通过整合一些外部的 LangChain 组件来实现，但如果要打造一个八九十分的 RAG 系统，那么需要进行的优化点将会非常多。

一个基本的 RAG 系统通常包括三个部分：底层模型、外部知识的索引及每次用户查询时获取的一小部分外部资源。如图 13-5 所示，Devv 的 RAG 系统分为六个步骤：首先是外部知识，包括搜索引擎数据、开发文档和代码仓库数据。接下来，对于这些不同类型的数据，需要采用不同的编码方式来提取有效信息并减少噪声，进而构建专有的索引。编码方式的不同可能会导致构建索引的方式也不同。有了这些索引之后，每次用户提出的问题都会在索引中解码并检索最相关的资源。然后，根据当前的场景，对这些资源进行排序，最后由底层模型使用这些资源来生成答案。这就是整个 RAG 系统的核心工作方式，每一步都存在许多可以优化的点。

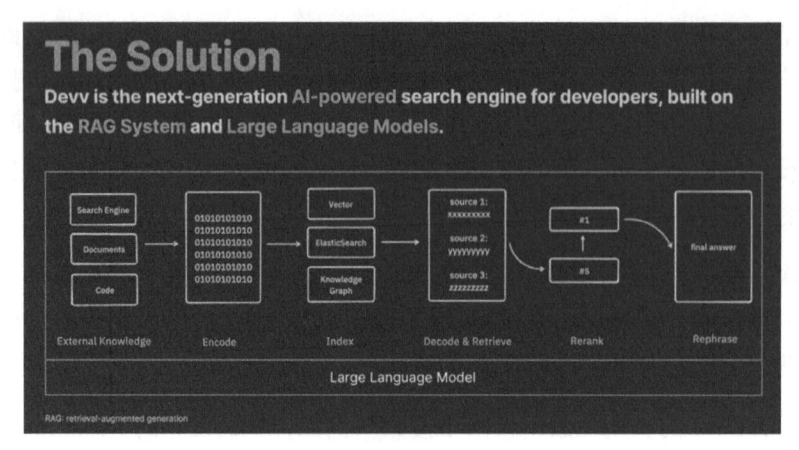

图 13-5　Devv 的 RAG 系统

目前，我们只能在单个场景下对 RAG 进行较好的优化，主要原因是优化过程中涉及大量的烦琐工作。由于外部数据本质上是非结构化的，不同的网页包含不同的数据类型，因此需要进行大量的数据解析。这就使得对每个场景进行优化变得非常困难，这也是通用搜索引擎在处理简单问题时表现尚可，但在处理专业问题时效果不佳的原因。

目前，Devv 在开发者领域已经做得相当不错，但仍有很大的提升空间。我给它目前的表现打 70 分。从索引构建到数据爬取处理，包括编码方式，我都认为还有许多地方可以进行优化。目前市场上大家的 RAG 应用水平都相差不大，因为这个技术本身并不是特别复杂，更多的是涉及一些烦琐的工作。

现在，大多数用户使用 Perplexity 进行信息检索，但信息检索本质上并不需要对索引进行特殊优化，因为 Google 或 Bing 已经将搜索引擎的索引做得很好了，完全可以基于它们已经完成的工作进行生成。然而，对于一些特定场景，例如金融类搜索，如果要查找一家公司的融资历史的详细信息，那么搜索引擎可能无法很好地解决。这就需要构建针对金融的索引，并且要爬取类似于 Crunchbase、Bloomberg 等垂直领域数据库的数据。

## 03　"好的艺术家抄袭，伟大的艺术家偷窃"

ZP：您是如何观察和评估用户需求的？有没有一套方法论将用户需求转化为产品功能？

张佳圆：作为一名半路出家、没有接受过系统训练的产品经理，我并没有太

## 13. AI 搜索应用：张佳圆，"95后"创业 AI 搜索，三个月访问量超百万

多流程化的技巧。我主要的工作方式是与用户交谈，收集他们的反馈。在访谈过程中，用户会告诉我他们需要哪些功能，哪些功能做得不够好，以及他们认为应该模仿哪些产品来改进。对于我来说，当用户提出一个需求时，我会深入思考这个需求背后真正要解决的问题是什么，用户的痛点在哪里。我会研究当前其他产品是如何解决这个痛点的，它们是否做得很好，以及是否有更好的解决方法。我会运用第一性原理从底层进行分析。

在解决问题之后，我会学习大量其他优秀产品的设计。正如"好的艺术家抄袭，伟大的艺术家偷窃"所说，我会借鉴其他产品的设计。我还经常使用产品经理们熟悉的一些网站，如 Mobbin、Pinterest、Dribbble。这些网站汇集了大多数产品的 UI 设计、工作流程、用户流程等。我经常会参考这些资源。

在微观层面上，我会大量参考其他优秀产品是如何设计的；在宏观层面上，我们每个季度或每半年会制订一个计划，构思我们的产品方向。例如，第一季度的核心目标是推出 Agent Mode，这个我们已经完成了；第二季度的核心目标是推出面向团队版本的 Devv。

ZP：除了专注于产品本身的开发，还有哪些方面同样至关重要？您能分享一下在这方面的经验和体会吗？

张佳圆：增长。如何让更多人了解并使用这个产品，以及如何实现产品的商业化，是我们下一阶段的核心关注点。

我认为增长可以分为几个阶段：首先是冷启动阶段，也就是在产品初期如何找到最初的那批用户，比如前 1000 个用户。这是许多产品在早期需要关注的问题。我的一些经验是，在早期阶段可以采用一些手动的方式（do things that don't scale），比如我们在开发 Devv 或之前的产品时，会直接联系一些用户，邀请他们使用产品，并从中收集反馈。这种方式在产品早期能帮助我们获取用户反馈，而且成本相对较低。

一旦度过了冷启动阶段，可能就需要构建整个增长框架了。我最近学到的一种方法是将增长看作一个赛车模型。赛车由几个部分组成，比如引擎提供动力，氮气提供短期推进力，润滑剂让各部分更好地运作，燃料持续供能。类似地，通过 SEO、病毒式营销或内容营销可以持续带来增长（增长引擎）；短期活动（如公关）能带来短期爆发式增长（氮气）；新增用户转化为注册用户的留存率也至关重要（润滑剂）；最后，内容可以推动长期增长（燃料），例如，进行内容营销时，

除了资金还需要有优质的内容。

ZP：您对开发者需求的洞察非常细致。除了目前开发的 Devv，还有其他您认为很有前景的服务开发者的产品吗？除了 Devv，还有哪些产品是您想要开发的？

张佳圆：我最近非常欣赏的一款产品是名为 Cursor 的代码编辑器。它在 VS Code 的基础上增加了一些原生的 AI 功能（主要是代码补全和生成功能），并将这些功能无缝地集成到了整个开发和编辑过程中，提供了比 VS Code 插件更优质的体验。

ZP：有一种观点认为，未来开发者可能不复存在；另一种观点则认为，未来每个人都将成为开发者。您如何看待这两种观点？基于开发者群体的产品未来将如何发展？

张佳圆：我认为这两种观点实际上指向的是同一个行业趋势。以自动驾驶为例，假设我们达到了 L5 级别的自动驾驶，未来每个人都不需要考驾照，人人都可以"驾驶"汽车，只需在地图上输入目的地即可。在这种情况下，虽然坐在驾驶位上的人可能并不会开车，但每个人都能坐在驾驶位上，司机的概念因此变得模糊。

在开发者层面，情况也是类似的。如果在未来我们达到了 L5 级别的自动化软件开发，那么开发者的角色可能会被重新诠释，不仅限于我们现在所熟悉的前端工程师、后端工程师、算法工程师等开发者角色，每个人都能通过 AI 进行一些开发工作。

我认为针对开发者的工具并不会消失，这是一个渐进的过程。未来可能会出现 AI 完成大部分开发工作的情况，那时我们可能需要构建针对 AI 或 AI Agent 的开发者工具。这可能是我们当前需要考虑的人与 AI 共同参与开发的过程。

## 04 创业不是通过学习就可以做好的事

ZP：在创业过程中，与您最初设想最不同的地方是什么？

张佳圆：在创业之前，我阅读了大量的创业相关图书和资料，包括 YC 的课程。虽然我以为通过这些阅读和学习已经对创业有了很多了解，自认为可以避免一些常见的错误，但实际创业过程中，有些教训只有亲身经历过才会真正理解。例如，

### 13. AI 搜索应用：张佳圆，"95 后"创业 AI 搜索，三个月访问量超百万

YC 很早就建议创业者要"make something people want"，即要基于用户需求来开发产品，解决用户的真实问题。然而，在我们的产品开发过程中，仍然存在一个"拿着锤子找钉子"的阶段。很多道理，如果没有亲身经历过，是无法理解其背后的原因的。"知道"和"做到"之间存在着巨大的鸿沟。创业本质上不是一件仅通过学习就能做好的事情，因为它涉及的变量太多。

ZP：您是否曾经后悔过创业？在您的创业经历中，最痛苦的时刻是什么？

张佳圆：创业是我做过的较为正确的决定之一。我愿意承担创业可能失败的风险，因此我选择了这条道路。在整个创业过程中，虽然无疑我比在大公司工作时要累得多，无论是需要思考的问题、需要执行的任务，还是需要学习的新知识，都与以往截然不同，但总体来说，这段经历是充实的。

最艰难的时刻是在转型期间。我们尝试了两个方向，但都未能成功。那段时间，我感到非常迷茫和痛苦。如果无法妥善处理这些负面情绪，那么对创业来说就是不利的。然而，如果能从这些痛苦中吸取教训，那将是极大的收获。因为面对创业过程中的不确定性和重重困难最关键的是坚持。我通过与家人沟通和阅读来缓解这些痛苦情绪。

## 05 快问快答

ZP：您对人工智能的最大期待是什么？

张佳圆：最大的期待主要集中在以下几个方面。

首先，期待 2025 年能够涌现出更多创新的上层应用。尽管本地模型已经取得了显著的进步，但我们仍然期待看到更多富有创意和实用价值的应用实例。

然后，关注到一家名为 answer.ai 的公司，他们正在开发开源的训练框架。这一框架能够在家庭级别的 GPU（例如 4090）上进行大模型的训练，从而使得分布式训练成为现实。

最后，期待在 2025 年能够看到与 GPT-4 相媲美的开源模型。

ZP：向我们的读者推荐您最近阅读的书、给您留下深刻印象的文章，或者您认为有趣的人物。

张佳圆：我最近阅读了几本值得推荐的书，想与大家分享。首先是 *Founders at Work*，由 YC 的联合创始人 Jessica Livingston 所著。这本书通过采访多位公司创

始人，深入挖掘了包括 PayPal 在内的多家公司的早期故事，甚至涉及一些历史悠久的公司。这些访谈内容不仅有趣，而且充满洞见。

另一本我推荐给初次担任创始人角色的 CEO 的书是 *The Great CEO Within*，作者是一位在硅谷颇负盛名的 CEO 教练，曾为 Sam Altman、Stripe 的创始人，以及 Airbnb 的创始人提供指导。这本书堪称是新晋 CEO 的绝佳指南。

对于关注增长领域的读者，我推荐《硅谷增长黑客实战笔记》。这本书内容丰富，对于产品和增长领域的工作者来说，是不可或缺的阅读材料。

最后，对于从事产品和增长工作的同人，我强烈建议订阅 Lenny's Newsletter，这是一个极具价值的资源。

ZP：您在日常生活中有什么兴趣爱好？

张佳圆：总体而言，我是比较宅的人。自从创业以来，空闲时间变得有限。我偶尔的娱乐活动包括玩德州扑克，或者重新观看一些经典剧集，比如《绝命毒师》。

# 14. AI 机器人应用：高继扬，顶级自动驾驶交付经历，操盘通用机器人，受到多家顶级风投青睐

访谈时间：2024 年 4 月

本篇我们非常荣幸地采访到了星海图公司的 CEO 高继扬（图 14-1）。作为一位 1992 年出生的年轻创始人，高继扬的学术背景相当卓越，曾通过物理竞赛保送至清华大学电子系，随后在南加州大学跟随 Ram 教授学习，仅用 3 年时间便拿到了计算机视觉博士学位。

图 14-1 高继扬

毕业后，高继扬在 Waymo 和 Momenta 开始了他的职业生涯，这期间积累了宝贵的自动驾驶全栈量产交付经验。这段经历不仅锻炼了他的工程能力，还让他深入理解了 AI 落地的第一性原理，并获得了探索具身智能尺度定律（Scaling Law）的直接经验。

星海图的大部分团队成员是高继扬多年的战友和清华大学的师兄弟，公司成立不到一年就获得了包括百度风投、金沙江创投、IDG 在内的多家知名基金的投资。

在本篇的万字访谈中，高继扬详细地分享了他对于 AI 科研、工程实践、具身智能的商业落地，以及打造高效组织的深刻思考。我们对他基于第一性原理的思考方式、强烈的创业愿望、实地调研的精神印象深刻，同时也对他创业以来的快

速成长感到惊喜。我们期待通过文字记录，将这些宝贵的见解一一传达给读者。希望您能享受这次阅读！

## 01 从象牙塔到产业界，3年博士毕业，扛起多项量产工作，"90后"的高斜率成长

ZP：请先自我介绍一下吧。

**高继扬**：大家好，我是星海图的创始人高继扬。我出生于1992年，高中时期通过物理竞赛获得了保送至清华大学的资格。虽然我从小并没有觉得自己有什么特别之处，或者说没有表现出什么特别的天赋，但我确实一直渴望做一些不同寻常的事情。

我认为，能够区分一个人与其他人的，在于这个人是否拥有远大的志向和梦想，以及是否想要最大化自己对世界的价值。在这个过程中，我会不断地填补自己的不足，并且避免停留在舒适区。

我于2011年开始本科学习，大一和大二主修电子工程专业，大三时转到了微纳电子系。在大学期间，我就非常渴望创业，但当时我意识到芯片领域可能不适合刚毕业的年轻创业者。我的转折点是大四下学期在商汤科技的实习经历，那是我第一次接触人工智能和深度学习。虽然当时对这个领域的理解还比较模糊，但我隐约感觉到这些技术未来可能会让编程变得不再必要，也就是我们现在所说的软件2.0。

恰好在大四时，我也在考虑申请留学，我下决心一定要攻读这个方向的博士学位。后来，我联系到了在布朗大学任教的清华4班学长孙晨，通过他的引荐，我进入了南加州大学（USC）IRIS计算机视觉实验室，Ram Nevatia教授[1]成为我的导师。

在USC，我为自己设定了两个目标：一是坚持进行计算机视觉的研究，二是尽快完成学业，加速推动创业进程。我最初的目标是4年内完成学业，但实际上我提前完成了目标，只用了3年时间就毕业了。

2018年毕业后，我开始寻找工作，并决定先进入自动驾驶行业，于是我加入了Waymo，从事感知方面的工作。后来，我意识到Robotaxi商业模式存在一些问题，同时也对Waymo的一些情况有所了解，于是我回国加入了Momenta，从事量

---

[1] 编者注：Ram Nevatia教授是南加州大学（USC）计算机科学系在计算机视觉领域的研究专家，尤其在多目标跟踪领域取得了重要的突破。

## 14. AI 机器人应用：高继扬，顶级自动驾驶交付经历，操盘通用机器人，受到多家顶级风投青睐

产方面的工作。2023 年 4 月左右，我在完成量产系统的交付后离职，于 2023 年 9 月创立了星海图这家公司。

**ZP**：您在商汤科技实习时，AI 在哪个发展阶段？您在其中参与了哪些工作？

**高继扬**：当时，人工智能领域已经迎来了 AlexNet 的突破，而主流的深度学习框架有 VGGNet 和 GoogLeNet。在商汤科技实习期间，我主要参与了人体关键点检测项目，特别是针对人体肩膀和肘部的关键点进行检测。我内心深处非常感激商汤科技，因为当时在我几乎是一张白纸的状态下，公司给了我宝贵的机会去学习和成长。

**ZP**：作为一名 USC 博士毕业生，您面前展开的是广阔的职业选择，那么是什么特别吸引您投身自动驾驶领域的呢？

**高继扬**：在求职过程中，我对 AI 相关领域进行了全面考察，主要关注 4 个方向：首先是 AI+ 安防领域，其中商汤科技表现突出；其次是 AI+ 广告，Google 和 Facebook 在此领域提供了广阔机遇；再次是 AI+ 云计算，即通过云平台向用户提供开放的 API 服务；最后是自动驾驶领域。

我通过面试的方式接触了这些领域的公司，并最终选择了自动驾驶。我之所以做出这个选择，原因有两点：首先，自动驾驶是一个以 AI 为核心技术的行业；其次，它代表了一个更加广阔的未来——具身智能。

我认为自动驾驶实质上是一种 AI 机器人。从系统架构、产品定义到测试环节，自动驾驶与 AI 机器人都展现出高度相似性。自动驾驶可以被视为最简单的 AI 机器人形态，它的任务是执行在公开道路上从 A 点至 B 点的指令。因此，我决定先在 Waymo 从事自动驾驶领域的工作。

**ZP**：能分享一下在 Waymo 做出 VectorNet 的故事吗？

**高继扬**：在 Waymo，我与赵行（Waymo 成员）和孙晨（Google Research 成员）（如图 14-2 所示）共同研发了 VectorNet。VectorNet 是一种基于神经网络的预测和规划算法，与传统的基于规则和优化的方法不同。我们的初衷是利用深度学习技术解决问题，最初采用了 CNN。然而，到了 2021 年 8 月，我们意识到 CNN 在表征能力上的局限性，于是开始尝试用矢量方式表达地图，并采用图神经网络进行编码。恰好当时 Waymo 内部举办了一周的黑客马拉松（Hackathon），我们借此机会进行了尝试和突破，并最终将成果投稿至 CVPR。此后，许多自动驾驶项目也采用了类似的方法。

图 14-2　VectorNet 论文作者团队（赵行、高继扬、孙晨）

**ZP**：我们了解到继扬在 Momenta 作出了重要贡献，您能否介绍一下您在那里的工作内容？

**高继扬**：在 Momenta，我最初负责视觉感知项目，随后先后接管了定位、规划与控制、泊车、NOA 领航辅助系统及 AI 基础设施的产品开发。自 2022 年年初起，我开始专注于泊车项目，并在 4 个月内将泊车系统的成功率从 60% 提升至 95%，使其达到量产准备状态。同时，我还确保了定位系统的基本可用性。到了 2022 年 6 月，我正式开始负责 NOA 领航辅助系统，并接管了规控和 NOA 系统研发团队。2023 年 4 月，我们成功地将这一系统交付给了我们的客户——上汽集团。

## 02　创业序章，工程的本质就是测量 + 拆解，AI 的技术规律需要与商业模式匹配

**ZP**：什么时候有了创业的想法？

**高继扬**：大约是在读博期间，我设定了两个目标：一是加入 USC 的 IRIS 计算机视觉实验室，二是在尽可能短的时间内完成学业。我本身有创业的志向，但在那之前，我希望先在工业界工作几年，积累一些经验。我计划在美国工作一段时间。

创业的初步方向定在人工智能领域。毕业时，我明确了自己的目标：从事机器人研发。当时，"具身智能"这个概念还没有像现在这样流行。但我长期以来的思考是，以 20~30 年为周期，具身智能有潜力改变人类的生产力结构。我还有一个更基础的价值观：人类幸福的基础在于物质丰富和生产力水平的提高，这是实现幸福的一个必要条件。互联网改变了生产关系，但没有改变生产力水平。而 AI 加上机器人技术，则有可能从根本上改变人类的生产力结构。

**ZP**：为什么选择在国内创业？

**高继扬**：回国创业的原因主要有三个。第一个原因，我内心深处有一种强烈

## 14. AI 机器人应用：高继扬，顶级自动驾驶交付经历，操盘通用机器人，受到多家顶级风投青睐

的冲动：我想做事情。在美国，我可以过上轻松愉快的生活，物质上也能得到满足。但我总觉得自己的潜力没有得到充分的发挥。此外，我热爱我们的国家，并认可我们的国家，因此我想回国做一些有意义的事情。

第二个原因，我在 Waymo 实现了我想做的事情，并积累了丰富的工程经验。在学术和技术上，我做出了让自己满意的东西。同时，在 Waymo，我也接受了完整的工程训练，学会了如何拆解和测量复杂的工程问题。面对一个复杂的大问题，我会首先将其拆解成 3~5 个不那么复杂的小问题，然后对每个问题进行测量，即设定一个指标来评估问题。如果问题仍然复杂，我就会重复这个过程。最终，你会发现，一个复杂的问题在拆解到最基本的部分后，就是代码和针对代码的最基本的单元测试。

我也了解了自动驾驶的全栈解决方案，虽然我当时只负责感知部分，但我有机会学习和查看上层的代码。最后，我也带领了七八个人完整地完成了一两个项目：从框架定义到共同实现，再到上线交付，我都经历过。但这之后，我发现边际收益开始递减。

第三个原因，也是我真正下定决心回国创业的原因，是我看到了 Robotaxi 商业模式的问题，以及 Waymo 的一些问题。Robotaxi 商业模式与 AI 的技术规律不匹配，单次失效（试错）的成本太高，而 AI 的本质就是不断失效和迭代。高失效成本意味着商业闭环的难度大，很难做到单次失效成本小于两次失效间的收益。因此，我认为 Robotaxi 的商业模式存在问题，它在未来可能会出现，但可能不是现在这个阶段，也不是 Waymo 这样的模式。

同时，我也意识到 Waymo 的一些问题。首先，它将目标定为做区域级的 L4，这衍生出各种组织结构、迭代方法等问题。而像特斯拉这样的公司则不是区域级的 L4，而是大范围的 L2。其次，Waymo 没有一个真正意义上的创始人，没有人在公司里拥有绝对的决策权。这对于一个没有稳定业务的创业公司来说是很可怕的，因为出了问题没有人负责，也没有人有足够的权力去调整。因此，我决定做量产，因为量产的失效成本低、更容易落地。所以，我选择回国来做量产。

ZP：您刚才提到了工程的本质，那么科研工作是否也遵循类似的思路呢？

高继扬：任何工作都有其基本技能和方法论。例如，工程的基本功在于问题的拆解和测量。而在科研领域，也有其特定的思考范式。科研中最厉害的是那些能够提出问题的人。例如，为了解决图像分类的问题，有人提出了创建一个数据集——ImageNet。这是李飞飞的工作，她提出了问题并定义了问题，这被称为问

题的公式化（Problem Formulation）。

另一类科研则是针对问题提出重要的解决方案，比如 ResNet。还有一类研究是对现有方案进行增量改进。这种改进可以分为几种类型，比如在实验条件不变的情况下提高性能，或者在性能不变的情况下减少输入需求（例如从强监督学习转变为弱监督学习）。

以上这些就是科研的基本功。而工程的基本功则是问题的拆解和测量。美团有一句口号是"苦练基本功"，意思是说，90% 的工作都可以通过日常的基本操作来完成。通过重复使用有效的方法论持续解决问题，就能够取得 90 分以上的成果。

ZP：关于时机的选择，您为何在此时决定创业？另外，您之前主要从事自动驾驶领域的工作，这算是您职业生涯的一次转型吗？

高继扬：我一直有创业的愿望。在博士期间，我认为仅有学术背景是不够的，我需要在业界也积累一些经验。在 Momenta 工作到 2022 年年底时，我基本上负责了所有类型的工作，感觉继续下去的边际效益会递减。我的人生观主要有两点：第一，我想要对这个世界作出最大的价值贡献；第二，人生应该是一个享受的过程，应该去做自己想做的事情，不必虚度光阴。因此，我在 2022 年年底决定，一旦手头的量产系统交付完成，就离职创业。

在 2023 年离职时，我认为继续从事自动驾驶领域的工作没必要，因为特斯拉已经在这一领域取得了显著成就，形成了一个成熟的体系。在我看来，自动驾驶就是具身智能的一种形式，从系统架构、产品定义到测试，它们都有高度相似性。因此，我不认为自己是跨行，而是一直在同一条赛道上积累经验。

ZP：您在 Waymo 和 Momenta 的工作经历，对您当下在具身智能领域的工作有哪些影响？

高继扬：第一个影响在商业层面。我从 Waymo 和 Momenta 的工作经历中学到了关注两个关键成本：一是失效成本，即犯错的成本；二是数据获取成本。在我们观察到的所有成功的 AI 产品公司中，这两个成本都相对较低，例如 ChatGPT 和特斯拉的 L2 级别自动驾驶。而在失败的 AI 产品公司中，这两个成本通常都很高，比如 Robotaxi。

第二个影响是对生态位的思考。公司在整个大产业链中的生态位至关重要。不同生态位在产业分工中的毛利率不同，能够获取的数据也不同。这就是为什么我们坚持自己研发本体、自己设计整机，并直接向终端用户交付产品。中间不能

### 14.AI 机器人应用：高继扬，顶级自动驾驶交付经历，操盘通用机器人，受到多家顶级风投青睐

有隔阂，否则就会失去数据的自主权，长期发展会受到影响。

第三个影响是技术层面的。我至今认为在这两家公司的研发经验使我积累一套自动驾驶研发迭代的方法论，这与具身智能 AI 机器人的迭代方法论是相同的。它们的本质都是 AI，都需要通过数据闭环进行迭代。不同之处在于，机器人需要增加操作算法，因为机器人涉及操作和移动，而自动驾驶主要是单一移动。此外，在 Waymo 工作期间，我还养成了一种对工程的基本认知：工程等于拆解加测量。

ZP：在这次创业中，星海图的创始团队是如何集结起来的？

**高继扬**：我们的创始团队有 4 个人，如图 14-3 所示：我（左一）、赵行（右二）、李天威（右一）、许华哲（左二）。

图 14-3 星海图创始团队

天威是伦敦大学学院（University College London，UCL）的硕士毕业生，也是我在 Momenta 的同事。他通过校园招聘加入 Momenta，在短短五年内实现了四次晋升，最终担任高级总监，全面负责 SLAM 系统的开发。用"靠谱"来形容他再合适不过——他不仅能够高效交付成果、解决问题，还拥有一套成熟的方法论作为支撑。我对他处理客户问题的能力充满信心。在 Momenta 期间，我们共同完成了多个项目，合作非常默契。目前，他负责公司的本体和系统开发工作。

赵行是麻省理工学院（Massachusetts Institute of Technology，MIT）的博士毕业生，也是我在 Waymo 的同事。我们从 2023 年 2 月开始探讨创业计划。他具备高瞻远瞩的能力，能够清晰地定义方向，并在此基础上完成一两项具有突破性的工作。作为一位教授，他是我见过的少数既能洞察学术方向，又能深刻理解实际应用价值的人，同时对这一领域的未来发展充满热情。

华哲博士毕业于伯克利大学人工智能研究中心，现在是清华交叉信息研究院

的助理教授，领导具身智能实验室（TEA Lab）。华哲加入团队较晚，但我们已经相识多年，而且他和赵行之前在清华大学也是同事，关系良好。

我认为，我们整个创业团队在融资策略和商业化方面还需要锻炼，以成为更专业的创业者，以便在不同阶段能够更加从容应对。我们这个团队是真正意义上的相知相识、志同道合，彼此之间有默契和信任，有共同的理想和方法论。这是我们长期坚持这件事的重要保障，也是我们团队的独特之处。

## 03 探索具身智能尺度定律，低失效成本和低数据获取成本是关键

ZP：具身智能目前处于哪个行业发展阶段？您为何选择在这个时间点进入这个领域？

**高继扬**：我注意到了3个主要变化。首先，从硬件层面来看，之前的机器并不具备实现智能的条件。为什么现在条件成熟了呢？这在很大程度上得益于自动驾驶技术，它使传感器和计算能力的成本降低，并且技术更加成熟。然后，操作算法一直在快速进步，我们看到了一些能够以通用和泛化的方式解决问题的场景。最后，移动和感知能力在自动驾驶领域不断得到积累，这是一个从量变到质变的过程。这3个变化让我们认为，现在进入具身智能领域是合适的时机。

我们认为具身智能与大语言模型的关系并不密切。大语言模型的作用在于让机器人理解指令，但机器人的关键问题在于能否在物理世界中执行任务。只有当机器人能够执行任务后，理解的价值才能得到放大。

ZP：您提到了落地场景的重要性，那么您认为具身智能公司应该如何选择落地场景？

**高继扬**：在做出场景选择时，我们必须回归两个最基本的考虑：产品的失效成本和数据获取成本。至今，我们依然坚持用这两个成本来评估场景的优劣。此外，还有一个我们之前关注不足但至关重要的点：需求的存在并不意味着付费意愿，更不能保证付费是爽快、果断的，也不一定能迅速扩大营收规模。若我们无法在理想场景中实现商业闭环，则我们可能会成为行业的先烈。

我们曾短暂尝试介入社区最后一公里的场景。至今，我依然认为该场景存在需求。然而，其中最大的挑战是付费链条过于分散，缺乏一个能够集中收费的主体。因此，在进行场景选择时，我们也会密切关注客户的付费意愿是否强烈，以及付

## 14.AI 机器人应用：高继扬，顶级自动驾驶交付经历，操盘通用机器人，受到多家顶级风投青睐

费主体是否完整。社区最后一公里所面临的问题就在于付费方的缺失和不完整，付费者多为小 C 端客户，整体的付费意愿并不强烈。

在场景选择方面，我们还必须考虑技术是否能够落地实施。在 2024 年 7 月，我们会展示我们最终选择的场景。

ZP：对于具身智能，大家的期望是它能够具备泛化能力，并逐渐拓展到更多的应用场景。您如何看待具身智能在能力和场景拓展方面的发展过程？这一过程是线性的、逐渐推进的，还是像大语言模型那样存在突变点，能实现跳跃式发展的？在这一过程中，哪些因素是关键？

高继扬：这个问题涉及具身智能中的尺度定律。尺度定律的前半部分可能并不引人注目，但当它累积到一定程度时，便会引发显著变化。在进行场景选择时，我们同样会关注数据积累是否针对未来场景。

具身智能的最终应用将是在日常生活场景中，与人类互动。实际上，许多工厂的设计都与人的局限性有关。如果抛开这些限制，那么根据机器的能力重新设计，工厂可能会经历彻底的变革。具身智能最终服务于与人类交互的环境。因此，在进行前期的场景选择时，所获得的数据必须对未来产生积极影响，以便累积的数据能够应用于未来的移动和操作场景。

我认为，场景选择对于所有具身智能公司而言都是最具挑战性的任务。首先，你需要非常清楚技术领域的现状，了解我们在快速发展的技术中所处的位置。同时，你还需要对商业领域有较为深入的了解，各种需求都需要考虑、现场评估。我们的策略是采用递进式产品扫描，一圈一圈地查看，哪里不够深入就再看一圈。无论是生活场景、仓储物流场景，还是工厂场景，我们都在不断地进行深入探索。

ZP：您提到了选择对最终结果有贡献的场景数据的重要性。那么，这个数据集应如何分解，其中最珍贵的"数据金矿"是什么？

高继扬：让我们回到技术层面。我们所说的"一脑多形"涉及两个基础模型：首先是视觉感知基础模型，其次是运动控制基础模型，后者又细分为上肢操作模型和下肢通过及移动模型。

在视觉感知方面，通过传感器扫描获取的真实物理世界数据极为宝贵。我们需要找到获取这类数据的方法，并努力降低获取成本。

对于通过及移动能力，我们可以将其分为两部分。第一个部分是，复杂场景

的路径规划问题：在众多的人和障碍物中，机器人如何规划路径。我们通过模仿学习来解决这个问题，观察人类在复杂场景中如何行走。第二个部分是，机器人在困难且复杂的地形中如何通过。我们采用强化学习来应对这一挑战。真实环境数据至关重要，我们可以在仿真器中使用地形数据进行训练。

上肢操作是最为复杂的，对其的认知也存在分歧。一些公司和团队认为结合仿真器的强化学习是通往最终解决方案的道路。然而，我们的观点非常明确，至少在未来 3 年内，这种方法并不可靠。

在初始阶段，我们必须依赖真实数据结合模仿学习。真实数据指的是人类操作的方式，需要在现实世界中获取。必须使操作数据的获取建立在完整的商业闭环之上，以降低数据获取成本。

同时，对算法的要求是高效学习：是需要 10 次遥操作就能学会，还是需要 100 次、1000 次才能学会。学习效率直接关系到商业上的可行性，因为这与边际成本直接相关。

我们认为在操作技术的发展中仿真器结合强化学习的方法起着重要的作用，但并非主导作用。主导方法应是真实数据结合模仿学习。归根结底，技术是主导变量，对技术的认知决定了如何构建产品和商业闭环，这确实是一个复杂的过程。

ZP：根据您提到的这些技术特点，您认为具身智能是否具有先发优势？

**高继扬**：我认为从事人工智能领域的工作，就如同曾国藩所言，需"结硬寨，打呆仗"。我并不十分相信，一个小团队在短时间内能够创造出卓越的成果，因为 AI 的发展实质上是一场"暴力美学"的体现。所谓"暴力美学"，就是通过持续不断的努力，逐步向前推进。在这个过程中，确保方向的正确性及迭代的高效率至关重要。

因此，我们常说，在 AI 领域，并不存在所谓的魔法，唯有在正确的方向上进行高速迭代。对于具身智能而言，公司的核心竞争力在于持续的数据获取能力和高效的数据运用能力。至于先发与后发，这取决于我们能够在多大程度上、以多快的速度建立这两方面的能力。

ZP：您是否认为具身智能可能会遵循计算机视觉领域的发展模式，即由学术界提出更优秀的模型架构和公开数据集，从而推动其发展？

**高继扬**：对于模型架构，学术界完全有可能提出更优秀的架构。在

### 14. AI 机器人应用：高继扬，顶级自动驾驶交付经历，操盘通用机器人，受到多家顶级风投青睐

Transformer 模型问世之前，尽管 CNN 和 LSTM 在 NLP 领域的应用存在局限，但它们仍然是当时的主流选择。

然而，在数据方面，我认为改进的空间有限，关键问题还是在于数据来源。对于真实数据，我们需要以低成本的方式进行采集，而数据采集的成本与商业模式的闭环紧密相关。

至于仿真数据，我的基本观点是，虽然在学术研究中小规模使用是可行的，但将其应用到现实世界中则存在诸多问题。我们坚信，数据获取和使用的能力才是真正的核心竞争壁垒，因此我们应致力于构建并加强这一壁垒。

ZP："一脑多形"的路径选择是否已成为行业的共识？是否存在不同的观点或非共识？

**高继扬**：有些公司选择专注于具身智能的"脑"，为其他企业提供技术支持。然而，我认为我们还是应该回归到获取数据的根本问题上。根据目前的认识，自行开发"形"（即产品和应用场景）是一种有效的数据获取方法，因为这样可以完全控制产品和用户场景。

ZP：您如何看待强化学习在具身智能领域的成熟度？

**高继扬**：强化学习在机器人 Locomotion 领域已被证明是非常可靠的。无论是双足还是四足机器人的 Locomotion，背后的强化学习算法都是相通的，模拟环境也是一样的，只是本体存在一定的差别。原因在于 Locomotion 的奖励设计相对简单，主要是保证机器人不摔倒。

然而，在操作领域的强化学习就复杂多了，奖励函数的设计非常困难。例如，拿起水杯倒水这个任务，关键是要确保水不会洒出来，这样的奖励在模拟环境中是很难设计的。尽管大家都在积极探索强化学习在操作领域的应用，但目前来看，还没有找到可靠且能落地的解决方案。

ZP：从这个角度来看，数据采集的速度是否主要取决于硬件部署的速度？而不是我们通常认为的，通过数据驱动的方式，可能在某一天实现一个突破性的进展？

**高继扬**：在这里，我们可以通过图表来阐述这个概念。图表的横轴代表时间，纵轴代表智能程度。我们可以绘制两条曲线，每条曲线代表一种类型的机器人。

传统的轮式机器人，其智能程度的前期增长速度很快，但存在一个较低的上限。这是因为它们无法进入许多场景，缺乏商业闭环和数据闭环。

双足人形机器人，尤其是那些配备灵巧手的机器人，拥有非常高的智能上限。然而，在当前阶段，它们的增长速度非常缓慢，这是因为成本高昂，难以形成商业闭环。

因此，对于致力于发展智能技术的公司而言，主要任务在于选择合适的产品形态，以确保在 3～5 年的发展周期内，智能程度能够实现最高的增长斜率。在这里，"一脑多形"中的"形"是手段，"脑"才是最终目标。

ZP：具身智能的尺度定律的实现路径可能是什么？您认为行业目前处于哪个探索阶段？实现尺度定律的关键变量有哪些？

**高继扬**：客观地说，具身智能的尺度定律目前仍处于早期探索阶段。我认为，它在商业化的道路上可能与 GPT 有所不同。GPT 直到发展到 GPT-3.5 阶段才开始展现出商业价值，到了 GPT-4 阶段才实现爆发式增长。

具身智能则不必等到 3.5 或 4.0 的阶段就能具备商业价值。在公司发展的初期阶段，仅需要一个形态和一个场景就能产生商业价值。具身智能在尚未实现真正意义上的场景通用性之前，就已经能够创造商业价值。这是我们持乐观态度的原因之一。

实现尺度定律的核心条件是数据。数据虽然不是充分条件，但永远是必要条件，没有数据是万万不行的。任何 AI 的尺度定律都需要满足三个要素：大量高质量的数据、可扩展的训练目标，以及具有强大表征能力的模型。对于具身智能而言，我们目前仍然面临数据不足的问题。尽管我们已经明确了训练目标，但实现这些目标仍需要时间。

ZP：：创业公司是否有机会率先实现尺度定律？

**高继扬**：我认为关键在于人才。目前看来，最有潜力实现尺度定律的人才主要集中在创业公司。大型企业通常缺乏那种特别敏锐且对未来有坚定信念的人才。大型企业也不太可能允许员工对未来有过于坚定的看法（笑）。因为在大型企业中，你做什么并不完全取决于你自己的意愿，而是取决于你老板的意愿。

ZP：您如何看待中国在具身智能行业中的地位，中国在这一领域有哪些优势和劣势？

**高继扬**：客观来看，与大语言模型领域相比，中国在具身智能行业的发展与美国相对同步。在人才方面，虽然中国的总体人才储备可能不如美国丰富，但我

**14. AI 机器人应用：高继扬，顶级自动驾驶交付经历，操盘通用机器人，受到多家顶级风投青睐**

们顶尖人才的质量毫不逊色，并且仍然有杰出的华人愿意回国发展。中国真正的优势在于拥有美国所不具备的独特场景，而数据正是从这些场景中产生的。

**ZP：** 您认为具身智能和大语言模型这两条技术路径是并行发展的，还是存在一定的依赖关系？

**高继扬：** 我认为具身智能和大语言模型是并行发展的，它们之间并不存在依赖关系。具身智能的最终架构可以分为三层：顶层由大语言模型或多模态大语言模型组成，负责理解和任务意图的拆解；中间层是指令集；底层则是基础模型，包括感知和运动操作的基础模型。顶层和下面两层是解耦的，顶层由大语言模型公司负责，而下面两层则由具身智能公司发展。

**ZP：** 如果 OpenAI 的下一代多模态模型问世，这会对您的观点产生什么影响吗？

**高继扬：** 我们还是需要回归到一个最基本的问题：多模态大模型所依赖的数据类型是什么。多模态大模型主要依赖于互联网数据，但这些数据中往往缺乏丰富的 3D 信息。对于具身智能而言，3D 信息是独特且至关重要的。单靠互联网数据是无法学习到 3D 结构的。虽然 Sora 等模型展现了对物理世界的一定理解能力，但实际上它们所做的是渲染，而机器人需要的是重建。这两者虽然有关联，但并不完全等同。

**ZP：** 您如何看待具身智能未来的市场格局？

**高继扬：** 关于具身智能未来的市场格局，我认为在初期阶段，这一领域的公司大多会专注于 ToB 市场。ToB 市场很难形成垄断，因此可能会出现多方共存的状态。不同公司在探索的场景上可能会有显著差异，但最终这些探索会聚焦到几个能够取得实际成果的场景上。在这个过程中，创始团队的技术理解、对场景的洞察力，以及执行速度将决定最终市场份额的分配。总体而言，我预计未来将有 4 家到 5 家公司在具身智能领域同步发展。

## 04 打造有战斗力的团队，实现具身智能体服务世界

**ZP：** 您认为公司的发展可以分为几个阶段，并且每个阶段大致需要多长时间？

**高继扬：** 公司的发展可以分为三个主要阶段。

**初始阶段：** 在这个阶段，我们的产品将专注于一个特定的形态与一个元场景

的匹配。这个阶段的关键是确保产品与市场需求的契合，以及技术的初步验证。

**扩展阶段**：随着公司的成长，我们将开发第二种形态，以适应更多的场景。这个阶段的目标是扩大产品的应用范围和市场覆盖。

**成熟阶段**：在经历了前两个阶段的场景和形态积累后，我们的"脑"（即智能系统）将变得非常强大。这个阶段的"脑"可以通过简单的适配，部署到其他"形"上，类似于 GPT 的发展路径，从 GPT-1 到 GPT-4，并推出 GPT Store，让用户可以直接使用模型。为了让机器人达到 GPT-4 的水平，我们需要在"一脑一形"的基础上，逐步增加元场景，使"脑"变得更加通用，降低部署成本和边际成本，并开始对外开放。

预计第一阶段需要 3~5 年，一旦成功，公司将拥有稳定的现金流。达到第二个阶段可能需要 6~8 年的时间。

**ZP**：海外的 Physical Intelligence 公司似乎打算直接从第三个阶段开始发展。您如何看待他们的这种发展路线？

**高继扬**：我们内部讨论过，但还没有完全理解 Physical Intelligence 如何解决数据获取的问题。数据是所有公司都必须面对的挑战。我们了解到，他们可能会购买一些机器人本体进行部署，以收集数据。

**ZP**：在未来的一两年内，公司发展最关注的三个问题是什么？

**高继扬**：首先，融资是公司当前阶段的首要关注点。在这个阶段，资本起着决定性作用，它决定了哪些公司能够继续留在市场上竞争。其次，公司需要关注业务发展，即确定哪些场景是可行的，哪些不可行，并逐步针对场景进行深入探索。最后，组织建设也是关键问题之一。公司作为一个整体是否具有战斗力，对于公司的长期发展至关重要。

**ZP**：您认为如何构建一个具有战斗力的组织？

**高继扬**：打造一个有战斗力的组织，首先要求每个成员都具备独特的专业技能，并且能够与团队上下游环节有效衔接，形成一张紧密协作的网，从而增强整个团队的战斗力。

其次，组织文化至关重要。对于顶尖人才来说，他们不需要传统的绩效管理，而更需要文化的引导。我们需要以正确的方式引导团队，对高素质人才进行明确定义，对研发的迭代方法进行规范，并强调客户价值的重要性。

### 14.AI 机器人应用：高继扬，顶级自动驾驶交付经历，操盘通用机器人，受到多家顶级风投青睐

在我们公司，我们推崇的人才素质是"两心两力"：好奇心、求胜心、反思能力和行动力。因为我们从事的是突破边界的工作，这要求团队成员有强烈的好奇心去探索未知领域。在探索过程中，求胜心驱使我们克服困难，反思能力帮助我们不断迭代进步，而行动力则是将一切理念转化为实际成果的关键。

我们不在乎员工的起点高低，我们更看重的是他们的迭代速度和进步潜力。

ZP：星海图的长期愿景是什么？您希望公司未来成为一个怎样的企业？

高继扬：星海图的长期愿景是"具身智能体服务世界"。我们希望在全球范围内，能有 100 亿台机器人为 100 亿人提供服务。虽然这个数字听起来非常庞大，但我相信在我们有生之年可能会见证这样的世界。届时，平均每台机器人将服务于一个人，劳动将成为一种选择而非必需。当然，实现这一愿景并非仅靠我们一家公司，而是需要整个行业的共同努力。

## 05 快问快答

ZP：您是否有印象深刻的书，可以推荐给我们的读者？

高继扬：我推荐大家阅读《曾国藩的正面与侧面》。这本书对我影响深远，特别是在我大四申请学校遇到困难的时候。书中讲述了曾国藩 40 岁前后截然不同的人生阶段。40 岁之前，他是儒家清流，以高道德自居，不愿与世俗同流合污。然而，40 岁之后，他组建湘军，平定太平天国之乱，成为清朝的重要大臣。

曾国藩的转变源自他 30 岁至 40 岁间遭遇的一系列挫折，他意识到想要成就大事，单靠道德高是不够的。他领悟到，评价一个人的标准，不仅仅在于道德的高度，更在于当他想要做一件事情时，能够动员多大的力量，并且最终能够成功实现。

这个观点也适用于我个人的成长。我认识到，评价一个人，不应仅仅基于他的技术和学术成就，更重要的是他在现实世界中能够实现多大的成就，拥有多大的能量去完成这些事情，并且能够交付成果。这本书帮助我在心态和认知上实现了重要的转变。

ZP：在创业的道路上，有哪些人或事情对您产生了影响？

高继扬：首先，我的创业伙伴们对我产生了深远的影响。他们是我们团队的核心，共同追求我们的创业梦想。其次，我的妻子也对我影响巨大。她不仅全力支持我，而且深刻理解我所从事的工作。

创业既需要对于远大目标的坚定信念，也需要内心的平和与安定。我的坚定来自对梦想的执着追求以及团队的支持，而我的安定则来自家庭作为我的坚强后盾。

**ZP**：首次担任 CEO，您感觉创业的压力如何？

**高继扬**：我感觉压力还在可控范围内。具身智能是我毕生追求的事业，因此短期的得失和进展速度对我来说都是过程的一部分。我曾问过自己为什么一定要选择创业，我得出的答案是，我享受这个过程，这是我想要亲身体验的旅程，所以压力对我来说是可以接受的。

我认为，通常压力和焦虑来自行动不足，也就是做得不够，该做的事情没有去做。因此，我应对压力的方法首先是全力以赴地去行动，这是在我的主观能动性范围内的。同时，我还需要学会放空自己，学会拿得起、放得下。

**ZP**：您期待什么样的人加入星海图？

**高继扬**：我们期待具备"两心两力"特质的候选人加入星海图：好奇心、求胜心、反思力和行动力。同时，我们也希望他们拥有在具身智能领域脱颖而出的"手艺"。

**ZP**：在过去一年中，AI 和机器人领域有哪些进展让您和您的团队感到最为兴奋？

**高继扬**：我认为，仅仅停留在演示阶段的工作并不能让我感到兴奋。然而，如果特斯拉基于全自动驾驶（FSD）V12 版本推出的 Robotaxi 取得了不错的成效，那么我会认为这是一项真正令人印象深刻的成就。这是因为它不仅在现实世界中产生了显著的影响，而且证明了这一技术路线的可行性。

**ZP**：您是否预期到 FSD 的 V12 版本能够达到现在的能力水平？

**高继扬**：我认为 FSD 能够找到具身智能在公开道路上的尺度定律是在意料之中的。这也验证了我之前提出的方法论是行之有效的。

**ZP**：您通常通过哪些渠道来持续学习？

**高继扬**：虽然信息来源可以多样化，但我逐渐认识到，公开信息并非总是最佳渠道。公开信息的召回率和精确度往往并不理想。不过，我认为我们这个公众号提供的信息质量还是非常高的（笑）。

对于创业者来说，关键且有价值的信息主要来自两个层面。首先是行业前沿

### 14.AI 机器人应用：高继扬，顶级自动驾驶交付经历，操盘通用机器人，受到多家顶级风投青睐

的进展，最好通过阅读学术论文来获取第一手资料。其次是产业场景的信息，这必须通过实地考察来获得，而不是仅仅依赖他人的描述。

ZP：最后一个问题，您是怎么定义 10 年之后的自己的？

**高继扬**：我认为这还得回归到我基本的人生观："高继扬尽了他最大的努力，为这个世界作出了有积极价值的贡献。同时，在这个过程中，他并没有虚度光阴，而是充分享受了这 10 年的人生时光。"

# 15. AI 内容应用：沈洽金，前千万用户应用闪聚创始人，用 AI 做新一代交互式内容

**访谈时间：2024 年 5 月**

本篇我们荣幸地采访到了 IdeaFlow 的首席执行官沈洽金先生。沈先生是一位富有经验的连续创业者，他的职业生涯起步于 Web 时代，专注于互联网产品的开发，并经历了从 Web 到 Mobile 再到 AI 的三次技术浪潮。他曾经成功创立了拥有千万用户的互动视频平台——闪聚互动。在这段创业历程中，沈先生积累了丰富的经验，对年轻用户的需求、产品增长和商业化有了深刻的洞察。

随着生成式 AI 技术的兴起，沈先生和他的团队看到了创造全新内容体验的巨大潜力。他们憧憬着这样一个未来："用户每一次的输入，都能得到精准匹配的内容输出，从而享受到独特的互动体验。"正是这样的愿景，激励着他们全身心地投入 AI 创业，创立了 IdeaFlow。

让我们共同聆听沈洽金先生和 IdeaFlow 的故事，享受这次知识的盛宴！

## 01 从个人站长到第一次创业

**ZP：** 请先自我介绍一下吧。

**沈洽金：** 我大约在 2005 年或 2006 年开始成为一名个人站长，当时我正在读高中。成为一名个人站长相对简单，主要工作就是抓取程序和图片来建立内容网站，然后通过 SEO 优化来获取流量，并最终通过广告实现赢利。

2008 年，我开始读大学，并开始系统地从事站长和开发工具的工作。在大学期间，我参加了一个名为"挑战杯"的创业大赛。在这个比赛中，一位评委老师注意到了我，并询问我是否有兴趣帮助中邮阅读（中国邮政旗下的电子杂志公司）进行 App 转型。因此，我带领着我的团队共 6 人前往北京，负责他们的创新事业部。

在 2013 年至 2014 年年初的那段时间里，我开始认真考虑开发自己的产品。我一直认为自己对流量和用户有深刻的理解，但我们开发的大多数产品都只是昙花一现，缺乏持续性。作为移动时代的第一批用户，我从 Windows Mobile 到第一个版本的 Android，早就意识到移动互联网是一个大趋势。当时，在 Web 领域已经很难再创造出有影响力的产品，但移动应用给我们提供了新的机遇。

## 15. AI 内容应用：沈洽金，前千万用户应用闪剧创始人，用 AI 做新一代交互式内容

ZP：您的第一段创业是怎么开始的，经过了什么样的过程？

**沈洽金**：我第一次正式创业是在 2014 年，当时我成立了一登科技。在一登科技时，我们的目标是开发一款通用身份验证产品。那时，人脸识别技术取得了重大突破，商汤科技的前身 MMLab 在 ImageNet 上的准确率已经超过了 99%。结合智能硬件和 O2O（线上到线下）的趋势，我们认定通用身份验证是一个极具潜力的应用场景。恰好那时，商汤科技也处于起步阶段，因此我们决定由商汤科技提供技术支持，共同创立了一登科技。

在那个时期，我们遇到了诸多挑战，包括产品开发和资金筹集等方面的困难。回顾过去，我们总结出的最大经验教训是：商业逻辑、技术发展和产品逻辑并不总是一致的。

## 02 抓住二创内容红利，打造千万用户量级应用

ZP：闪聚这段创业历程是怎么开始的？有什么故事？

**沈洽金**：到了 2017 年年底，随着短视频和移动互联网内容领域的基础设施日益成熟，出现了面向消费者（ToC）的大规模用户增长的机会。我判断这是一个创建具有高日活跃用户（DAU）级别的交互式内容平台的好时机。那时，用户在视频内容上的消费时长和 DAU 规模已经远远超过了图文内容，同时我们也注意到了各种新型交互产品的出现。因此，我们决定采用互动视频的形式，打造一种游戏化的视频内容消费体验。

我们先从开发编辑器开始，然后再推出消费端产品。尽管我们最终没有成功地打造出一个内容平台，但在那个时期，技术已经相当成熟，很难创造出全新的互动体验。因此互动视频相较于短视频在体验上的提升并不明显，而创作门槛却提高了许多。

幸运的是，在这个阶段，我们培养了对流量环境的高度敏锐感，并成功实现了商业化闭环。我们是第一批享受到腾讯 QQ 小程序流量红利的开发者。通过手Q 小程序的生态，我们获得了超过 6000 万用户，日活跃用户最高达到 100 万。当时的环境下，广告的每千次展示成本（CPM）较高，获客成本也相对较低，这让我们相对轻松地实现了业务的闭环。然而，我也意识到，传统的社交裂变方式（如转发到微信群和朋友圈）已经逐渐变得不那么有效，而内容平台正在逐步占据用户的时间，更大的机遇在于通过内容来驱动增长。

因此，我们在这个方向上进行了深入探索，并与沙盒游戏《迷你世界》展开了业务合作。开发《迷你世界》的深圳迷你玩科技有限公司对我们进行了投资，我们的产品也作为一种内容类型在此游戏中进行分发。《迷你世界》作为一个沙盒游戏，拥有大量基于游戏进行录屏创作二次内容的用户，这些内容在快手上的播放量达到了 800 亿次，仅次于《原神》。这标志着利用内容带动增长的新趋势，我们一直在实践中探索这一方向。

## 03 抓住 AI 变量，打造新内容平台

ZP：您是什么时候开始关注生成式 AI 的？为什么选择在 AI 赛道创业？

**沈洽金**：我一直密切关注新技术的发展，尤其是那些有机会被大规模消费者（C 端）采纳的技术。生成式 AI 能够有效解决我们之前在互动视频创作中遇到的问题：一是提升互动内容的体验，二是进一步降低内容创作的成本。生成式 AI 带来的最大价值之一，就是每一次输入都能得到一个高度定制化的输出，这提供了一种强大的互动体验，是其他游戏难以实现的。

当然，目前生成式 AI 还存在一些不足，比如在感官刺激方面不如制作精良的游戏，其模态主要是图文和语音，视频效果还相对粗糙。但技术仍在不断发展，目前的 AI 能力已经有机会实现产品市场契合（PMF）。关键在于如何选择初始的目标受众，青少年，尤其是女性用户是一个很好的冷启动人群。市场上针对小男生的游戏已经非常丰富，而服务于小女生的互动内容和游戏却相对较少。精准定位这个人群，也是《迷你世界》和《蛋仔派对》等产品能够快速增长的关键。

同时，现在 AI 领域的融资额巨大，这说明许多聪明的人和"聪明的资金"都开始涌入这个行业。这与我们过去初次接触深度学习时的情况大不相同。资金将持续流向 AI，这将推动技术的发展。

另一个我持续关注的趋势是 AI 领域的开源情况。我们曾预测，像微软加 OpenAI 这样的闭源组合会给行业带来很大的压力。正因这种压力，大公司如 Meta，以及学术界的科学家们都会持续为开源领域作出贡献。

ZP：请您介绍一下 IdeaFlow 的核心创作工具和内容平台，灵感是怎么来的？

**沈洽金**：在"造梦次元"平台上，用户消费互动内容，而在"IdeaFlow Studio"上，创作者可以创作内容。IdeaFlow 平台整合了闭源和开源模型，并加入了工程模块

## 15.AI 内容应用：沈洽金，前千万用户应用闪剧创始人，用 AI 做新一代交互式内容

和游戏化元素，如各种配置项，使得内容创作变得像搭积木一样简单，同时也能够提升 AI 互动内容的创作上限。

举个例子，我们的产品支持创作者轻松搭建一个角色 ChatBot，同时也支持构建更复杂的玩法，比如"白切黑"玩法。在这种玩法中，随着角色怒气值的提升，角色的性格可以从礼貌友好转变为"腹黑"。通过搭积木式的编排方式，引入多种能力，角色甚至能够了解当前发生的事件和当前的天气情况（界面如图 15-1 所示）。

图 15-1 IdeaFlow 平台界面

复杂的玩法可以固化成模板，高阶创作者可能会像剪映的模板创作者或专业的剪辑师一样工作，而常规创作者只需使用模板并替换素材即可。我们将提供创作者社区和便捷的工具，以促进创作者之间的交流和协作。通过这种方式，我们既保证了内容产出的低门槛，又提升了内容创作的高上限，就像短视频剪辑可以很简单，也可以非常炫技一样。

**ZP：**不是依赖 AI 大模型来解决这些烦琐的事务，而是采取工程化的方法。您能否详细介绍一下这一理念？

**沈洽金：**我们产品的设计理念源自对互动内容和人工智能的深入理解。我们坚信，确保内容体验的质量是至关重要的。目前，对于 AI 的能力，我们并不抱有不切实际的无限期望。相反，我们认识到，为了保障用户体验，需要在 AI 的基础

上进行额外的工作。此外，我们一直推崇"搭积木"式的软件设计哲学。我们认为，世界上最好的系统都是由几个基本模块和简单规则构成的，这些规则共同创造出极大的自由度、可能性，以及复杂性，同时也使得创作过程尽可能直观易懂。我们期望在未来，用户能够在我们的工作室中，通过类似搭积木的方式，创造出丰富多彩且具有高度互动性的 AI 内容。

ZP：AI 内容平台方向的竞争很激烈，为什么选这个方向？

沈洽金：在这个充满竞争的赛道上，最令人畏惧的莫过于为了避免竞争而选择一条无人问津的道路。我认为，我们在这一领域的胜算极高。首先，我们选择 AI 作为内容平台的核心，是因为新技术能够带来前所未有的内容体验。AI 的独特之处在于，它能够根据每次输入提供高度定制化的输出。基于这一特性，再结合一系列精心设计的包装，我们能够将互动体验提升到极致。

目前进入这一领域的竞争者普遍存在经验上的不足。他们要么对互联网了如指掌却对 AI 知之甚少，要么是大模型公司，对内容生产不甚熟悉。这导致他们需要花费大量时间进行试错。这正是我们当时所观察到的情况。我们过去的经验使得我们在这两个方面都拥有丰富的资源和专业知识，这为我们服务目标人群提供了巨大的优势。既然这是一条潜力巨大的赛道，我们为何不积极投身其中呢？

ZP：在闪聚之后，为什么又一次选择了从创作工具开始？

沈洽金：内容平台作为一个双边市场，供需匹配的决策和节奏把握至关重要。在我们看来，优质的内容体验应始终放在首位。只有内容体验出色，才能吸引用户参与，进而激励创作者持续产出内容。创作者可以分为两类：一类是因热爱而创作的，例如在传统或经典内容领域，创作者和消费者已形成小圈子，并逐步扩大影响力；另一类创作者则具有较强的商业意识，他们创作内容不仅出于兴趣，更有通过内容谋生的强烈愿望，对他们而言，创作既是兴趣也是职业。随着越来越多的创作者能从自己的作品中获得经济收益，他们成为自媒体行业的自雇者。

我们的发展路径也遵循这一原则，首先确保内容体验的优质。目前，仅依靠模型能力还无法达到理想的效果，技术尚未发展到那个阶段。因此，一个优秀的工具至关重要，它需要具备可控性，能够发挥 AI 的优势，同时规避其不可靠的部分。通过结合创作工具、创作者的才能和 AI 的能力，我们能够保障优质内容的持续产出。只要内容受到用户喜爱，商业化便是水到渠成的事。至于创作者这一端，他们也在期待新平台的崛起和新的流量红利，所有敏锐的创作者都会积极拥抱新的内容形式（界面如图 15-2 所示）。

## 15. AI 内容应用：沈洽金，前千万用户应用闪剧创始人，用 AI 做新一代交互式内容

图 15-2　内容平台界面

**ZP**：许多大语言模型产品最初的用户群体往往是二次元原创（OC）爱好者，为什么你们没有选择这一群体作为你们的主要创作用户呢？

**沈洽金**：我不会选择从一个特定的圈子开始冷启动，因为这样可能会开发出许多功能，以满足特定圈子的用户需求。当我们试图扩大用户基础时，可能会遇到难题。例如，某个大语言模型产品多年来一直难以增长，可能是因为这个人群只能支撑起大约 50 万的日活跃用户（DAU）。

短视频平台催生了一大批具有强烈经营意识的 KOL/ 网红，他们每天都在思考如何捕捉热点、吸引流量、制作爆款内容，以及如何在直播间提升人气。我更倾向于这种类型的创作者。这个人群规模庞大，通过他们获取客户的成本也相对较低。移动互联网已经多年没有出现爆款产品了，最近的爆款产品"蛋仔派对"，也是通过短视频内容获客，并结合针对稍低龄用户的策略成功推广起来的。以这个人群作为启动用户是不太会有问题的。

在某种程度上，我们成功地避免了直接竞争。目前市场上从事智能体开发的企业，若不考虑工具类方向，那么主要方向便是 AI 社交。然而，我们经过深入分析后认为，AI 社交方向在基础性和大众化方面存在一定的局限性。因此，我们将自身定位为一个互动内容产品提供商。

我们专注于内容创作，通过优质内容吸引用户并构建竞争壁垒。在产品设计方面，我们力求保持简洁与中性，以适应不同用户的使用习惯。我们希望核心产品足够基础，具备强大的兼容性，能够随着内容的不断丰富而覆盖更广泛的人群。产品的整体调性应是包容的，以适应不同用户的需求。

在内容方向上，我们不会设置过多限制，而是坚持"泛化再泛化"的原则，致力于制作最受广大受众喜爱的内容，并为这些内容提供良好的基础设施支持。

专注于垂直细分市场的小众人群，存在两方面潜在问题：一方面，可能难以有效扩大用户基础；另一方面，可能会陷入激烈的竞争，导致投资回报率（ROI）较低。目前 AI 工具这一类别也面临着类似困境，其受众人群相对较小，众多企业在竞争中努力拓展市场，但获客成本居高不下。

我们希望吸引的是大众人群，包括那些不关注 AI 的人，以及尚未意识到会使用 AI 产品的人。当这些人群开始广泛使用我们的产品时，那才是我们成功的标志。

因此，我们的产品实际上并未过度强调 AI 特性。我们希望产品更具人性化，让用户无须因 AI 而使用产品，而是因为内容本身有趣而被吸引。至于背后所运用的 AI 技术，那是我们和创作者需要关注的领域。

**ZP：** 从技术角度来看，你们在系统工程方面进行了哪些具体的优化，以使内容生产更加精细和智能化？

**沈洽金：** 我们采用的 AI 工作流程设计，允许单个内容生产过程调用多个模型，或者让单个模型响应多个 Prompt 的联动。对于那些 AI 无法直接解决的问题，我们通过工程手段来解决，例如处理模型的记忆问题、让多个模型协作完成复杂任务，甚至调用插件、执行代码等。

举个例子，我们有一个哄睡聊天室的玩法，创作者可以让 AI 扮演一个木讷的理工男与用户聊天。当用户表示睡不着时，AI 会发送一段枯燥的科学知识供用户阅读。这里的聊天使用的是基于人设的小模型，科学知识则由一个大模型提供，同时还有一个模型对用户的聊天进行评分，以给出亲密度数值。通过不同模型的调度，我们能够克服单一模型能力有限的问题。

因此，我们非常关注 AI 能力的当前边界，并利用大量的工程化手段来解决大模型无法直接解决的问题。同时，我们也致力于最大化地利用当前的 AI 能力。我们密切关注大模型的发展，测试前沿的开源模型，并尝试许多小模型，探索新的效果，比如最近我们正在开发一个唱歌的小模型。我们的工具每天都在增加新功能，为创作者提供更多支持。对于一些较为成熟的模型，我们会进行推理侧的优化，以降低成本。

## 15.AI 内容应用：沈洽金，前千万用户应用闪剧创始人，用 AI 做新一代交互式内容

实际上，我们公司 80% 的精力主要用于工程开发，剩余 20% 的精力用于模型研究。我们不仅希望建立一个独立的 AI 平台，还希望成为中国 AI 生态中的重要一环。

值得一提的是，许多人对开源模型和自训练模型的推崇往往缺乏实践基础。实际上，开源模型的再训练并不简单，针对不同场景需要有不同的使用策略，甚至在不同的硬件上使用不同模型，其效果和成本可能会有显著差异。有很多细节需要注意，若不了解这些细节，则很容易在成本上吃亏。因此，我们更倾向于与模型提供方合作，例如，我们与商汤科技进行了许多联合工作，包括引入新模型和降低成熟模型的成本等。商汤科技在科研实力和研究的前沿性方面都非常强大，再加上我们深入的合作，新能力对新型玩法的推动将会非常迅速，从而让消费者能够更快体验到最新的 AI 技术。

ZP：你们实际上是一个非常注重如何最大化现有技术效果，并尽量降低成本的产品导向和应用导向的团队吗？

沈洽金：确实，我们可能是市场上最擅长计算投资回报率（ROI）的公司。我一直在密切监控算力成本，实际情况与我们 2023 年的预测非常吻合。特别是在推理环节，成本已经有了显著的降低。我们从获客成本、算力成本等各个方面都在进行精细的计算。

在数据分析方面，我们做得非常细致，这得益于我们之前在运营闪聚平台时的经验。我们会综合计算点击率（CTR）、用户留存率、长期留存率、用户使用时长、人均广告收入等数据，以得出 ROI。作为平台方，我们需要进行这些计算，而在我们的生态系统中，创作者和背后的模型提供方也同样需要进行成本和收益的核算。

ZP：与其他自研模型的聊天机器人平台相比，从长远愿景来看，你们的定位有什么不同？

沈洽金：首先，聊天机器人（ChatBot）和 AI 社交类产品的核心逻辑在于用户与智能体之间形成社交关系和陪伴价值。在这方面，我们的定位是一个内容平台，更像是剪映和抖音的结合体，以创作者生态和内容生态为核心。我们的愿景是让更多的创作者能够持续、有动力地创作。

从产品和组织逻辑的角度来看，我们更像是构建一个创作者生态，而不仅仅是一个产品或公司。我认为未来的趋势不再是单纯依靠产品来吸引用户，而是通

过内容来吸引用户。因为仅靠产品吸引用户的方式过于单一，而刚需已经得到了相当程度的满足。相比之下，内容则丰富多样。在移动互联网发展的后期，像小杨哥这样的创作者所获得的收益已经远超过大部分开发者。

ZP：目前产品的状态如何，整个业务的数据表现大致是怎样的？

沈洽金：我们的内容平台"造梦次元"自上线以来已经过去了大约十周的时间，目前日活跃用户接近15万，用户平均使用时长接近1小时。在实现高速增长的同时，我们的获客成本也控制得非常低。这主要归功于我们平台上不断涌现的爆款内容。这些内容不仅吸引了大量用户，还激励了众多创作者和二次创作者制作短视频，并将其发布到快手等平台。我们的增长逻辑基于对内容平台分发逻辑的深刻理解，以及对用户和内容的深入洞察。

## 04 快问快答：超越招式，融会贯通

ZP：在这些年的创业经历中，您有哪些收获和心境上的变化？

沈洽金：在一登科技创业期间，我们在技术工程化方面做了大量工作，但并未将这些技术广泛推广至广大用户。与此同时，FaceU等应用则成功地将人脸关键点定位技术大规模应用于C端市场，这无疑是一个技术发展实现大众化应用的优秀案例。我感到遗憾的是，自己没有抓住这样的机会。

在闪聚项目时期，我们从工程、产品、增长到商业化，形成了一个完整的实践闭环。这些宝贵的经验被融入我后来创建IdeaFlow的过程中。在IdeaFlow，我们已经积累了从新技术开发到产品化再到用户体验的一系列闭环经验。

我的心境也发生了几个变化。首先，我变得更加务实，利用现有技术迅速解决问题，同时保持对新技术的期待和敏感度。其次，我变得更加敏捷，能够快速测试市场反应，关注商业闭环，并逐步寻求更广泛的泛化。

在整个产业链中，我也积累了更多经验，思路更加开放，对行业趋势判断的准确性也提高了。

ZP：在2024年，你们是否遇到了一些弯路和挑战，以及是如何克服这些困难的？

沈洽金：我们面临的最大困难是AI的发展速度比预期的要慢。为了克服这一困难，我们选择了接受现实，并找到了利用现有技术的最佳途径，同时继续保持

## 15.AI 内容应用：沈洽金，前千万用户应用闪剧创始人，用 AI 做新一代交互式内容

对技术迭代的坚定信念。

ZP：有没有比较感兴趣的或看好的 AI 创业公司？

沈洽金：我对 Perplexity AI 抱有很高的期望，他们是一家非常注重场景应用的公司。此外，我也看好将 AI 技术集成到 Notion、Figma、Canva 这类产品中。我自己本身就非常喜欢这三个产品，它们在用户创作过程中有许多可以提高效率的地方，加入 AI 技术将会带来很大的改进。

ZP：在动荡的时代和快速变化的技术环境中，您通常会采取哪些措施来保持内心的平静？您会读哪些书来应对这种情况？

沈洽金：最近，我正在阅读李小龙的著作《生活的艺术家》，这本书收录了李小龙在武术和生活哲学方面的随笔。我非常认同他的生活哲学，这可能是因为他是一位实践主义者。特别是他提到的功夫修炼的三个阶段：初级阶段、艺术阶段，以及最终的无招阶段，越到后期越显得朴实无华。

在生活方面，我最近开始注重健身，希望保持良好的身体状况，为革命事业储备能量。

# 16. AI 内容应用：胡修涵，打造 AI 驱动内容生产新生态

访谈时间：2024 年 7 月

  本篇我们有幸采访到了捏 Ta（其界面如图 16-1 所示）的创始人胡修涵。修涵毕业于北京大学人工智能专业，在他的职业生涯中，先是从事 Facebook 视频产品开发，并得到了跨文化背景高管的认可；随后在阿里巴巴从事数据技术产品的研发，以及在特赞的关键时期参与了产品转型。最终，在生成式 AI 即将引领变革的关键时刻，他找到了一个将技术热情、创新理念和内容信仰完美结合的舞台——AI 驱动的虚拟角色创作平台捏 Ta。修涵的理念是："把握内容技术变革周期，坚持长期愿景，深耕大众初步理解却未深入探索的领域。"

图 16-1　捏 Ta 平台界面

  捏 Ta 是一个以生成式 AI 为核心的平台，专注于 AI 驱动用户创造丰富的虚拟角色和故事，并鼓励分享，以此塑造一个新的内容生产和消费生态。捏 Ta 已经深入 Z 世代用户的心智，深度用户每天在社区花费的时间达到 18 小时，每天生成超过 4200 张图片，并在小红书等平台上创造了单篇评论量超过 7000 条的内容。

  通过修涵的故事，我们可以预见一个技术与创意无缝结合的未来，以及一个真正以用户为中心，推动社会和文化向前发展的新时代。让我们共同期待和享受这个时代的到来。

# 16. AI 内容应用：胡修涵，打造 AI 驱动内容生产新生态

## 01 人工智能冬天的信仰者

ZP：请先自我介绍一下吧。

**胡修涵**：我从小就对计算机有着浓厚的兴趣，从六年级开始学习制作网页，到初中时开始参加各种竞赛，并考入了以竞赛氛围著称的雅礼中学，最终通过竞赛获奖保送到了北京大学。

然而，我很早就意识到自己在算法竞赛方面并不突出，相比之下，我更擅长工程实践。我最初从事网页开发，无论是前端还是后端都能胜任。我在算法方面的天赋不及那些 IOI 金牌得主，因此我在大学时期并没有参加 ACM 竞赛，而是专注于为学校开发一些特别的项目。比如，我们本科宿舍的分配系统和北大的社团管理系统都是我负责开发的。

当时我在北京大学的信息科学技术学院，这个学院有四个专业：计算机、人工智能、电子和微电子。我选择了人工智能专业。尽管那时人工智能正处于低谷期，深度学习尚未兴起，而前一代的回归算法如 SVM 也似乎走到了尽头。我们这批人工智能专业的学生确实是真正的信徒，选择在人工智能技术的寒冬时期加入。

在北京大学学习期间，我的主要研究方向是自动驾驶，包括 SLAM 和多传感器融合等技术。2012 年，北京大学和国防科技大学是中国最早开展自动驾驶研究的学校。然而，经过几年的研究和实践，我意识到当时的自动驾驶技术还不够成熟。所有的自动驾驶车辆本质上都是基于"if else"的条件判断的，这意味着它们的泛化能力不足，无法在各类场景中超越其他替代方案。

我逐渐认识到，在交通领域，替代方案众多，考虑到研发成本、前期投入和单次成本，自动驾驶在短途交通上无法与出租车竞争，在长途交通上也无法与有轨交通竞争。唯一的可能落地场景是港口的多式联运，但这并不是一个理想的出路。因此，我认为基于"if else"的自动驾驶并不可行，而最近端到端的视觉方案的成功也证实了这一点。

在决定放弃自动驾驶方向后，我在哥伦比亚大学读研究生期间开始转向机器人研究。那期间我发表了一篇关于如何让机器人熨烫衣服的论文。我们使用了当时最好的人形机器人 Baxter Robot，通过融合多传感器来实现熨烫衣服的功能，但本质上仍然是在进行规则判断。我意识到，为每个单独的场景应用智能所需的定制成本过高，这是上一代 AI 无法解决的问题。这也让我对 AI 的实际应用价值产生了疑问，当时的 AI 还不够成熟，我决定从更实际的产品开发开始做起。

2016 年至 2018 年，我在 Facebook 的第一个职位是工程师，我在那里得到了快速的成长。我加入了正处于风口浪尖的视频组，Facebook 当时有一个战略叫作"video first"，经历了 mobile first、video first、VR first 等几个阶段。

当时 video first 战略的核心是要解决两个问题：一是与其他平台竞争消费时长，二是如何打造有意义的社会连接，而不仅仅是点赞之交。这两个问题的解决都需要内容的刺激，而重内容的形式无疑是视频。因此，我当时在 Facebook 的 video publishing experience 组工作，这个组是公司最关注战略的团队之一，负责视频发布工具的开发。

在这个团队中，我参与了游戏直播、新闻直播、打赏、网红发掘、版权管理、video insights、曲库、video story（reels 的前身）、中插广告、视频短剧等多个项目。这些项目都以 Creator Studio 的产品形式呈现。我当时既负责技术研发也负责工程实施，整个团队有 30 多人，横跨 Facebook、Instagram、WhatsApp 三个平台（图 16-2）。

图 16-2　胡修涵和他之前合作的来自 10 多个国家的同事们

作为应届生，我在加入 Facebook 的一年半内连升了两级。完成了视频直播项目后，我开始领导一个小团队，是当时晋升速度最快的中国人之一。这主要是因为我负责的工作非常重要，每个项目的交付成果都相当不错。因此，当时我的上司，也是现在的 OpenAI 董事之一——Fidji Simo 对我非常认可，并经常为我写推荐信，她经常说我对这些项目的贡献是非常重要的。

然而，我逐渐发现在大公司内部进行创新是非常困难的，主要问题在于公司

## 16. AI 内容应用：胡修涵，打造 AI 驱动内容生产新生态

战略变化太快，缺乏稳定性。每隔一段时间，不同的管理者就会提出新的想法，而高层领导通常希望通过对半年数据的观察来决定产品的去留，他们并没有明确的偏好。但实际上，任何我之前提到的项目都不可能在半年内看到成果，因为这样的周期实在是太短了。

回顾过去，我现在认为当时我们设立的所有项目方向都是正确的。如果我们能够坚持一年以上，Facebook 将会看到这些项目产生更高的价值，无论是短剧、网红发掘、还是游戏直播。因此，我并不认同当时公司的这种状态，我的直观感受是——缺乏愿景的盲目奔波，每次都差一点就能真正验证那些想法的结果。无论是过去还是现在，无论是大公司还是小公司，一定要有一个长期的愿景，并且要有良好的审美观。

## 02 阿里事业部内最年轻的 P8，在特赞掌握抓住时机的核心

**ZP：**要实现这一点，你需要清楚"你是谁"。你似乎很早就意识到了"你是谁"，以及"你擅长做什么"，这使你能够更加果断地做出决策。这是许多人难以做到的。你是如何做到这一点的呢？

**胡修涵：**我认为自己在这一点上拥有较强的观察力，我能够利用这种观察力来模拟其他能力以解决问题。事后复盘时，我发现 Facebook 的核心问题在于过度依赖数据驱动，以至于在半年的时间维度上，无法判断每个新提议的数据表现是优是劣。因此，我认为 Facebook 在很长一段时间内与字节跳动的模式非常相似，都陷入了纯数据驱动的陷阱。最终，Facebook 还是依靠扎克伯格走出了这个怪圈。对我影响最深的是，有一次我和 Fidji 一起参加了 2018 年 YouTube 主办的 VidCon，我观察到 YouTube 的 CEO Susan 对网红们都非常熟悉，而 Facebook 与这些网红的关系则显得疏远。

作为一名工程师，我去与网红们交流我们的工具，我能理解她们对功能的反馈，但对内容的反馈却不太能共鸣。我意识到，如果没有成为内容创作者的冲动，就难以真正做好内容型产品。无论是对工程师还是产品经理来说都是如此，因为你没有真正热爱内容。因此，我当时决定回国从事更多与内容相关的技术工作。

我回国后的第一站选择了阿里，主要是因为我认为它是洞察中国互联网业务生态的最佳场所。阿里给了我很大的诚意，所以我荣幸地成为数据技术产品事业部最年轻的 P8，那个部门有 1000 多人。在上一波技术的尾声，确实应该选择做 B

端。我在阿里用3D工具做了一年的可视化工作，后来我意识到这其实是面向媒体、面向参观的品牌广告，而非真正的数据智能。

虽然技术在某种程度上很有趣，但内容和业务却很无聊。如果它能真正成为3D元宇宙的入口，那也不错，但在那个业务形态上无法变成城市的数字驾驶舱。在阿里做了一年，参与了"双11"活动后，我观察到可能每年都会是这样的循环。

然而，这一年我也收获了很多。我理解了国内在软件研发业务上是一个很不一样的生态，而所谓的人才成本优势，在很多时候需要辩证地看待。例如，我经常怀疑国内工程师成本比美国低这一说法，因为国内特别喜欢拆分工种。阿里一个设计师都能拆分成三个工种，这本质上是对单个人才素质的不信任，所以要以更短更高效的方式培养一个人，然后在一方面专精。但这带来了无数人才之间沟通的成本，就像现在大模型并行计算一样，单点拆分多了，每个看上去高效，实际通信成本都在里面，整体成本不一定低。

跨文化的经历让我深刻认识到选择工作的重要性，这促使我在选择下一份工作时更加谨慎，不会在大厂做无法改变的事情，而是去一个较小的地方做一些自己能改变的事情。因此，我选择了加入上海的特赞（在B轮时加入），当时公司主要做自营的创意交付模式，保证了交付质量，同时在一定程度上保持了平台性。这一点非常了不起，我至今仍然非常佩服。因为如果特赞成为另一家"猪八戒"，那么这家公司就会变得无聊，其商业模式在中国只会走向劣币驱逐良币的柠檬市场。

这个业务面临规模化的挑战，过了几亿元收入后就很难再增长，所以我加入后负责寻找第二曲线。SaaS有一个大方向叫Adobe Marketing Cloud（如图16-3所示），当时所有营销科技SaaS公司都在朝这个方向努力。但我觉得特赞强的一点是，坚持内容是核心。因为我们自己都喜欢内容，不是那种只看数据而不喜欢内容的人。因此，我们在这一点上判断对了大趋势，即让人群数据退到幕后，内容数据走到台前。这个大趋势在当时是整个行业的非共识。

16. AI 内容应用：胡修涵，打造 AI 驱动内容生产新生态

图 16-3 Adobe Marketing Cloud 中覆盖"体验管理"的部分

所有人都在谈论数据中台，数据中台主要做的是人群细分，目标是向最精准的人群投放最精准的营销信息，以促进用户购买和转化。然而，内容并非如此运作。抖音首次提出的兴趣电商，就是通过最能吸引某一类用户的内容来找到这群用户，即内容主动找人，最终实现转化。

这个方法在最初可能比精准定位用户进行投放的数据驱动效率要低。但其转折点出现在《个人信息保护法》出台之后，那时内容找人的效率就提高了。特赞在《个人信息保护法》出台前一年推出了这款"内容中台"产品，当时很难实现销售。但政策出台后，快递的电话号码等个人信息无法获取，内容中台的重要性一下子凸显出来。

这个转变并非偶然，而是对正确认知、信仰和判断的回报。如果你坚信向精准的人群推送垃圾营销信息是最有效的营销手段，那么你永远不会有这样正确的价值判断，即通过内容吸引人最后再实现转化。这实际上是一种信仰判断。幸运的是，社会在那个时间点也是这样想的，整个时代和行业客户也是如此。海外这一点发生得更早，所以 Adobe Experience Manager 一直是一个成功的产品，而国内并没有这样的产品。

因此，当整个环境发生变化时，这样一个非共识的观点让特赞从众多从事 CRM、CDP 的 SaaS 公司中脱颖而出，帮助特赞成为独角兽。这跟我本身在里面做单点技术的战术也有关，但关系不大。归根结底，作为一个决策团队，我们在单点上的战略判断找对了时机。

ZP：您能否分享一下，在抓住正确时机方面有哪些技巧？

**胡修涵**：这种感觉与进行交易非常相似，股市何时会进入牛市，通常是在所有人都感到绝望的时候。为什么我们当时敢于判断内容的重要性？因为所有人对做人群数据这件事开始感到绝望，太难而且也不符合道德标准。当所有人都开始深恶痛绝时，这通常预示着社会观念的转变。当然，你不可能每次都准确地把握时机，但你应该尽量在你的生存周期内押中一个关键的时间点。

ZP：实际上，在您过去的经历中，您见证了许多次的"错过时机"。在特赞的这一次能够"踩中时机"的经历，对您来说无疑是非常宝贵的？

**胡修涵**：经历过一个系统的过程，你会明白在完成一项任务时，必须克服困难并坚持自己的信念。找到自己真正坚持的事情是非常困难的，因为最初可能很多人无法理解你的想法。如果你领先两年，会感到痛苦；只领先半年，可能时间还不够成熟。但就在那么巧合的时间点上，你能逐步找到越来越多支持你的人，那就是好的时机。

## 03 把握生成式 AI 技术的生命周期，开启有信仰和有远见的创业

ZP：这一次创业的时机是如何选定的呢？

**胡修涵**：我们之前经历了多次 AI 的变革，每次大家都说 AI 将颠覆一切。我从本科开始就涉足 AI 领域，至少有三次加入 AI 浪潮的机会，但我只在这最后一次选择了跳入。我认为对于内容行业来说，核心的要素基本上只有两个，它们共同构成了内容供应链的变革。

第一个是制作模式的变化，比如从长视频到短视频的转变，这是内容制作模式的变革。很多人将其概括为生产力的进步，这是不准确的。制作模式的改变涉及创作者群体的变化，他们的核心工具、剪辑手法、参与人数等方面都发生了变化。这些变化是非常明显的。

第二个是生产侧的组织关系的变化，比如平台上提供的音乐模板。这两点是大机会的前提，其他都是小机会。例如，免费小说对于创业公司来说是小机会，因为它只具备了商业变现模式的变化，而没有生产侧的变化，生产要素组织也几乎没有变，这会导致原有巨头通过资金优势收购明确的原有供给，然后通过流量直接扼杀创业公司。这种机会就是内容创业的伪机会。例如，现在的短剧在一定

## 16. AI 内容应用：胡修涵，打造 AI 驱动内容生产新生态

程度上可能正在重复这个问题，虽然它的生产链条有所变化，但它并没有具备出现生产组织新形式的条件。

再往前几代 AI 技术带来的变革，我们看到的是滤镜、与元宇宙相关的各类编辑器。但如果 AI 在整个过程中只做滤镜，那么它就存在我之前提到的问题，根本不影响核心的制作流程。它没有办法通过滤镜的方式讲述新故事，也不需要全新的创作者。滤镜的生产者自己不会加入内容创作的主要流程中，所以这就不具备我之前说的两点核心。

这一代生成式 AI 在这点上发生了之前没有的变化，它可以让一群新的人通过 AI 创作工具来改变生产模式。用 AI 替代摄像头的这群人只要用写 Prompt 的方式就能进行创意表达，尽管当前 AI 在写实方面可能无法胜过摄像头，但是我们可以用它来做虚拟场景、幻想世界的摄像头，它的效率足够高，足以改变创作模式。

就制作流程的变化而言，这群新创作者就不再走传统的生态链条，传统的编剧、分镜、拍片段、剪辑、分发这套模式就不一定适用了，他们可以通过 Prompting Agent 来做幻想内容的"随手拍"。

随着生成式 AI 技术的发展，生产要素中出现了模型，可以围绕视觉叙事组织新的要素供给。我们公司名为"看见概念"，是因为围绕"概念"可以打造新的素材。原来素材在图层，现在用模型中的概念向量制作素材。这样，素材组织方式也会发生变化。

当前内容创作领域正经历两大变革：一是生产要素中加入了模型，二是素材组织方式的变化。当这两点同时发生时，预示着一个内容变革大周期的开始。

回顾历史，内容技术周期的演变规律是：先由高质量的制作公司采用新工具，然后进入大众市场，最后实现商业化。

现在需要判断的是，目前是处于制作公司阶段还是大众市场阶段。如果仅是制作公司采用新技术，那么价值有限，因为尚未改变整体生态链和后续商业化体系。商业化体系是基于大众市场的假设构建的。

我预测，2024 年到 2025 年，大众市场将开始接受 AI 创作工具，并出现一批将 AI 技术作为核心创作模式的新兴创作者。这个转变将是最大的时机变化。

ZP：因此，您实际上是首先洞察到了技术发展的关键节点，其次也注意到了用户对内容生产工具的不满已经积累到了一个临界点。由这两个节点共同推导出了捏 Ta 这次创业的时机。那么，捏 Ta 的产品是如何满足这个需求和时机的呢？

**胡修涵**：回归到捏 Ta 的核心业务，我们不难发现捏崽（即创造个人幻想角色，并为其塑造内容和故事）这一领域蕴含巨大潜力的原因。这种需求从 QQ 秀时代开始，历经模拟人生，再到元宇宙，一直伴随着同一代人。他们渴望通过虚拟形象和角色来表达自己，塑造个人媒体，编织角色故事。然而，过去我们未能找到一种低成本且能创作丰富内容的方法。人们通常只能进行简单的捏脸，在 Roblox 中创建固定地图，或在崽崽里制作 3D 固定形象，参与一些单调的游戏。这些角色无法广泛应用于多样故事中。或许，只有当这一代 AI 技术实现了在概念层上表达绘画的能力时，我们才能解决这个问题，进而打造出内容丰富、生态完整的世界。

ZP：我们如何定义捏 Ta 的平台和功能？

**胡修涵**：现在用户们对捏 Ta 的感受更类似于虚拟角色的小红书。它与传统纯图文平台的最大体验区别在于，用户可以自我代入角色来体验。但从消费习惯、行为及早期的一些特征来看，我确实认为用"小红书"来形容还是有很多相似性的。内容平台主要打造几件事：一是提供创作模板和线索，比如卡点音乐、某类攻略的模板，这些都是大家会模仿创作的线索；二是创作手法工具化，比如随手拍、剪辑等创作手法都有一定的固定相似度；三是内容内核主题氛围，比如有态度的生活方式、看见美好生活、看见每个人的生活……而捏 Ta 则关于幻想世界，看见每个人的幻想（如图 16-4 所示）。当然，最终要注意的是，这些内容是为了分享而不是纯粹自我消费的。

图 16-4　关于幻想世界的捏 Ta

## 16. AI 内容应用：胡修涵，打造 AI 驱动内容生产新生态

**ZP**：能否请您更详细地描述一下捏 Ta 的核心创作工具的功能，以及整个社区的情况？

**胡修涵**：我们最初是一个类似于漫画创作工具的平台，用户可以创作自己的角色，并将其固定下来，或者选择 IP 角色进行连续图文的第二次创作。随后，以角色创作展开故事的方式成为社区内容的主流。

角色视觉模型的核心优化点在于角色本身的外观相似度，同时还要实现角色的生动表演，如服装、化妆和道具。大语言模型需要解决的点是希望角色展现出设定的特点，因此需要围绕角色设定构造一个 Agent 系统。将这个角色放入一个有上下文的 Prompt 结构中，让它延展符合角色人设，同时符合事件场景的剧情。例如，将唐僧放到中土世界去魔多取经，你可以想象，剧本中的角色会发生很多不同的事情。在这样的演绎和推导中，AI 能够帮助你进行一定程度上的场景推演并预设合理性。

这里面有一个很有趣的点：我们觉得这一代 AI 的核心并不是解决原创性的问题，而是解决多个要素如何有机结合的问题。我们最早试的第一版产品是让用户基于一句话灵感延展，但这样做非常困难，也很无聊，剧情像白开水一样平淡。但如果我们预设一个稍微专业、完整一点的剧情，加上用户个性化的角色，将这两个东西结合在一起，再让 AI 去推导，那么它就会变得有趣得多（图 16-5）。当然，你也可以说这是因为故事和角色本身就有趣，与 AI 关系不大，但 AI 作为一个使用门槛极低的工具，能合理地帮你将这个故事缝合在一起。

图 16-5　AI 推导剧情

## 04 深入洞察早期人群和内容实验，目标是娱乐智能体最好的建设平台

ZP：为什么捏Ta选择从二次元文化入手，而不是从主流文化开始？二次元文化有什么特殊之处，使其成为捏Ta的切入点？

**胡修涵**：这是一个关于内容市场供需的问题。大众内容领域已经严重供过于求。若我们选择制作段子、美女视频等大众内容，则确实能够吸引到大量的流量。但是，首先，这种做法未必能带来比传统生产方式更高的经济效益。其次，内容的分发价值往往被传统平台所锁定。

二次元文化基本上涵盖了Z世代的全人群。人们常说，小众爱好通常会有一个很细分的个人主张。这种细分的个人主张，结合AI的个性化能力，才能使这类内容的供需达到平衡。否则，供给将一直处于低水平且不足的状态，导致圈子相对较小。而当创作者的数量级增加时，创作质量自然会有所提升。只要能够扩大整体的参与人群，就更有可能出现更优质、能够突破圈层限制的作品。

ZP：你怎么理解二次元这个群体？

**胡修涵**：我对二次元文化本身充满了喜爱。我14岁之前就去参观过A站机房（笑）。二次元、泛二次元和整体大众文化之间，这个光谱的变化是非常丰富的。在纯二次元圈子中也存在许多派系。比如，我觉得自己的二次元浓度还比较高，但实际上我和那些看番剧、画画的人并不在同一个圈子里面。

我之所以自定义为深度二次元，是因为我最早接触的是鬼畜、弹幕型的内容。鬼畜的创作者是一个创作势能非常高的群体，他们早期的特点是技巧不一定要求很强，但点子和表达非常出色。这些强表达、弱技能的人，是这种原生的势能型内容的主要创作者，这样的平台一定会发展壮大。我对二次元的感情来源于对这群用户的理解。二次元不仅仅有番剧这一类型的用户。

再回过头来看现在的"大盘"，泛二次元文化在中国据说有4.5亿用户，但当我们进行观察和用户调研时，发现这些泛二次元用户，甚至那些穿Cos服装的人，并不会将自我定位为"二次元"。这些用户很单纯，他们不是为了追求鄙视链地位而去加入这个圈子的，只是喜欢给生活增添魅力并进行自我表达。这些用户会把《蛋仔派对》和《王者荣耀》都归为ACGN。《蛋仔派对》的很多用户都是看《一人之下》《斗破苍穹》这些动漫长大的，他们的二次元意识非常强。

## 16. AI 内容应用：胡修涵，打造 AI 驱动内容生产新生态

ZP：你们的产品最近在小红书和 B 站等平台上获得了较高的流量，您能否分享一些相关的情况和数据？

**胡修涵**：我们利用这些内容进行产品市场契合（PMF）的试验。这些简单的内容形式足以打动人心。我们将"神弹幕"这一概念迁移到了图片模态和自我表达上（图 16-6）。

图 16-6 "神弹幕"

现在很多 AI 内容更注重技术展示，主要是其他 AI 创作者在观看，而没有吸引到圈外人的关注，也无法验证 AI 内容的产品市场契合度。我们的策略始终是让内容领先于产品三个月。也就是说，我现在制作的内容，产品可能还无法实现，但三个月后的产品应该能够跟上，让普通用户也能制作出这样的内容。

在小红书上，我们有几个互动性非常好的账号，一篇帖子可能会有 7000 个回复。互动性好意味着再创作性也会很强，大家愿意围绕一个内容再创作新的内容。一个新内容平台的前提就是大家想要模仿和创作。

具体到将用户转化为产品用户上，虽然我们才刚刚起步，但在三个月内，捏 Ta 新增了数十万用户。深度用户每天甚至能在社区中活跃 18 个小时，而使用捏图功能的用户平均每天制作了 37 张图。

ZP：你们的内容为何能够做得如此出色？在技术方面，你们进行了哪些迭代和改进？

**胡修涵**：在技术方面，我们主要解决了如何使角色生成的内容保持一致性，并且讲述好故事，让角色有效地参与剧本的问题。我们开源的 Neta Art XL 模型，是我们自己选择和清洗数据集、训练的成果，得到了全球最优秀的模型训练师（如全球用量最多的开源模型 Dreamshaper 的作者 Lykon）的高度评价，并在社区中得到了广泛的认可。

关于角色动画，我们的技术试验开始得比较早。AI 生成内容的过程就像是抽奖，大家都在计算赔率，如投入多长时间，花费了多少算力，生成多少个内容才能有一个是可用的。

目前，视频内容的赔率大约是图片的十分之一。尽管视频的潜在收益很大，但制作时间长、成功率低，这些因素可能导致实际收益并不理想。最终用户可能会觉得这种表达方式不够爽快、不够顺畅。在 2023 年 9 月短暂试验之后，我们就暂时放弃了这一方向，期待未来技术能够进一步发展。

ZP：你们已经开源了许多技术研究成果。这种开源策略将如何影响你们的市场定位和长期发展前景？

**胡修涵**：选择开源对我们这样的初创项目非常有帮助。开源让我们能够借助社区的力量来构建技术生态。例如，AnimateDiff（图 16-7）发布出去之后，就会有 AnimateAnyone、EMO 这样的项目出现，也帮助上海人工智能实验室推广技术成果，不需要单方面承担所有的成本。

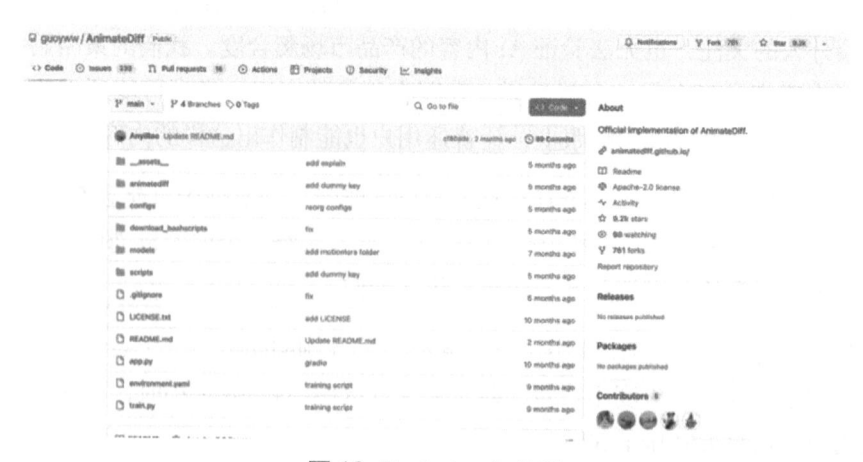

图 16-7 AnimateDiff

## 16. AI 内容应用：胡修涵，打造 AI 驱动内容生产新生态

在共识问题的技术路径上，即使你不选择开源，也可能会有其他人通过开源来颠覆你。对于行业共识要解决的技术问题，一家公司想要保有独有产权，很多时候是自欺欺人。但对于核心用户养成角色创作的场景能力，我们可以选择不开源。

在我们公司，需求的理解者和技术的洞察者之间的串联连接路径特别短，可能只需要两个人就能把握用户需求，定向收集数据，并且搞定训练模型。这种能力特别难复制，所以其他公司训练出来的模型可能永远落后我们一段时间。我们最强的是 AI 经验、对用户需求的理解，以及产品化能力。

ZP：您如何看待你们与其他二次元内容平台之间的竞争，例如动漫、GalGame、ChatBot 等平台？你们是否在争夺同一批用户和市场？你们之间的产品思路有何差异化之处？

**胡修涵**：在整个市场中，用户群确实存在一定的重叠度。我们的用户与使用 ChatBot 类平台的用户重叠度较高，但在使用场景上并没有重合。

在用户心智上，捏 Ta 被视为一个角色存档和分享的地方，用户在我们的平台上为自己的角色"产粮推崽"（即为自己创建的角色生产内容并自发在本平台及其他平台内推广），这就像是角色的媒体。而 ChatBot 平台，则是用户与角色互动的地方。可以说，前者类似于微博，后者类似于微信，因此它们并不重合。虽然看起来微信的价值更高一些，但它也是大厂竞争更激烈的地方。

其他一些产品，如米画师、Lofter、橙光、异次元等，受到传统创作生态的限制，他们的画师对 AI 持不满意态度，不想加入 AI 素材，因此很难真正从这些画师向外扩展圈层。如果这些平台想要引入 AI，就得另起炉灶。

至于一些直接做漫画的工具，如黑尾漫画，与我们公司的关系并不大。它们主要面向制作公司，采用 B 端交付模式，既不能形成平台，也不太可能创造新的创作模式。这个模式可以做交付型的生意，但不是一个创业方向。

ZP：再谈谈二次元人群的商业化问题，你们应该如何实现商业化闭环？目前存在的一些失败案例的问题是什么？

**胡修涵**：首先，从人群定位上讲，确实应该扩展到更广泛的受众群体，只专注于深度二次元市场是一个误区。

其次，我们需要找到用户愿意为之付费的场景和模式，而不是试图改变他们原有的付费习惯。用户过往的付费习惯大概率是不会改变的，例如购买周边商品、

抽卡、购买游戏皮肤等。

我们的试验表明，用户愿意为围绕角色创造的稀缺性商品付费，无论是实物商品还是虚拟商品。

**ZP**：以10年为周期，你们的愿景和目标是什么？

**胡修涵**：我们的愿景是"成为 For Fun Agent"，即最佳的娱乐智能体建设平台。我们希望它成为一个全新的媒介。其最有价值的点在于，无论是提供 IP 的新体验，还是作为一种新的社交媒体 ID，当人们谈论价值时，他们会首先想到那个 ID。围绕 ID 的最大新体验变化是：用户确实可以与它进行更强烈的互动，但更重要的是用它来参与体验。用户不仅可以通过 AI 与它聊天，还可以让它成为一个斯坦福小镇的 Agent 进行自主探索。你可能首先需要解决的是如何丰满地创造出这个东西，而不是仅仅停留在干瘪的几行启动 Prompt。在我看来，这是一个非常有长期价值的锚点。

回到二次元的概念，角色设定的个性化也可以衍生出一些更具想象空间的东西，比如社交。我们曾经举办过"角色相亲大会"这样的活动，所以社交当然是用户想要的，只是有主次问题。我们希望首先增加内容的厚度。

**ZP**：在创业过程中，你们遇到了哪些挑战，又是如何克服的？

**胡修涵**：就像特赞也曾面临挑战一样，我们坚持在 AEM（Adobe Experience Management）市场深耕的原因何在？Adobe 拥有众多出色的产品，为何我们专注于 Analytics？捏 Ta 也常被误认为是其他类型的产品。因为我们着眼于长远，所以必然要经历一个缺乏共识和评判的阶段，对此我已泰然处之。拥有超长愿景的事物，往往不易被理解。如果太容易被理解，可能意味着你正在从事的是一项非常乏味的工作，或者你已经进入得太晚。

我希望能更早地涉足这一领域，但我们的策略并不冒进。我们稳扎稳打，尊重常识，精心打磨产品，不追求激进的增长，保持团队士气旺盛。我认为去年所有的 GPT 更新，基本上对我们没有产生影响。每当新技术出现，例如 Sora 和 GPT-4o，总有声音认为一批创业公司将会失败，但事实表明，只要你能看得足够远，清晰地理解技术发展的轨迹，就不会担心被颠覆。所有技术进步都会为我们增添力量。

# 17. AI 教育应用：周立，六个月收获 200 万用户，霸榜北美 AI 教育

访谈时间：2024 年 6 月

本篇我们有幸采访到了 Answer.AI 的创始人兼 CEO 周立。周立先生在 2000 年通过数学竞赛被保送至北京大学，在本科期间就开始了他的创业之旅，开设了奥数辅导班并编写了奥数教材，早早地涉足了教育领域。

2007 年，周立先生从北京大学硕士毕业后，便全身心投入到了创业之中。他先后在老虎地图、豌豆荚、Kika 输入法和 LiveIn 等公司担任创始人（或创始团队成员）。

在创办（如图 17-1 所示）时，他将其定位为由中国团队创立、专注于美国市场的公司。周立先生明确表示，他要做的是一家"X+AI"的公司，其中 Answer.AI 的"X"代表教育。他们计划利用 AI 技术在教育行业实现高维度的突破，为消费者带来更大的价值。

在本篇万字访谈中，周立先生详细分享了他的创业历程，他对教育行业、AI 技术和美国市场的深刻见解，内容丰富，值得细细品味。

图 17-1 Answer.AI

## 01 保送北大，毕业即创业，坚信"找到一个你能比其他人解决得更好的问题"

ZP：请先自我介绍一下吧。

周立：我高中就读于广州的华南师范大学附属中学。1997 年上高中时，我加入了学校的奥赛班，其间获得了冬令营银牌，全国排名大约在第 30 名。后来，我因此被保送进入了北京大学。

在我们那一届，有一个非常有趣的现象。那是在中国奥数热开始之前的一个

时期，当时奥数仅是小学升初中的一种选拔性考试，主要考查知识性内容。大约在 2000 年，随着正式的小升初考试的取消，学生大多通过摇号进入中学。为了选拔优秀学生，许多中学开始重视小学奥赛的成绩，这导致当时的数学竞赛异常火爆，尤其是小学竞赛。出现了如迎春杯、华罗庚金杯赛等多个比赛。北京的数学竞赛组织者，即人大附中，开设了一些专门针对小学生的奥数培训班。我们有很多北大数学系的同学被邀请去这个培训班教授小学生。

在 2000 年到 2004 年间，教小学数学和后来的纯奥数辅导班有所不同。因为我们教的学生都是拔尖的小学生，所以我们可以直接讲解题目和解题思路。我的教学目标不仅仅是提高学生的分数，而是希望他们能够掌握一些数学的思考方法。在这个点上，我们和家长的目标是一致的。

简单总结一下，我在大学本科期间开设了奥数辅导班，教过小学生的奥数，编写过奥数教材，这是我一段特别难忘的经历。

大约在 2004 年，我成为北京大学计算机系的一名研究生。自 2007 年起，我开始创业生涯，毕业后便直接投身于创业之中。

ZP：您在毕业后就直接投身于创业之中，当时是什么驱使您做出这样的决定？

周立：首先，我很少关注其他人的选择，尤其是在职业规划方面，别人的决定与我的关系不大。我更专注于自己想做的事情，并付诸行动。当时，我在北京大学期间与一位老师合作开发了一个地理信息编码项目。在项目进行的过程中，中国开始开放手机地图市场，这是一个重要的转折点。在此之前，GPS 主要用于军事用途，直到 2007 年才开始向民用领域开放。一些国家甚至开始发放许可证，允许商业公司直接使用高精度的 GPS 数据。这使得我们能够通过经纬度定位到各种不同的地点，手机地图因此成为可能——因为每部手机都可以搭载一个 GPS 芯片，实现定位、导航等多种功能。所以，在 2007 年，正是这个契机让我相信这个方向是正确的，我决定投身于手机地图领域。

最初，这个项目的导师是打算开展一项面向企业的业务，但我对此并不感兴趣。我的想法很简单：如果我认为某个产品或服务我会使用，我就会去做；如果我觉得做了之后没有什么意义，那我为什么要去做呢？在实习期间，我也在多家大公司实习过，但我发现他们做的事情并不直接，我无法理解他们为什么要做这些事情。关键问题在于我无法掌控这些事情，这些都是领导分配给我的任务。如果我认为

17. AI 教育应用：周立，六个月收获 200 万用户，霸榜北美 AI 教育

这些事情不正确，即使与领导讨论，他也无法理解我的观点，那我为什么要做呢？这对我来说是在浪费生命。基于这个非常朴素的想法，我当时就决定创业。

ZP：您在创业过程中扮演过不同的角色，您认为作为第一负责人的最大区别是什么？

周立：一号位就必须为公司守住最后一道防线，没有借口，没有退路，需要对所有纷繁复杂的事情负责，不能有任何抱怨。通常情况下，二号位可以自由探索，可以天马行空地思考问题，但一号位不能这样做。因为在二号位激进探索之后，有些事情需要一号位来为二号位兜底。二号位在冲锋时可以不必考虑某些后果，但当一号位考虑这些事情时，可能就无法那么快速地冲锋。因此，很多公司都需要这样两个人相互配合。

因为我们每个人的能力不同。我认为，无论是一号位、二号位还是其他角色，他们都有各自的职责。一号位是公司的最后防线，需要全面考虑问题。

一个好的一号位并不是看自己能冲多远，而是给予二号位或三号、四号、五号位足够的自由度，让他们向前冲，并且能用到最好的人。如果一号位能够处理好这些事情，让其他人的能力发挥到极致，那就是一个非常优秀的领导者。

## 02 基于 LLM 探索 AI Tutor 1.0，弥合体面人和好老师之间的差距

ZP：回到您目前的公司，这是一家专注于教育的公司。请问是什么样的背景或原因促使您选择创办这家公司？

周立：我认为在进行新的创业时，只需要考虑两件事情。首先，要确定这件事情是否具有价值。人生短暂，我们能够工作的时间也有限，因此不能把精力浪费在那些对行业、科技发展或世界进步没有意义的事情上。我所从事的事情必须产生真实且正向的价值。其次，我需要确认自己是否是最适合做这件事情的人。如果我不能证明这一点，那么我必须有与其他人不同的认知。

首先，我注意到了 ChatGPT 和 Stable Diffusion。我认为虽然它们是两个不同的东西，但在技术上，它们产生了一个重大区别。原本是状态对状态的映射，现在变成了分布对分布的映射。在它的世界中，它是概率分布到概率分布的映射。这意味着它可以产生创造力。它用了一个非常好的模型生成了创造力。这就是生成

式 AI 在做的事。

其次，ChatGPT 和 Stable Diffusion 解决了时序的问题。LSTM 可以被视为用一种规则化的方法来模拟时序，但 GPT 以一种非常完整和优雅的方式处理时序问题。从应用角度来看，它可以形成非常良好的多轮对话。所以，第一，它有多轮交互和长期记忆，第二，它有创造力，这两个东西可以产生完全不同的结果。我们在 2022 年年底意识到这一点，认为它将对各行各业都产生改变。接着，我们开始去找美国的高中生去谈，主要是从社交角度问他们在花时间最多的地方是在哪里。我们发现课后作业是花费时间最多的地方。学生卡在课后作业了，但仍然需要完成作业，所以课后作业是刚需。无论是写论文、做题、做研究还是看书，他们一定会有不懂的地方，那么他一定要去解决问题，所以这是刚需。

第三，学生现在是怎么做这些题目的呢？美国的高中生目前主要是在 PC 上使用 Google 或 Chegg，通过撞库的方式来搜索相应的题目。相当于我有一个巨大的题库，搜索时就在题库里查找并选出和这道题目最相似的题目，比如用于做数学题的 Photomath 和 MathWay。我们发现虽然用户的需求可以分为两类。第一类是"hit and run"，意思是抄完答案后，什么事情也不想，直接跑去玩了；第二类在完成作业后，他们心中空荡荡的，有罪恶感，在想我是不是还要把知识学明白。访谈后我们发现大多数的用户都属于第二类。做完作业后，他们其实还是想了解解决这个问题的过程。只是他们可能在某个题目上卡了 15 分钟，父母也无法帮助解决，最后不得不用这个答案。但如果只是一个答案，那么并不能解决他们的问题，他们还想问额外的东西。譬如这道题目用了什么定理，最后他怎么去证明这个问题。我意识到，当时的技术已经完全达到了不仅可以帮助他们完成卡住的作业难题，还可以教他们如何解决这个题目的水平。

举一个简单的例子，比如 A 除以 B 等于 C 除以 D，学校里通常教授交叉相乘的方法，即 AD 等于 BC。有一次，一个小孩问我，对于表达式 A1 除以 B1 加上 A2 除以 B2 等于 C 除以 D，如何应用交叉相乘。这显然是不适用的。如果孩子只看到答案，他可能会感到困惑，因为老师只教过他交叉相乘，他没有学过如何处理包含加号的情况。作为一个好的老师，我们应该如何指导他呢？

首先，我们需要解释，交叉相乘只是一种为了方便记忆而简化了的说法，在数学的定义中，并没有交叉相乘这个概念。交叉相乘的本质是等式的两边可以乘以一个相同的数，其目的是消除分母。因此，当公式中包含三个带有分母的部分时，我们的目标不是考虑如何交叉相乘，而是考虑如何消除分母。我们应该考虑将三

## 17. AI 教育应用：周立，六个月收获 200 万用户，霸榜北美 AI 教育

个分母相乘，或者乘以它们的最小公倍数。通过这样的解释，这个小孩才能真正理解问题的本质，而不仅仅是看到答案。

因此，AI Tutor 可以通过微调、RAG 等技术，将这个过程详细地解释给学生听。在传统的拍照搜题模式下，AI 只提供答案，而学生并没有真正理解问题的解决方法。

ZP：您将用户分为两类：一类是只想解决问题的人，另一类则对问题背后的原理感兴趣。在整个用户群体中，您认为第二类人所占的比例有多大？

周立：我认为这个比例会随着 AI Tutor 的表现而变化。如果这个老师只是让学生不断背诵交叉相乘的公式，那么对问题背后原理感兴趣的学生比例可能会逐渐增加。世界上总有一群人对解题毫无兴趣，他们只是在完成任务。这种人在中国和美国都存在，但我觉得在美国的比例会相对较低。因为美国的大学并不强调成绩本身，而是一个以发展为导向的教育系统。例如，我们在德州采访时，有一位学生的梦想是成为一名厨师。那么，他为什么要学习代数呢？他只需要获得高中毕业证就可以了。他不需要掌握这么复杂的知识。如果这些学生连最基础的知识都不想学，那么他们就不应该学习这门课程，而是应该去寻找自己喜欢的事情。这就是以发展为导向的教育。但前提是他们要完成六年级的学习，拥有自主学习的意识。六年级以前的小学生可能还没有自主学习的意识，但到了七年级之后，当他们有了自主学习的意识，我们应该鼓励他们去找到自己感兴趣的领域。

在中国，教育系统普遍存在一个问题，即整个系统呈现出线性和选拔导向的特点。同时，家长在其中过度干预，这就是我们常说的"鸡娃"现象。这种现象表现为家长为孩子设定一个明确的目标，并据此进行校验。例如，在高考志愿填报时，人们常说"一分都不能浪费"，意味着即使孩子考了 600 分，如果他特别喜欢一个只需要 580 分的学校，那么家长仍会坚持填报一个分数线更高的学校。这种思维方式正是线性思维的一种体现。

在了解了一些情况后，我意识到 AI Tutor 可以帮助学生们自主学习他们感兴趣的内容，而无须被迫学习那些他们毫无兴趣的领域。这样的教育方式更加符合个性化学习的理念。

ZP：我看到您在 LinkedIn 上的个人简介中写道："Early on I became passionate about the ways people will communicate in the future. I quickly began working on ideas to create expressive, adaptable communications software and Apps utilizing LLMs and NLP models to make effortless Applications in this current smart-tech era."请问您是在什么背景下写下这段话的？

周立：这是十年前我萌生的一个想法。我认为利用 NLP 或各种相关技术可以帮助人们更好地表达自己的意愿，从而在沟通方面取得显著提升。随着 AI 技术的发展，它所能实现的功能已经非常多样化。从这个角度来看，我在创办 Answer.AI 时，能够更具体地实践这个想法。

我之所以强调改善人们的表达方式，是因为我意识到人们可能需要更多样化的个性化服务。然而，在过去，我们过于关注服务提供方，例如，教育机构投入了大量精力考虑如何实施个性化教学。但如果我们从表达的角度来重新审视这个问题，那么它实际上是如何让学生更好地表达他们的学习需求。

这与搜索引擎和今日头条的信息流推送有些相似。今日头条将搜索转变为信息流的过程，其实就是利用简单的方法和算法来寻找符合用户个性化需求的内容。这种方式实际上是在帮助用户更好地表达自己。我认为这就是 AI 的价值所在，它值得我投入职业生涯的大部分时间去做这件事。至于 LLMs 这个词，是我后来加上的。虽然 NLP 这个词现在用得不多，但在我看来，这两个概念是相通的。

ZP：请您介绍一下 Answer.AI 这个产品的主要功能和服务，以及它为用户提供了什么样的体验和优势？

周立：简而言之，Answer.AI 是目前美国最大的移动 AI Tutor 平台，拥有超过 200 万名用户，主要服务于中学生，包括七年级以上的学生、高中生、AP 课程学生，以及一部分大学生。其中，9~12 年级的高中生占据了用户群体的六成以上。

这个产品的核心功能是与 AI Tutor 进行对话，用户可以拍照搜题、解题。在完成拍照搜题后，用户还可以继续与 Tutor 进行深入的问答。此外，Tutor 还能在用户撰写论文或报告时提供更多的参考资料。对于各种图表题目，我们也有独特的深度处理能力。

我们认为 AI Tutor 的 0.1 版本是拍照搜题。我们现在开发的是 AI Tutor 的 0.2 版本——拍照解题 + 论述。我们相信未来 1.0 版本的 AI Tutor 应该能够管理整个学习环节，特别是课后学习环节。目前我们处于 0.2 版本阶段，距离 1.0 版本还有一段距离，但在 0.2 版本的赛道上，我们已经比其他竞争者走得更远。

ZP：现在 AI Tutor 的 0.2 版本与拍照搜题的 0.1 版本相比，主要区别是

## 17. AI 教育应用：周立，六个月收获 200 万用户，霸榜北美 AI 教育

什么？

**周立**：第一个区别在于用户与 AI Tutor 的互动深度。在 0.2 版本中，用户可以与 AI Tutor 进行持续的对话，直到用户完全理解问题。这个版本已经包含了相应的对话功能，用户不仅可以向 Tutor 提问，还可以进行学习辅助等其他功能。相比之下，0.1 版本的交互是单向的，用户向 Tutor 提出问题，Tutor 给出答案，交互就结束了。在 0.2 版本中，Tutor 不仅提供答案，还会向用户提出多种建议，让用户自己判断答案的正确性，并给出一些方向性的参考资料。

未来的 1.0 版本将是一个主动式的 Tutor，它会主动识别用户不理解的内容，为用户制订学习计划，并主动与用户进行各种交互，帮助用户完成学习任务。1.0 版本的触发不一定需要通过拍照或提问，而是 Tutor 主动帮助学生学习。目前的 0.2 版本仍然需要通过拍照和提问来启动交互，但未来的 1.0 版本将能够主动规划学生的学习内容。

**ZP**：之前您提到，目前市场可能低估了学生们的好奇心。这个观点与您的产品开发路径有何关联？

**周立**：首先，我想分享一下我对于学生好奇心的看法。我与中国许多教育行业的从业者交流过，他们对中国教育市场的态度相当悲观，认为在中国以选拔为导向的教育体系下，学习纯粹是一个被动的过程。一位在教育行业具有丰富经验的人士曾提到，"绝大多数学生并不希望看到教育产品，因此在教育产品中推广任何内容都是无效的"，这表明学生对教育产品持有一定的抵触情绪。

然而，我的观察是，学生主动使用学习产品的情况通常发生在他们遇到问题且无法自行解决时。在这种情况下，如果产品能够提供良好的引导，让学生感受到产品是在帮助他们而不是强迫他们完成任务，那么他们的抵触情绪就会减弱。在我们的产品 Answer.AI 上，我们看到超过 65% 的学生在获得答案后仍然会与 AI Tutor 进行交互，这表明他们并不是对 AI Tutor 感到厌恶或回避。用户在获得答案后继续提问的原因，正是出于他们的好奇心。

其次，我们的付费体系设计为每天免费使用十次，超过这个次数后，用户才需要购买月费或年费。在美国，对于学生的作业量来说，十次通常已经足够使用。因此，那些购买月费和年费的用户，显然是对学习真正感兴趣的。这两点已经足以证明，存在一部分具有好奇心的用户，他们愿意为学习付出时间和金钱。

**ZP**：您刚才提到"情绪"，您观察到用户在用 Duolingo 的时候有情绪吗？

周立：我认为这是一种积极的情绪，用户用这个产品像在玩游戏。例如，我在 Duolingo 上学习越南语。如果有一门越南语的课程，规定我一个月内必须学习多少内容，下个月再学习多少，然后在某个时间点进行考试，我可能会对越南语感到头疼。但事实上，我居然在 Duolingo 上主动学习越南语，并且学得还不错，这是因为 Duolingo 给了我一个积极的体验。

ZP：您认为你们在产品设计上可以采取哪些措施，以减少用户的负面情绪，或者让用户在使用产品时感到更加舒适和愉快？

周立：首先，AI Tutor 在形式上就优于原有的产品。老师肩负着三重角色，正如韩愈所言："师者，所以传道受业解惑也。"第一重角色是"传道"，即言传身教，老师作为道德楷模，学生与老师之间的关系是自上而下的。第二重角色是"受业"，包含传授知识和认证，即现代的文凭，古代则称为某某弟子。第三重角色是"解惑"，即解答学生的疑问，这是 AI 最擅长的。因为解惑需要建立在双方平等的对话基础上，这样学生才会感到舒适。如果面对的是一个地位明显高于自己、掌控着传道授业的名师，学生可能会感到距离感，有许多问题不敢提问。在这方面，AI Tutor 具有天然的优势，它可以与学生进行平等的交流，学生不会将它视为不敢提问的对象。

其次，如果这位朋友的嘴特别严，那么在和他聊天的过程中，你不会有很大压力。未来，我们可能还会引入一些激励性的功能，例如成就系统。当你完成得比较好的时候，系统可以增加你每天的对话次数，甚至可能会加入更多游戏化的元素。

所以，综合来看，AI Tutor 在产品基础上就会优于其他的各种教育产品。

ZP：您提到你们的产品目前是 0.2 版本，那么想要升级到 1.0 版本，接下来要做哪些优化工作？

周立：目前，整个行业对于如何实现这一步升级尚不明朗。但我们已经摸索出了一套工作方法。关键在于，我们必须摒弃以往过分依赖 DAU/MAU 等传统指标的做法，不再将其视为产品的核心。我们要聚焦的是，究竟有多少用户在使用我们的产品进行深入且持续的学习。这类用户才是我们真正的目标用户。我们目前所开发的所有产品功能，旨在验证是否能够有效吸引并提升这类用户的数量与占比，同时确保他们对现有功能真正感到满意。我们特别关注那些"真正在学习"的用户的行为模式，通过持续地更新和优化产品功能，我们能够识别出用户最感

## 17. AI 教育应用：周立，六个月收获 200 万用户，霸榜北美 AI 教育

兴趣且最常使用的功能。这一点，正是我们的产品与传统互联网产品的主要区别。

ZP：那么，您是如何洞察用户需求，并将这些需求转化为产品特性和功能的呢？

周立：这需要我们每天分析 AI 与用户之间的对话，深入挖掘原始数据，从而逐渐理解用户的具体需求。例如，在美国，许多人在撰写论文时需要正反两面的观点，但他们表述出来可能是："你能就这件事给我一些评论吗？"以分析马歇尔计划为例，题目可能是要求论述马歇尔计划对欧洲的影响，而用户可能会直接问："马歇尔计划对欧洲是好是坏？"AI 助手不应直接给出答案。用户这样提问，实际上是在寻求关于马歇尔计划对欧洲影响的优劣两方面观点，以便他们能够据此查阅资料，形成自己的论述。这是题目的教育初衷。如果不分析对话流程，那么我们很难洞察到用户的这些隐含需求。我们需要理解用户想要从哪个角度提问，并将这些信息转化为合适的产品功能，为用户提供相应的帮助。

ZP：在当前大语言模型的技术背景下，它们是否已经足够强大，能够支撑你们开发出心中理想的 1.0 版本产品？如果尚未达到这一标准，你们还需要在哪些方面进行能力提升？

周立：关于第一个问题，目前的大语言模型确实尚未达到完美的境地，但这并不仅仅是需要技术层面的进步。大语言模型的目标是尽可能地模拟人类，以自然的方式进行对话，并提供有效的帮助。我期望通过自己对教育行业的洞察和对用户需求的深刻理解，能够指导大语言模型更好地扮演教育者的角色。

当前，大语言模型存在一些不足，例如，它们可能会产生不切实际的言论，也就是所谓的"幻觉"（Hallucination）。因此，我们需要对模型进行大量的训练。虽然我不认为教育行业能够完全消除所有的幻觉问题，但至少可以努力解决课程大纲范围内的问题。目前最紧迫的任务是由于 AI 应用的落地案例较少，大语言模型提供商尚不清楚如何为第三方应用提供一个便捷的插件和 API 接口，而往往只能基于自己的想象来开发。例如，对于我们公司而言，GPTs Store 并不能完全满足我们的需求。另外，其插件功能的前提是用户必须先在 ChatGPT 中发起询问，而在这个过程中，我们无法控制用户何时能够触达到我们的服务。教育行业要求学生获取的是经过授权的、准确无误的信息，而不是错误或无根据的内容。我们有自己针对教育场景的调研方法，我不认为大语言模型提供商在技术上无法做到这一点，问题在于应用场景众多，但真正落地的公司太少，因此他们不清楚如何为

第三方应用公司提供服务。

换句话说，目前整个行业对于"大语言模型应该做什么？大语言模型应用厂商应该做什么？"的认识还相当模糊，这两者之间的界限并不明确。大语言模型的目标是创造一个"体面人"（Decent Person），但从一个"体面人"到一位"好老师"（Best Teacher）之间存在着差距。作为一家 AI 教育公司，我们应该弥合这一差距。

在"体面人"这一层面，现有的技术基础架构是足够的。但由于界限不明确，大语言模型提供商不确定在这个层面上应该多做些什么或少做些什么，导致一些本可以做好的事情目前还未得到妥善处理。大语言模型的未来潜力是毋庸置疑的，其能力是不断发展的，将越来越接近人类。大语言模型作为一个"体面人"和我们公司将一个"体面人"培养成一位优秀教师的过程，其瓶颈未必在于大语言模型本身，而可能在于大语言模型提供商没有清晰地划分界线，以及不知道如何为第三方应用提供服务上。

ZP：OpenAI 最近推出了 GPT-4o，这对你们的业务会有哪些影响？

周立：GPT-4o 进一步明确了应用行业与基座模型行业之间的界限。大语言模型将专注于解决知识性问题，力求提高准确性，并在一定程度上完成解释性工作。

教育辅导和其他代理公司则应更多地专注于教学过程的前期和后期环节。例如，在前期，我们可以引导学生学习数学；在后期，则是对学生的学习成果进行评价。这两个环节——引导和评价——共同构成了激发学生学习动力的过程，而这正是教育辅导公司需要承担的角色。

大语言模型将承担剩余的工作，这样就减少了教育辅导公司与大语言模型的功能重叠，包括精细调整和垂直模型等，这些现在看来已经不再必要，因为 GPT-4o 已经涵盖了这些功能。然而，GPT-4o 也使得行业界限更加清晰，前期引导和后期评价的工作变得更加重要，需要由辅导公司来完成。

总体来说，GPT-4o 对行业的发展起到了积极的推动作用，但辅导公司需要深思自己在这个新格局中的定位和能够提供的价值。

ZP：在追求 AI 技术更强大的同时，我们也注意到 AI 基座模型的能力增长超出了我们的预期。那么，对于 Answer.AI 产品而言，最有价值的资产将是什么？

周立：我们首先是一家教育公司，其次才是一家 AI 公司。作为教育公司，我们关注的焦点是如何为目标用户提供更优质的服务。我们积累的最宝贵资产是

### 17. AI 教育应用：周立，六个月收获 200 万用户，霸榜北美 AI 教育

理解学生在当前阶段如何使用 AI Tutor 的用例，这是我们的第一步，也是我们在推出 AI Tutor 1.0 之前，加速迈向该目标的关键一步，即深入理解用户如何与 AI Tutor 互动。

在 AI Tutor 1.0 实现之后，作为一家拥有 AI Tutor 1.0 技术的公司，我们所积累的核心资产将是用户的个性化数据，以及我们与整个美国教育体系的对接。因为教育的本质是传授知识、答疑解惑，而 AI Tutor 目前只能完成其中的一部分，它不具备认证的功能。

教育的三大目标是培养理性思维能力、道德水准和身体素质。道德水准和身体素质的培养需要教师的亲自指导和示范，这是 AI Tutor 目前无法替代的。因此，我们未来的工作将集中在与教师的对接及个性化教学上，这两点将是 AI Tutor 公司长期发展的核心。

ZP：Answer.AI 的长期愿景是什么？

周立：我认为 Answer.AI 在尝试解决美国教育的不平等问题。即使是线下的辅导班，对于经济条件较差的家庭来说，获得优质教育服务也相当困难。例如，私立学校可能是一个老师对应 15 个学生，而公立学校可能是一个老师对应 120 个学生，这反映了教育资源的不均衡。未来，通过 AI 技术，我们可以让不同水平的人都能够以低成本享受到高质量的教育服务。我们的基础成本主要是服务器成本，每月可能只需几美元。最终，学生将通过 Answer.AI 进行知识性的学习，以提升自己的知识水平。

## 03 X+AI，基于 AI 技术在教育行业高维打低维，为 C 端学生带来价值

ZP：回顾我们的创业初衷，是什么驱使你们选择了 AI Tutor 这个方向？

周立：我的思路并不是单纯地想要做 AI，而是在特定的行业中，我拥有一些独特的专业知识（Know How），然后将 AI 技术融入其中，很多事情就会变得明朗。在这些领域中能够成长起来的公司主要有两种类型，一种是"X+AI"，另一种是"AI+X"。

"AI+X"型公司的特点，是对 AI 技术有独到的理解和应用，比如在某些方面可以降低成本、开发出特定的芯片等。这类公司的领导者通常是技术领域的佼佼者。

而"X+AI"型公司,则通常由产品人领导,团队成员对行业"X"有着深入的了解。这里的"X"可以是教育、医疗或其他任何行业。首先,我们需要思考这个行业需要什么,然后看现有的 AI 技术能如何帮助我们。这类公司相对于传统行业来说,就像是高维打击低维,成功的概率会更高,但可能不具备广泛的通用性。

我个人既有技术背景,也有产品背景,而且产品背景可能更丰富一些。因此,我选择的是"X+AI"这条路。在当前的 AI 热潮中,我希望"X+AI"型公司能够更多一些,因为市场上更缺少这类公司。目前,"AI+X"型公司在技术上的领先是暂时的。当 OpenAI 或行业内顶尖的 AI 公司筹集了数亿美元的资金时,技术上的差距很容易会被弥补。

ZP:当前这个赛道的竞争态势如何?从长远来看,您认为最终的市场格局会是怎样的?

周立:在目前的竞争中,我认为值得关注的"玩家"包括可汗学院、Duolingo,以及一些新兴公司。这些公司的共同特点是,它们在美国教育领域具有一定的底蕴,并且专注于 C 端产品。过去,美国教育市场里 B 端产品居多,这是因为大部分教育资金流向了学区、教师和政府预算。因此,很多美国教育公司都是面向 B 端的,而 C 端付费市场不像中国那样规模庞大。在中国,C 端市场有一个特殊群体——家长,他们愿意为孩子教育付费,而在过去的美国,这种情况并不普遍。

如今,在美国,我们面临的是一个"学生作为消费决策者,家长可能代为支付"的市场。过去,即便是最大的几家教育公司,其估值也相对较低,例如 Chegg。但近年来,Duolingo 的发展速度非常快,它通过 C 端市场逐渐渗透到 B 端认证市场。目前,Duolingo 的英语认证已成为美国第三大认证,这些现象表明新的商机已经被发掘。我认为,当前赛道的主要竞争对手是那些认识到教育 C 端市场价值的美国传统教育科技公司,以及一些美国初创企业。

ZP:在大学教育阶段,你们的主要竞争对手会是大学的助教吗?

周立:实际上,大学助教的薪酬并不是由学生支付的,而由教师或教育机构出资。然而,存在一个类似 C 端付费模式的产品——Kumon,一家美国的连锁线下辅导机构。许多家长会在孩子放学后送他们去 Kumon 进行学习,这不仅包括辅导,还兼具托管的功能。在美国,我们可以看到许多在线咨询室和线上答题产品的出现。

但我认为,我们的真正竞争对手是那些专注于 AI Tutor 赛道的企业,它们在

## 17. AI 教育应用：周立，六个月收获 200 万用户，霸榜北美 AI 教育

探索是否有可能在 C 端通过 AI Tutor 让学生真正学到知识。如果一家公司持有这样的理念，那么它可能会逐渐成为我们的竞争对手。正如我提到的，当前的 AI Tutor 市场正处于从 0.1 向 0.2 发展的阶段，我相信会有很多人投身于这个领域。但是，市场何时能够发展到 1.0 阶段，以及届时会发生什么，这才是最关键的。目前，我更多的是在思考如何界定 AI Tutor 的 1.0 版本，而不是过多关注竞争对手。

ZP：在当前教育结合 AI 的领域中，既有现有的企业也有新加入的竞争者。那么，最终大家竞争的核心要素是什么？

周立：最核心的竞争点在于哪家公司能够清晰地定义出 AI Tutor 1.0 的最终形态，并且打造出用户真正喜爱的 AI Tutor 产品。归根结底，大家比拼的是最终产品的优劣。这是一个考验综合实力的过程，需要具备产品开发、技术支持、运营管理，甚至是商务拓展和资金运作等多方面的能力，而不是单一技能的比拼。此外，这个产品也不是一个人在中国就能做得好的，因为它与当地的教育机制紧密相关。

Answer.AI 的差异化优势在于我们的定位：首先，我们主要面向 C 端用户；其次，我们专注于课后辅导市场。我们不以传统的日活跃用户数（DAU）作为衡量标准，而是关注那些真正使用我们的产品进行学习的学生数量。我们不在乎最终赚到的钱是否是行业中最多的，我们在乎的是在 App 上真正进行学习的用户数量是否是全行业最多的。

## 04 再出发，做最适合自己过往经历和能力禀赋的事儿

ZP：作为创业公司的领军人物，哪些素质是最为关键的？

周立：对于创业一号位来说，最重要的素质包括勇气、求真和耐烦。勇气意味着在面对挑战时，能够做出尽可能正确的决策，敢于承担他人不敢承担的风险；求真则是指必须基于真实的情况来做决策，不能自欺欺人，因为一旦信息失真，所做出的决策可能会带来巨大的损失；耐烦是指在面对日常琐事和看似无关紧要的问题时，能够保持耐心，控制情绪，逐一解决问题。虽然这些事情可能看起来与公司当前的核心业务不直接相关，但作为一号位，作为最后的决策者，必须处理这些琐碎却重要的事务。

在知识和技能方面，可以依靠团队来补充，但作为创始人，需要思考自己是否愿意并能够成为这样的人。如果你发现自己并不擅长这些，那么或许不应该选择担任一号位。

ZP：你现在创业还会经历痛苦的时刻吗？

周立：在我之前的创业经历中，痛苦与快乐或兴奋是并存的。到了第三次、第四次创业时，这种状态已经成为我生活的常态，对我来说，创业已经是一种相对平和的体验。

这次创业，我的思考角度有所不同，更多的是从"我是否适合做这件事？""我有没有可能比世界上其他人做得更好？"这些角度出发。经过思考，我认为这个项目确实非常适合我。第一，我有过当数学老师的经历，了解教学和学生需求；第二，我有 NLP（自然语言处理）的背景；第三，中国创业者在增长和 C 端市场的运营能力在全球范围内都是领先的，这是移动互联网激烈竞争的结果；第四，我有十年的美国市场经验。将这些能力结合起来，我认为很难找到第二个具备这些条件的创业者。到目前为止，这次创业基本符合我的预期。尤其令人兴奋的是，美国用户对 AI 的接受程度超出了我的预期，这一点让我感到非常激动。

ZP：过去的一两年里，AI 的发展非常迅速。在这段时间里，有没有哪件事情或者哪个人给你留下了深刻的印象？

周立：确实有一件事情让我印象非常深刻。我和一个曾经在 Mistral 工作过的朋友进行了交流，我认为这个人非常出色。他凭借一己之力完成了在我看来原本需要一个团队才能完成的工作。与传统的团队构成不同，他的团队由一个超级工程师和五六个初级工程师组成，他们共同搭建起了产品中的某一块技术架构。而这些初级工程师其实并不完全清楚他们正在做什么。我很好奇他是如何做到的，他告诉我，自从大语言模型出现后，他就开始教这些初级工程师使用自然语言编程。Mistral 在线上提供的一些服务就是通过自然语言编程实现的。他们让初级工程师用自然语言编写基础代码，然后由超级工程师进行修改和完善，这样可以将超级工程师的工作效率提升到原来的四五倍以上，这一点让我非常震惊。

这件事不仅表明 AI 的兴起改变了行业格局，也促使公司内部的组织结构发生了变革。在 Google 工作时，通常是 10 个非常优秀的工程师一起合作，而现在可能是一个顶尖工程师带领多个普通水平的助理工作。原本的 10 个优秀工程师可能缩减到了 3 个，每个人领导 10 个普通水平的助理，他们之间相互激发创意。那时我意识到，我们传统的工作模式可能会发生巨大的变化。

## 17. AI 教育应用：周立，六个月收获 200 万用户，霸榜北美 AI 教育

ZP：最近有没有哪个 AI 产品让你觉得特别有趣？

周立：最近我觉得最有趣的 AI 产品是 PopAi，这是一个制作 PPT 的工具，效果非常出色。我亲自用它制作过广告，基本上我需要的东西，这个产品都能提供，而且图文搭配得非常好。还有 Perplexity，我原本以为它的用户群体可能主要是像我这样的职场人士，但现在发现很多学生也在使用它来撰写文章。虽然它提供的内容可能未经权威认证，有时候会直接从互联网上抓取信息给学生，但学生们似乎非常喜欢使用它。

ZP：能否向我们的读者推荐一本你最近阅读的书或者一篇文章？

周立：我最近读了一本让我印象深刻的书，是《李光耀观天下》。这本书是李光耀在去世前不久写的，主要探讨了各大国之间的关系。读完之后，我觉得李光耀对很多事情的洞察非常精准，而且我从他的人格特质中学到了很多，比如他是如何当一个领导者的。我认为李光耀是一个非常出色的领导者，他领导的虽然是一个国家，但我们可以将新加坡看作一个拥有数百万员工的"公司"。他的管理方式非常值得学习。

ZP：你自己有什么日常的兴趣爱好吗？

周立：我是一个桥牌爱好者，有时候会参加桥牌比赛。我曾经是北京青年队的成员，还曾获得过全国亚军。在招聘员工时，我也会把这个作为一个重要的考量因素，我希望他们除了工作，还能有一个自己的兴趣爱好，并且在这个领域取得不错的成就。

# 18. AI 游戏应用：刘斌新，B 站前副总裁打造的"逗逗游戏伙伴"上线即爆火

访谈时间：2024 年 6 月

本篇我们邀请到了心影随形的 CEO 刘斌新（Binson）。我们在贴满二次元海报的北京办公室里进行了近 3 个小时的交流，这也是刘斌新自 2023 年低调创办心影随形以来第一次接受访谈和对外发声。

刘斌新完整地经历了 PC 时代、移动互联网时代、短视频时代这三波互联网浪潮的洗礼。他先后在百度担任副总监、在 360 担任助理总裁、在 B 站担任副总裁，积累了从 0 到 1、从 1 到 100 的产品和商业化经验。在业界看来，刘斌新不仅是一位经验丰富的高管，也是一位奖项收割机，获得了百万美元大奖、总裁特别奖等多项荣誉。然而，在与 ZP 的交流中，刘斌新却诚恳地表示，他更希望人们能够关注他们的产品"逗逗游戏伙伴"（如图 18-1 所示），以及他精心培养的年轻团队。对于自己的过往经历，他则认为可以一笔带过。刘斌新的创业态度与他的言论相呼应，他和他的团队专注于本质，关注用户，对 AI 充满热情的同时，也保持着脚踏实地的作风。

图 18-1 "逗逗游戏伙伴"宣传图

AI 情感陪伴被视为一个充满想象力的杀手级应用（Killer App）方向，也是中国创业者在天然优势领域的一次探索。在交流中，刘斌新特别指出，陪伴的意

## 18. AI 游戏应用：刘斌新，B 站前副总裁打造的"逗逗游戏伙伴"上线即爆火

远不止于简单的聊天。当前的 ChatBot 实际上是与人性相悖的，不会成为核心应用。因此，心影随形选择从游戏陪伴和年轻人群入手，推出了"逗逗游戏伙伴"。游戏场景中情绪浓度高，是一个半封闭的情景，用户在情感抒发和获得回应的需求尚未得到满足，这成为 AI 情感陪伴的最佳切入点。"逗逗游戏伙伴"通过获取用户授权的屏幕内容，运用大语言模型和计算机视觉技术来理解内容，实现了与用户在物理和心灵上的同频共振。

"让产品自己发声"是刘斌新在与我们交流中反复强调的观点。心影随形的首款产品"逗逗游戏伙伴"已于 2024 年 6 月 1 日正式开启测试，凭借用户自发的传播和良好的口碑，产品已经取得了一定的市场认可。

## 01 从电脑爱好少年到飞速成长的互联网高管

**ZP：** 请先自我介绍一下吧。

**刘斌新：** 我在初中时期就开始自己动手折腾计算机，对计算机的各个组成部分和原理都非常熟悉。因为计算机课程对我来说太简单了，所以我开始自学编程。在本科期间，我热衷于搭建网站，还研究过单片机和嵌入式系统，包括 Linux 内核代码。后来，我转向深度学习的研究，这一切都是出于兴趣的驱动。

与同龄人相比，我可能更清楚自己未来想要做什么，我有着明确的目标感。因此，毕业时我决定加入互联网行业。尽管那个时候互联网并不是主流行业，但我被这样一句话所吸引："每一行代码都有可能影响到亿万网民。"这让我充满了激情。

**ZP：** 您在多个领域都成功实现了从 0 到 1 的业务突破，涵盖了 PC、移动、视频等多个平台。您是如何敏锐地捕捉到这些行业趋势的？

**刘斌新：** 关键在于捕捉行业变化的信号。当某个领域迅速变化时，要深入思考其底层逻辑和关键变量。例如，移动设备背后的主要特征是个性化，它是用户的专属设备。这将会带来巨大的变革，尽管初期存在一些问题，如手机普及率不高、屏幕小、上网速度慢等。

但我认为手机普及是必然的趋势，而屏幕小的好处在于它能提供更集中的用户体验，使得屏幕上的每一寸空间都变得更加珍贵。这意味着在移动平台上，我们可以做的事情更多，而不是更少，与 PC 时期的产品思路完全不同。当时，很多

公司都在做网页转码，但我认为简单地将 PC 上的内容搬到移动端是不可行的。因此，我重新定义了搜索结果和落地页，利用 RNN 技术进行 AI 生成摘要和落地页的重构。

推荐系统我认为，是搜索的一个极好补充。因为人们天性懒惰，而且搜索难以成为全民级应用，在中国，有一半的人不擅长搜索，还有更多的人不懂得如何表达自己的需求。推荐系统的信号，来源于我在移动互联网领域的一个发现，即建议（Suggestion）的点击率明显高于搜索。一方面，手机输入麻烦是一个问题，但更重要的是用户不知道如何表达自己的需求。

进一步思考，用户"懒"的下一步是连文字都不想输入，而视频显然具有更高的内容价值，并且更加直观。从这一点出发，现在的 ChatBot 反而要求用户打字，编写复杂的 Prompt，这些都是违背用户人性的，因此它们可能只是一个过渡性的产品形态。

当前的 AI 领域确实还存在许多问题需要解决，但这些都不是关键。重要的是要判断 AI 是否是一个大的需求趋势和社会趋势，以及技术是否还有提升的空间。如果答案是肯定的，那么其他问题都不是障碍。

ZP：您觉得过往的这些经历对创业有哪些帮助？

刘斌新：我认为每一段经历都是宝贵且富有价值的。首先，内在的帮助是对行业的深刻认知，这使得我对行业变化的信号更加敏锐。其次，外在的帮助体现在资源的积累上——在组建团队时，我们能够迅速地吸引相关领域的优秀人才。最后，是在行业内的人脉资源，比如在我创业初期，我与 B 站 CEO 睿总、COO Carly 进行了很多交流。他们给了我两个非常重要的建议：第一，要做大先做小，即"少就是多"；第二，要有认知上的差异化，简单复制别人的想法是不可取的。创业者之间更能相互理解，他们对我的创业之路提供了很多支持和鼓励。这些都对我的创业有着不可估量的帮助。

## 02 让AI走入生活，打造物理同频，心灵同频的伙伴

ZP：您是什么时候产生创业念头的？您当时考虑过哪些创业方向？

刘斌新：最初产生创业念头是在看到 Alphafold 的时候，我被 Transformer 架构的强大所吸引。因为我之前是做 DNN（深度神经网络）的，随着层数和数据的增加，DNN 的性能并不一定提升，有时甚至会出现下降，这表明 DNN 存在一定的局限性。然而，Transformer 不同，只要输入足够多的数据，它的能力就会持续提升，这让我感觉到一个新时代的到来。

后来，我注意到 DALL-E2 在广告创意和营销领域的应用，我对这个领域非常熟悉，因为 10 年前我就涉足过。我很快意识到，虽然这是一个不错的商机，但从长期来看，大公司一定会自己来做这件事，并且可能会免费提供给客户使用。大公司拥有全部的客户和用户数据，他们更了解用户的喜好，而且对于平台来说，没有必要收费，因为在一个千亿规模的市场中，提高一个点的转化率就能带来数十亿的收入。对于创业公司来说，唯一能做的就是提供端到端的服务，那样就变成了代理的角色。

ZP：能为我们介绍一下"逗逗游戏伙伴"的产品理念吗？这个想法是如何产生的？

刘斌新："逗逗游戏伙伴"的产品理念始于 AI 游戏伙伴的概念（如图 18-2 所示），在游戏中提供攻略和有趣的聊天体验，并且将这种体验延伸到游戏之外，让这些虚拟角色在更多的生活场景中与用户进行互动，产生共鸣。

图 18-2 "逗逗游戏伙伴"人物形象

这个想法的起源，其实是在 B 站上观察到的一个现象：用户极其喜爱动漫和游戏角色，因为这些角色承载了他们丰富的情感。如果像洛天依、神里绫华这样的角色能够主动与用户聊天、唱歌，甚至参与到用户的生活中，那将是一种非常美妙的体验。

另外，游戏对于年轻用户来说是生活中不可或缺的一部分。在游戏中，用户会经历许多想要分享的高光时刻，但分享到朋友圈会带来社交压力，且不同频，可能因为时间差而失去分享的激动感。比如，我儿子在玩《我的世界》时，会花很多时间建造城堡，完成后他会拉着我详细描述每一个细节。他非常在意有人能理解并欣赏他的作品，这种分享过程极大地提升了他的成就感。其实，每个玩游戏的人都有这样的内在情绪需求。

为了验证这个产品想法，我还找了一些种子用户进行测试。当我向一位资深的二次元朋友描述了 AI 游戏陪玩的场景之后，他愣了好几秒，想象着自己与心爱的角色一起游戏的画面，然后摸着下巴露出了童真的傻笑表情，说："有意思！太有意思了！"那一刻，我更加坚定了要实现这个产品的决心。

**ZP**："逗逗游戏伙伴"是否已经达到了产品市场契合（PMF）？您是如何理解它的 PMF 的？

**刘斌新**：关于是否达到 PMF，我认为关键在于用户的反馈。一方面，目前我们的用户留存率和付费情况都相当不错，从这些数据来看，我们的产品市场契合是成立的。另一方面，PMF 是一个基于过去经验预测未来的理论，但我认为这并不完全准确，我们还应该从未来的视角来看待它。例如，抖音刚问世时，就很难用传统的理论来解释它的成功，AI 领域也是如此。

现在的 AI 产品要想争夺用户的时间是非常有挑战性的，因为它们无法与游戏平台、短视频等应用直接竞争。因此，我们选择了扬长避短，开发了一款陪伴型产品。我们并不是在创造一个全新的使用场景，而是在现有的场景中增加新的元素。这有点像在视频中加入弹幕。抽象来说，我们的产品就像是跨应用、跨平台的个性化弹幕，它能够实现实时互动和深入交流。当然，行业在不断变化，我们也在持续探索和迭代我们的产品。

## 18. AI 游戏应用：刘斌新，B 站前副总裁打造的"逗逗游戏伙伴"上线即爆火

**ZP：** "逗逗游戏伙伴"的玩法是怎样的？

**刘斌新：** "逗逗游戏伙伴"的功能主要分为两大模块（如图 18-3 和图 18-4 所示）。首先是游戏陪玩功能，我们称之为"游戏 – 陪伴 – 快乐"模式。用户打开应用后，选择想要的游戏，就可以带着 AI 角色一起进入游戏世界，享受共同游玩的乐趣。在游戏过程中，玩家可以随时向角色询问攻略，而角色也会根据游戏画面的变化主动与玩家互动聊天。例如，如果玩家在游戏中多次出现失误，那么角色可能会幽默地提醒："技术不够，勤练来凑。"

图 18-3 "逗逗游戏伙伴"界面

图 18-4 "逗逗游戏伙伴"产品介绍

其次是角色的个性化养成，我们称之为"同游 – 回忆 – 养成"模式。在 PC 平台上，"逗逗游戏伙伴"以桌宠的形式出现，玩家可以与角色进行深入互动，如模拟打电话、

闲聊或分享心事。这些角色就像玩家的虚拟伙伴，始终伴随在身边。

目前，我们的核心玩家群体主要集中在 PC 端，因此 PC Windows 版本的功能更为完善。移动端虽然也提供了部分核心功能，但相较之下，功能还较为有限。

ZP："逗逗游戏伙伴"与那些专注于情感陪伴的大语言模型应用之间有哪些区别？

刘斌新："逗逗游戏伙伴"与 Character.AI 及那些以荷尔蒙导向为主的产品，存在显著差异。C.AI 这种有人格的产品确实很吸引人，但它们更像是一个数字化的景点，与用户的日常生活并没有直接的联系。例如，我可能会向模拟马斯克的智能体询问"何时人类会前往火星"，但我不会向它咨询"高考志愿该如何填报"这类个人生活问题。

我们的产品与这些产品的最大区别在于，我们的产品致力于让角色真正融入用户的日常生活。我认为这是一种划时代的价值，就像有一个与你物理共存、心灵共鸣的人在共同经历一件事情，这样的体验才真正有趣。这就像直播对传统视频的革新。直播之所以吸引人，是因为它可以实现实时互动，观众可以发问、发弹幕与主播交流。如果再进一步，主播能够看到观众，并与之建立记忆和情感联系，这种体验是完全不同的。

"逗逗游戏伙伴"就像是这样一个 AI 伙伴，它与用户物理共存，意味着在同一个世界里拥有共同的生活经历。更进一步地说，它能够与用户共享情感，实现心灵上的共鸣。

一年前我们提出屏幕共享和计算机视觉的概念时，很多人并不太理解。本质上，这是 AI 与用户共同感知世界的能力，这将带来革命性的变革。这也是我们与那些 Character.AI 产品最大的不同。此外，我们并不追求纯粹的荷尔蒙导向，我认为那不是长久之计。根据马斯洛的需求层次理论，荷尔蒙导向的生理需求位于底层，而往上则是社交需求，再者是尊重和自我实现的顶层需求。我们相信，最终用户是在与自我对话，AI 能够满足用户在尊重和自我实现层面的顶层需求。

ZP：从用户的角度来看，屏幕共享是否存在隐私问题，操作起来是否复杂？

刘斌新：目前我们的产品仅共享游戏画面，并且这需要用户明确授权。用户可以选择将特定进程的游戏画面共享，未经授权的应用我们是无法看到的。这类似于腾讯会议、飞书会议等软件，用户可以共享特定应用的画面。

屏幕共享正成为一个大趋势，跨 App 之间的信息共享和流动将变成一种底层

## 18. AI 游戏应用：刘斌新，B 站前副总裁打造的"逗逗游戏伙伴"上线即爆火

能力。AI 电话、AI 电脑也是未来发展的确定性方向。随着端侧处理能力的提升，用户将逐渐适应屏幕共享。当端侧模型成熟，数据在端侧处理时，隐私问题将不再是一个问题。这就像在 PC 时代我们讨论手机摄像头的安全性，到了移动互联网时代，摄像头不再是问题。

手机厂商也在开发各种 AI 助手，比如 Siri，但当用户唤醒 Siri 时，实际上是将这个助手视为一个工具。用户通常不会与工具建立情感联系。Android、iOS 等系统端能力的提升，为我们提供了许多可能性。我们也可以直接利用这些能力。

从长远来看，行业将会解决许多问题。当然，我们对用户的隐私非常尊重，我们绝不会触及未经用户授权的数据和敏感信息，比如微信聊天内容、金融信息等。

ZP：首先切入的游戏类型是什么，目前支持哪些游戏？

刘斌新：我们最初支持的是偏向开放世界的游戏，如《原神》、《我的世界》和《崩坏铁匠》（如图 18-5 所示）。目前，我们已经扩展到支持各种 PC 游戏，包括《星露谷物语》《文明》系列等。在移动端，我们也支持了《王者荣耀》、《和平精英》和《英雄联盟》等热门游戏。

图 18-5 "逗逗游戏伙伴"支持的游戏品类

或许有人会认为 MOBA 类游戏不适合 AI 陪伴，但我的观察并非如此。玩家对于 MOBA 游戏的操作已经非常熟练，信息密度并不像想象中那么高。甚至在一些"吃鸡"游戏中，AI 陪伴也颇受欢迎。许多玩家在游戏中常常扮演"伏地魔"，在潜伏时进行聊天，这种情况可能在 80% 的玩家身上出现。

ZP：之前您提到这个角色既提供情感陪伴，也参与游戏陪玩，您如何看待情感陪伴与游戏陪玩之间的联系？

刘斌新：游戏其实有点像乘坐航班或高铁是封闭的，在这种环境中，人们无法进行其他活动。游戏时间通常较长，用户在游戏中体验快乐，但总会有一些碎片化的时间，这些时间的信息密度并不高，比如游戏的加载、复盘及地图探索等阶段。在过去，用户可能会选择在这些时间里听音乐、浏览网页，甚至同时玩两个游戏。

我们的目标是在这些碎片时间里，引导用户与 AI 进行交流，从而打破初识的尴尬。这就像人与人之间的交往，两个同事原本只在工作中有所交流，但若一同乘坐高铁，他们则可能会谈论生活、兴趣等话题，从而迅速增进感情。我们通过游戏场景，让用户与 AI 成为伙伴，并将这种关系延伸到游戏之外。

ZP：目前的用户群体大致是什么样的？

刘斌新：目前主要用户群体是大学生和刚步入职场的年轻人。男性用户比例稍高，但我认为随着角色和游戏的多样化，女性用户的数量也会逐渐增加。还有一个明显的趋势是，用户在游戏之外进行聊天的时间越来越多，现在大约有一半的时间是在进行非游戏聊天。

ZP：请介绍一下当前的技术栈及其是如何实现实时查看游戏画面并进行画面理解的？

刘斌新：我们的技术栈完全是自主研发的，涵盖了大语言模型、语音合成、计算机视觉、强化学习生成、记忆系统等多个方面，我们也用了很多开源框架。我们的模型是基于开源底座进行深度优化的。我们通过社区数据如漫画、动画、弹幕、评论等进行微调，使得模型具备了浓厚的社区氛围，使用户感受到趣味性。此外，我们还针对用户聊天的常见问题进行了精细调整。

经过精细调整后，我们的模型效果显著优于直接调用第三方模型。上线初期通过 A/B 测试显示，我们的模型效果比 GPT-3.5 高出 50%，并且随着用户数据的不断迭代，这个差距越来越明显。因此，我们选择不依赖第三方 API，这也使得很多用户在使用我们的产品后，发现这里的聊天体验与他们以往的使用体验截然不同，给他们带来了极大的惊喜和亲切感。

在游戏知识方面，我们进行了大量的 RAG 工作，最终才引入 CV 的感知能力。AI 首先通过听觉理解用户的问题，然后根据画面信息，结合底层模型能力来生成

### 18. AI 游戏应用：刘斌新，B 站前副总裁打造的"逗逗游戏伙伴"上线即爆火回应。

ZP：模型技术升级，会对角色的人设产生影响吗？角色是否能够记住用户的互动历史？

刘斌新：我们的系统采用了两套数据飞轮，以确保用户体验的连续性和个性化。首先是个性化数据飞轮，包括与角色的关系、记忆和用户档案等，这些数据位于外层。底层模型的升级并不会影响到用户与角色之间的记忆和关系。用户会感觉到，即使 AI 的升级使得它变得更加聪明和情商更高，与用户所有的互动历史也都会被角色牢牢记住。

其次是模型数据飞轮，我们目前主要依赖用户的聊天数据来进行微调。我们拥有一套自动化的反馈和挖掘机制，这些数据有助于我们精调开源底座，而且这个过程对用户是透明的。一旦发现某个开源底座性能更好，我们可以随时替换，然而，核心的训练数据始终掌握在我们手中，以确保用户体验的连续性和个性化。

ZP：除了当前使用的 AI 技术，还有哪些技术将推动你们应用的进步？

刘斌新：第一，多模态技术将极大地推动我们应用的进步。多模态的感知和推理能力将变得越来越强大，尽管目前的进展可能比预期的要慢，但我相信未来会有巨大的变化。

第二，推理的耗时也是一个重要的技术进步方向。我们已经看到一些行业的变化，例如 GPT-4o 的低延迟表现，我们的模型推理时间已经大幅缩短，未来甚至可能降至 1 秒以内，这将使得模型更像一个真人，能够实时响应。

第三，声音的情绪和拟人化也是一个关键的优化方向。声音不仅传递情绪，还体现了一个人的内在特质，这将是我们未来优化的重点。

第四，成本的降低也将是一个重要的推动因素。实际上，成本的降低速度比我们预期的要快，未来我们可以忽略模型推理的成本，就像现在的互联网服务一样，而且随着价格战的加剧，价格还会进一步降低。

## 03 打造全球化产品

ZP：在同类产品中，您认为你们的差异点和竞争优势是什么？

刘斌新：我们的竞争优势主要有三个方面：首先，我们对 AI 技术有深入的理解，这是非常关键的，因为 AI 是这一轮技术变革的核心。其次，我们了解我们的

用户，并且在积累两个数据飞轮：一个是个性化数据飞轮，另一个是模型数据飞轮。用户在平台上投入时间和精力培养了一个亲密的伙伴，如果他们转移到另一个平台，他们的记忆资产就会流失。

最后，用户为我们提供内容，共同创造了一个良好、熟悉的社区氛围，类似于 B 站、小红书等，从 PUGC（专业用户生成内容）到 UGC（用户生成内容），最终形成了一个更好的内容社区。我们是依托数据飞轮，以技术为基础，以产品为场景，并加上社区内容壁垒。

ZP：对于全球化，您有什么计划？

刘斌新：我们的产品在日本和北美也有上线。日本用户的留存、付费等各方面的数据比国内还要好。最近我去硅谷，发现北美的创业者主要分为两类：一类创业者在研究大模型，追求 AGI（人工通用智能）以改变世界；另一类创业者在做 To B 业务，因为美国的 To B 环境非常好，这与社会结构和经济发展阶段有关。硅谷对于 C 端产品的思考相对较少，因此为我们提供了很大的发展空间。历史上，许多海外成功的 C 端产品都是由国内团队开发的。我们对全球化充满信心。

ZP：面对不同地区的文化差异，有哪些应对策略？

刘斌新：我们的基础产品具有普遍适用性。我们会根据当地的文化特色和内容形式进行相应的调整。以抖音和 TikTok 为例，它们的核心功能保持一致，但内容呈现上则会因地制宜。在产品推广节奏上，我们采取国内外同步进行的策略，国内侧重低成本试错，而海外市场的发展速度大约会比国内慢一个季度。这是因为我们的产品跟随游戏出海，而游戏本身具有全球化特性，不会对用户体验造成影响。

ZP：在长远规划中，您希望将产品塑造成何种形态？对于商业化路径有何考量？

刘斌新：在商业化方面，我们规划了两条路径。一是面向消费者的增值服务，用户可以购买角色服装、礼物、道具等。二是游戏分发策略，我们致力于帮助游戏厂商更好地服务玩家。当有新游戏上线时，我们可以助力玩家快速上手，从游戏一开始就能享受到充分的乐趣。通过这两种方式，我们期望实现产品的可持续发展与商业价值的最大化。

## 04 AI 行业的不确定性才是机会

ZP：自公司成立以来，你们已经走过了一年的历程，从最初的 Demo 到产

## 18. AI 游戏应用：刘斌新，B 站前副总裁打造的"逗逗游戏伙伴"上线即爆火

品的正式推出。在这一年的时间里，有哪些方面的发展超出了您的预期？又有哪些方面未能达到预期？

**刘斌新**：在这一年的发展中，有几个点确实超出了我的预期：首先，行业的发展速度迅猛，成本下降的速度远超我的预期。

其次，用户对我们产品的宽容度非常高。尽管部分功能尚未完善，玩家们却表示理解，愿意等待。用户对产品的认可和鼓励，成为我们前进的最大动力，这一点也出乎我们的意料。

再次，市场竞争的激烈程度并没有我们最初设想的那样严重。这主要归功于我们找到了差异化的人群和场景。当前的 AI 应用还处于早期阶段，如果有人模仿游戏伙伴的概念，我认为这并没有太大意义。我也不是很在意。我曾经在 2023 年 3 月尝试开发一个类似 C.ai 的产品，但两周后我放弃了，因为我觉得这不是正确的方向，缺乏价值。我发现 AI 并不了解我的生活，许多话题都需要我来指导它。聊天的成本很高，它只是一种手段，而不是用户的最终目的，也不应该是大模型创业的核心。

最后，屏幕共享的趋势也让我感到惊喜。一年前，当我提出屏幕共享和计算机视觉技术时，很多人都不太理解，但现在大家的接受度已经大大提高。

至于未达预期的方面，主要是行业在多模态技术方面的进展不如我预期的那样迅速。其他方面都还算顺利。

**ZP**：您如何看待当前开发 AI 产品所面临的不确定性？

**刘斌新**：我认为不确定性是一件好事。它使得整个过程充满了挑战和乐趣。一旦事物变得确定，剩下的就只是优化工作了，那就显得有些乏味。我们现在所处的时代，与当年的移动互联网时代非常相似，很多事情都充满了不确定性。这正是一个极佳的探索时期，我们可以尝试许多前所未有的、有趣的事物。这也是为什么我认为我的产品可以被称为 AI 桌宠或 AI 伙伴，它是 AI 与娱乐的结合，是一个全新的概念，很难用传统的名称来定义，因为它始终处于不断变化之中。

我预测面向消费者的应用将会迅速爆发，原因有以下几点：第一，模型的能力在不断提升；第二，模型工程化方面（例如响应时间和处理速度）也在持续优化，端侧的计算能力在增强；第三，成本正在下降；第四，也是最为关键的一点，用户对 AI 产品的接受度逐渐提高。普通用户并不关心具体用了什么模型，或者参数量有多大，他们更关心的是这个产品对他们是否有价值，能否解决实际问题。

如果他们认为这个产品代表着未来,他们就会主动接受并学习如何使用它。这是一个非常积极的趋势,用户群体很快就会从小众扩展到大众。这个趋势将推动应用的广泛爆发。

ZP:在移动互联网时代,人们的需求似乎已经得到了充分满足。那么,在AI+面向消费者(ToC)的应用中,后移动时代是否还存在增长空间?

刘斌新:增量并不在于抢占更多的时间,而在于利用AI更好地满足或提升现有的需求,使其更具价值。就像互联网出现之前,人们并没有意识到外卖服务的重要性。AI带来的增长潜力至少在两个方面是明确的:首先,在技术趋势上,AI将越来越接近人类的表现。其次,在社会趋势上,随着物质条件的提升,人们对精神层面的追求也在日益增长。社交已不再是用户的核心需求,自我认知、自我尊重、自我实现成了更高的追求。并非每个人都渴望恋爱,但无疑每个人都希望拥有一个能够在物理上共同存在、心灵共鸣的伙伴,一起参与活动,排解寂寞或分享快乐。这将成为一个显著的社会趋势。

ZP:您对当代年轻人的特点和趋势有何观察?

刘斌新:当代年轻人,在物质层面得到了较好的保障,他们更多地追求美和心灵上的共鸣。这一代的年轻人其实非常擅长沟通和交流,只是他们不愿意进行那种仅仅为了取悦他人的社交活动。他们对社交的要求更高,追求的是内心的同步和共鸣。B站作为一个深受年轻人喜爱的同好内容社区,其核心设计理念在于助力年轻一代追求更高质量的生活,以及探索更加丰富多彩的精神世界。

B站的弹幕和评论功能,是用户激发情感和产生共鸣的场所。因此,一些视频网站采用机器生成的弹幕实际上是误入歧途,这种行为破坏了社区的氛围。B站之所以能够突破圈层,我认为是因为它代表了年轻人的心声和未来的趋势。虽然很多人可能不观看动漫,但这并不重要。只要他们有着共同的追求,他们就会来到B站。随着内容品类的扩展,自然能够吸引更广泛的用户群体。

从根本上说,二次元只是一个象征,弹幕的功能在于激发情感和共鸣,用户背后真正追求的是情感陪伴。再以游戏为例,像曾经的《传奇》,其核心社交关系是公会,而核心体验则是成为领袖。而现在的许多游戏,如开放世界游戏,即使是联网游戏,也倾向于淡化社交元素,更注重个人探索世界的体验。这种设计解构并迎合了社会趋势。现在的年轻人不太可能去玩一款新的《传奇》游戏。

18. AI 游戏应用：刘斌新，B 站前副总裁打造的"逗逗游戏伙伴"上线即爆火

## 05 快问快答

ZP：核心团队是怎么聚在一起的？您会怎么描述现在的团队？

刘斌新：我们的核心团队包括我本人和两位合伙人，分别是产品合伙人王碧豪和技术合伙人李元嵩（如图 18-6 所示）。碧豪是一位"90 后"，对二次元文化有着深刻的见解，同时也是游戏爱好者。他早期在百度担任产品经理，后来在 B 站与我共事，对年轻用户和内容社区有着深入的理解和独到的思考。

图 18-6　"逗逗游戏伙伴"团队

技术合伙人元嵩，曾是百度 A-Star 比赛全国前十名，随后加入了百度。在无线凤巢项目期间，我们就已经是并肩作战的伙伴。他拥有 ACM 算法背景，编程能力极强，即使在晋升至百度 T9 级别后，仍保持着一线编码的能力。

我们三人的性格和能力形成了完美的互补，我们既懂技术、懂产品，又对目标垂直人群有着深刻的洞察。我们之间有过合作，彼此之间建立了深厚的信任。此外，我们还有一群年轻且充满热情的团队成员，他们大多是"95 后"。在招聘时，我们有一个核心标准，就是候选人是否热爱我们的方向，是否是我们的用户。我们希望赋予年轻成员最大的决策权，让他们在团队中发挥重要作用。

ZP：创业过程中预料之外的困难是什么？

刘斌新：最大的挑战是招聘。我对团队成员的要求非常严格，我希望他们既聪明、能力强，又真正热爱我们的产品。我们在招聘过程中遇到了不少困难。不过，最终结果令人满意，我们还是吸引了许多合适的优秀人才。创业的本质就是寻找那些与我们有共同梦想的人。我认为，最终大家并不是在为我或公司工作，而是

在为自己的梦想和目标而努力。

ZP：在过去的一年里，有哪些超出您预期的收获？

刘斌新：在创业的旅程中，我越来越深刻地认识到我们事业方向的价值所在。当今的年轻人往往有更多的独处时间，这也更容易导致心理问题的出现。目前，我们正与心理学教授紧密合作，他们的研究表明，当一个人拥有沟通的渠道和对象时，即使仅仅是自言自语，也能有效避免走向极端。因此，我们期望我们的AI伙伴能够成为年轻人的心灵伴侣，帮助他们保持积极的心态。这是我过去一年中获得的最为深刻的认识。

ZP：公司名为"心影随形"，这背后有什么特别的含义吗？

刘斌新：我们公司名"心影随形"的寓意是希望打造一个心灵同频、个性化"形"变的AI伙伴，如影随形地融入你的生活。

ZP：您方便透露过往融资情况大概是什么样的吗？

刘斌新：我们的天使轮融资是由源码资本、九合创投和心资本共同投资的。2023年，我们的最后一轮融资得到了鼎晖投资和范式基金的支持。在资本环境相对平淡的情况下，我们能够在半年多的时间里完成两三轮融资，这主要归功于投资人对我们这一非共识性理念的逐渐认同，以及这一趋势被越来越多的人所关注和认可。

ZP：您期待什么样的小伙伴加入公司？

刘斌新：我们寻找的是那些充满热情并且具备学习能力的人。首先，他们需要对我们公司的愿景抱有认同感，并对我们的发展方向感兴趣。其次，他们应当拥有出色的学习能力，因为我们正在开拓新的领域，这要求团队成员能够与我们一起不断探索和学习。当然，我们相信所有应聘者都具备必要的专业技能。

ZP：能否给我们的读者推荐一本您比较喜欢的书？

刘斌新：我推荐萨提亚·纳德拉的《刷新》。这本书详细地描述了他在微软任职期间，如何通过内部改革重振企业的活力。虽然书中讲述的是微软的变革历程，但其洞见和策略对个人成长、公司发展乃至产品创新都具有普遍的适用性。萨提亚在书中首先进行了自我反思，随后深入分析了行业和公司现状，并最终通过文化的力量推动了内部的改革。这不仅是一次企业层面的刷新，也是他个人的一次重要蜕变。

# 19. AI 编程应用：张路宇，做大模型中间层 Dify，超 40 万用户安装

访谈时间：2024 年 6 月

本篇我们有幸邀请到 Dify 的创始人兼 CEO 张路宇进行深入访谈。张路宇，1991 年出生，自 12 岁起便开始了个人站长之路，被誉为"计算机天才"。完成学业后，他作为个人开发者工作了几年，并随后加入了早期的创业公司。

2018 年，张路宇开启了创业之旅，创立了飞蛾——一款面向开发者的软件测试工程协作 SaaS 产品。随着飞蛾被 CODING 收购，后者又被腾讯收购，张路宇在 CODING 和腾讯度过了几年的职业生涯。

2023 年，张路宇再次创业，成立了 Dify（如图 19-1 所示）。Dify 推出的基于 RAG 的 ChatBot 产品迅速引起了业界的广泛关注。到了 2024 年，Dify 推出了新的主打产品：Dify Workflow，这是一个既简便又灵活的开发框架，一经推出便受到了用户和社区的广泛好评。在创业的短短 12 个月内，Dify 在 GitHub 上获得了超过 3 万个星标，全球安装量超过 40 万，其开源大模型中间件在 5 月全球增速排名中位居第一，取得了显著的成绩。

图 19-1  Dify

在本篇中，张路宇详细分享了他的创业历程，以及对开发者、AI 技术、中间件的思考，干货满满。

## 01 12 岁做个人站长，深耕开发者工具领域十余年，"利他主义"是创业最大动力

**ZP：请先自我介绍一下吧。**

**张路宇：** 我于 1991 年出生，身上或许承载着几个独特的标签。首先，在同龄人中，我较早地接触并深入了解了计算机，小时候便被外界誉为"电脑天才"。然而，我更深层次的体会是，在 12 岁时，我便开始了我的个人站长生涯，那时正值 Web 1.0 时代。我在线上创建了一些网站和社区，成功吸引了大量用户，甚至每月能赚取数千元的收入。

其次，我的学生生涯在 2003 年，也就是我初中毕业后便画上了句号。我没有经历过高中和大学的教育，这或许是我与大多数人最为不同的地方。因此，我没有受到传统教育体系的束缚，能够更加自由地追求自己真正热爱的事业。

作为个人开发者，我一直坚持到 2008 年。之后，我在老家尝试过创业，主要从事组装电脑、开发软件和运营本地社区等工作。那时，尽管我怀揣着远大的理想和抱负，但视野相对较为有限。回顾 2010 年前后，那是中国互联网迅速发展的黄金时期，我错过了很多宝贵的机会。如果当时我能拥有更广阔的视野，或许能够更容易地进入中国顶级公司，如腾讯，但我当时并未意识到这一点。

直到 2009 年，我前往苏州，在一家名为蜗牛的游戏公司开始了我的第一份工作，担任一个 20 人团队的技术主管，负责游戏发行线的基础设施。离开那家公司后，我基本上都在一些处于创业阶段的公司工作，这些公司参与过 A 轮或 B 轮融资，主要是 SaaS 和工具行业的。2018 年，我迈出了自己创业的步伐，创建了飞蛾项目。这个项目后来被 CODING 成功收购，随后我也随着 CODING 加入了腾讯，并在那里度过了几年的时间。

**ZP：飞蛾是家什么样的公司？后来是什么原因选择被 CODING 收购，又是如何融入腾讯体系的？**

**张路宇：** 飞蛾是一家专注于为开发者提供软件测试工程的协作 SaaS 产品。在海外，与我们类似的产品是 TestRail，虽然它只是 DevOps 体系中的一个小类别，但拥有不错的收入，月费高达 199 美元。

## 19. AI 编程应用：张路宇，做大模型中间层 Dify，全球月增长第一，超 40 万用户安装

我在 2018 年 7 月开始创建飞蛾，10 月就推出了一个较为成熟的版本。然而，产品上线后，收入数据并不理想，这让我意识到中国的 SaaS 市场与理想状态存在较大差距。到了 2018 年 12 月，我们决定接受收购。主要有三个原因：一是飞蛾在 DevOps 体系中只是一个细分品类，可以融入 CODING 这样提供全方位服务的公司；二是当时我们以产品和技术人员为主，缺乏运营和商务团队，因此选择了 CODING 作为收购方；三是 CODING 有着多年的经验和资源积累，其 CEO 张海龙与我有着共同的理想，都热爱工具产品，并热衷于与开发者群体打交道。因此，将公司卖给 CODING，对我来说是一个幸运的决定。

在 CODING 工作近 4 年后，我负责了 CODING DevOps 产品体系中超过 1/3 的产品，并担任了运营负责人，带领 60 多人的团队。加入腾讯后，我们有了两三百人的大团队，能够与更多企业中层交流，并有机会尝试各种想法。这让我们对市场、中国的企业软件开发者群体有了更深入的了解。同时，腾讯云体系为我们提供了海量的客户线索，帮助我们弥补了产品商业化和规模化经验不足的短板。

ZP: 您创业的动机是什么？

**张路宇**：我的创业动机可以分为三种。第一种，是对现状的不满。我发现我的职业生涯并没有充分发挥我的潜力，这让我感到不满。作为技术团队的领导者，我目睹了技术人员每天面临的混乱、低效和不美观，这促使我努力改进技术管理。然而，我很快意识到问题不在于技术本身，而在于产品。因此，我转而专注于产品，希望能够解决产品层面的问题。但是，随着时间的推移，我发现公司的组织结构、文化内核、产品定位存在根本性的错误，这让我感到非常痛苦，因为我无法掌控自己的命运。

第二种动机是创造的欲望。当我积累了一定的经验和资源后，我发现市场上有些产品并不完美，有些问题未被妥善解决。这种欲望驱使我想创造更好的产品去解决问题。

第三种动机是基于利他主义的。我希望能够帮助同事和员工发挥他们的潜力，让他们在工作中感到满足，有成就感。比如，我知道有一个伙伴技术非常出色，但在大公司里多年，他的热情和好奇心被消磨殆尽，无法做自己真正想做的事情。我想要成为他们的伯乐，在他们年轻时帮助他们充分发挥自己的能力，愉快地从事有趣且有价值的工作。对于用户来说，我希望他们能够使用世界上最好的产品来解决问题，而不是走弯路。

总的来说，我认为利他主义是我创业最强大的动力。

ZP：您之前提到您在卓越公司清单上写了 20 家公司，其中 CODING 就在其中，能分享一下清单上还有哪些其他公司吗？

张路宇：是的，我现在还能找到那个清单，上面列出了许多大公司和一些小公司，都是那些给我留下深刻印象的公司，比如当时的锤子科技、魅族科技、青云科技，以及 JetBrains。这个清单中，SaaS 类型的公司占据了相当高的比例，因为我们当时认为加入这些公司与一些非常优秀的理想主义者一起工作，是一件非常酷的事情。

## 02 AI Stack 已经基本定型，LLMOps 要解决复杂繁重的编排任务

ZP：从 2018 年开始，您就一直专注于为开发者提供服务，推出了飞蛾等一系列产品。那么，Dify 是一个什么样的产品？您是如何想到要做这个产品的？

张路宇：Dify 是一个面向应用开发者的大模型应用技术栈，或者说是应用开发平台，其缩写是 LLMOps。我们最早提出 LLMOps 的概念是在 2023 年 2 月，当时这个词在全球互联网上几乎找不到。

关于产品理念的起源，它源于对宏观经济模式转变的洞察。我之前多年致力于 DevOps 领域，涉及研发管理、持续部署和数字化转型等多个方面。因此，我尝试运用这一模式来理解大模型和 AI 带来的新应用格局，以及新兴基础设施和开发模式。LLMOps 是一个明显的趋势，因为它需要相应的提示工程，以及应用和数据之间的连接。此外，将有更多非技术背景的人参与其中。这是宏观模式的转变。

从微观的角度来看，我们也开始了一些大模型的实践，探索了许多新的技术栈，例如文本向量化、提示工程（Prompt Engineering）、代理工具（Agent Tools）和函数调用（Function Call）等。我需要将这些技术基础设施构建起来，并与现有的业务相结合。作为一名资深的工程师，我学习新知识很快，但理解和实现这套系统的最小可行产品（MVP）也花费了好几个月的时间。可以想象，同样的需求在成百上千的企业中普遍存在。

作为一名产品经理，最大的挑战在于发现那些未被满足的市场需求。而最佳的空白市场来源，一定是你自己的亲身体验。只有当你在情感、时间、技术或认

## 19. AI 编程应用：张路宇，做大模型中间层 Dify，全球月增长第一，超 40 万用户安装

知上感到无法满足时，你才能真正理解这是一个什么样的需求，你的目标是什么，以及达到这个目标的过程中有哪些问题尚未解决。

作为一家专注于 To B（面向企业）或工具产品的公司，我们遵循一个行业范式，即不主动创造需求，而是响应并满足用户已经存在的需求。这与消费品行业不同，后者往往需要创造新的需求来激发消费者的购买欲望。在 To B 领域，我们的目标是帮助企业更高效地完成他们的任务，这就像是在用户的待办事项清单上直接划掉一个项目，使得他们的工作流程更加顺畅。

我们的目标是通过 Dify 平台，利用大模型和 AI 技术，帮助企业解决那些尚未被满足的需求，从而提升工作效率。我们的创新理念是从用户的需求出发，寻找那些尚未被充分解决的问题，并设计出能够解决这些问题的产品。我们相信，通过这种方式，我们能够帮助企业更有效地管理他们的业务流程，实现更加智能化的运营。

ZP：听起来很有趣，如果我们具体聚焦到 Dify 所做的事情，您觉得 Dify 最开始是想解决待办清单上的哪个事项？

张路宇：我们的初衷很简单，最初是考虑如何创建一个基于 ChatBot 的应用，即 RAG（React，Action，Gain）模式。这个过程涉及多个方面，我需要深入理解大模型、提示工程、OpenAI 的 API、LangChain 等技术。同时，我还需要弄清楚模型如何与我的私有数据交互和融合，以及能够达到的效果和模型的性能瓶颈。同时，我还需要思考如何让非技术人员参与数据整理，以及如何持续改进模型。这个过程涉及众多具体的活动和大量人力成本，对于任何一个团队来说都是一项挑战。

ZP：回到 LLMOps 这个方向，一方面，我觉得您选择这个方向非常符合您过去这些年的经验和经历；另一方面，您本有许多选择的方向，比如代码生产方向，这也是一个面向开发者的方向。为什么在 2023 年没有选择其他方向，而选择了 LLMOps 这个方向？

张路宇：从理性的角度出发，有三个可选择的方向：模型层、应用层和中间层。模型层在中国是一个需要大量投入且回报不确定的事情，我们无法涉足。应用层虽然投入相对较小，但成功的概率也很低，因为我相信应用是涌现式发展的，可能 100 家公司中只有 5 家甚至 3 家能够成功。其他 97 家虽然可能会成为试错者，但他们所做的工作同样有价值。

我选择中间层的原因，一方面是因为我自身有强烈的需求，另一方面是因为我多年从事企业服务的经验使我能够看到，在一个团队中不同角色如何使用大模型，比如工程师、产品定义人员、技术专家、内容运营和合规人员等，我了解如何定义团队运作和信息流交换。

代码生成更偏向应用层，是另一种技术驱动的创业路径。而 Dify 可能会更注重现实性，思考如何让用户用上这些刚刚突破技术临界点的技术。

ZP: Dify 在 LLMOps 的图谱中位于什么位置？

**张路宇**：首先，LLMOps 的定义并不精确，它是一个边界模糊的领域。2024 年早些时候，海外的投研机构 CB Insights 专门绘制了一个 LLMOps 的市场图谱（图 19-2），其中包含了许多不同的类别，我们是其中少数的中国企业。从模型本身到训练模型所需的数据标注，再到训练数据的合规性、向量数据库、提示工程，以及大模型的应用开发和模型部署等，CB Insights 将这些统称为 LLMOps，这是一个非常广泛的概念。

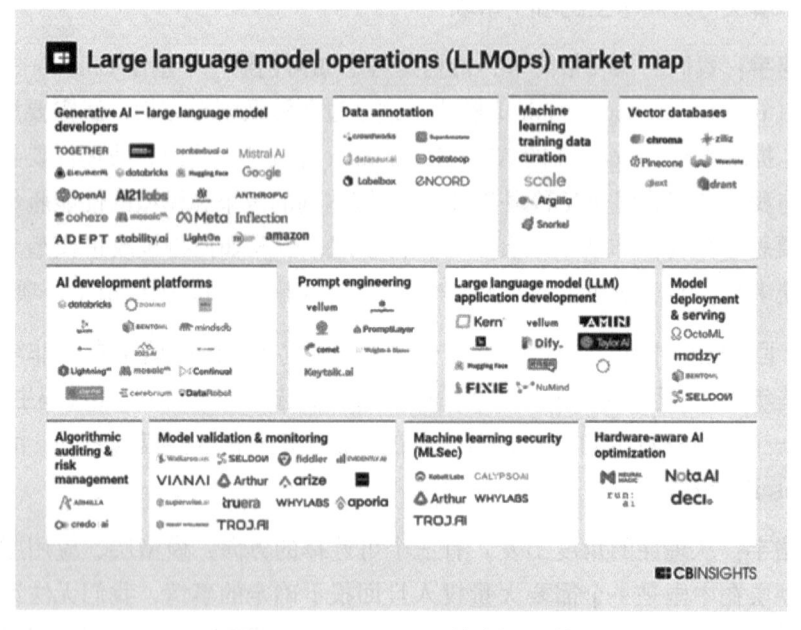

图 19-2　LLMOps 的市场图谱

我认为可以将 LLMOps 简单分为两类：一类是为模型服务的，这涉及构建更优秀的模型所需的一系列工作流程；另一类是为应用开发服务的，这涉及如何与

## 19. AI 编程应用：张路宇，做大模型中间层 Dify，全球月增长第一，超 40 万用户安装

模型交互，以及模型外现有技术链的整合。Dify 属于后者，即大模型的应用开发技术栈。

ZP：从更宏观的角度来看，我们面对的是底层的算力、大模型，以及 LLMOps 和应用层。您认为这些层次之间的关系是什么？从长期来看，现在呈现的关系和未来会有什么不同？

张路宇：目前来看，这些层次之间的关系已经基本定型。

从算力层来看，从算力到应用之间至少存在两个异构层。在算力层面，我们看到了英伟达的 CUDA、华为昇腾、苹果、AMD 等不同的计算架构。在这些算力之上，有一个推算层或者说异构层，专门的公司负责解决异构问题，并提升集群的推理性能。

从模型层来看，尽管所有模型都基于 Transformer 构架，但模型底座却有不同的流派。例如，GPT 有自己的原创架构，Llama 有一个通用的架构，Mistral 采用 MoE 架构，智谱也有自己的架构。这些底座模型在数据配比、指令规范、微调模型和剪枝等方面各不相同。

目前，模型经常通过 API 暴露给应用，但这并不意味着模型对应用友好。一个应用需要结合传统的技术、交互设计、数据源，以及企业内部可调用的 API 和 Agent 的 Action 等。将这些元素综合编排是当下的共识。这个架构在未来改动的概率不会太大。

简而言之，我们的核心在于编排，这包括模型、原厂提供的模型、云厂商代表的 Model Service 等（如图 19-3 所示）。Dify 的中心会连接很多东西，如 RAG Pipeline、Prompt IDE、LLMOps 等子品类。我们不会涉及向量数据库等中间层的工作，而是专注于左侧这一块。再往上，则是多样化的应用。

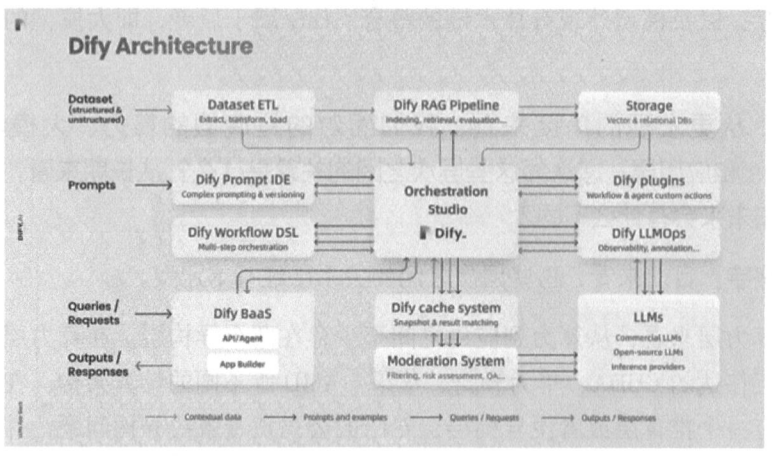

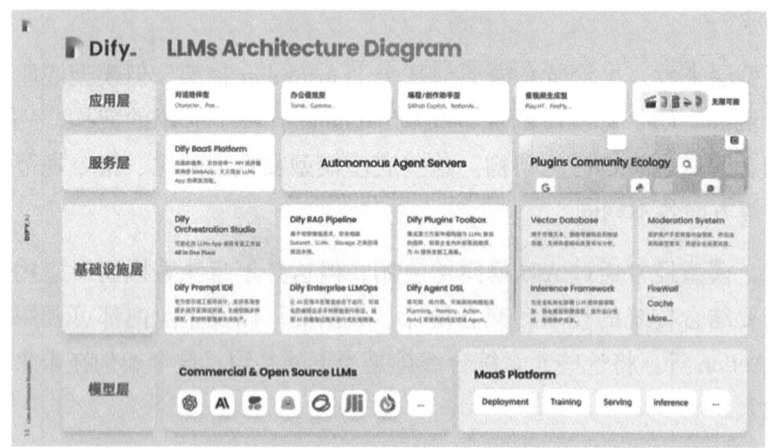

图 19-3　Dify 产品架构

ZP：目前这几层的关系，从长期来看，似乎已经形成了今天的格局，还有变量吗？

张路宇：确实，存在一些变量，尤其是在模型间的协同作用方面。例如，我们目前使用 Dify 这样的 Agent 编排工具来促进不同模型间的交互，但这种交互并非在 MoE（混合专家模型）层面实现。将多个具有不同能力或模态的模型集成在一起使用，从训练阶段开始或在 Transformer 架构中完成，是一项技术密集且复杂的任务，目前还没有一个理想的中间层解决方案。因此，技术上的变量在于，是否能够开发出一种不需要通过编排就能实现模型间更优协同的方法。

ZP：Dify 最初是以 RAG 的 ChatBot 形式问世的。我这里有两个问题。首先，从当前的时间点静态分析，Dify 最核心的功能是什么？它主要服务于哪

## 19. AI 编程应用：张路宇，做大模型中间层 Dify，全球月增长第一，超 40 万用户安装

类用户群体？其次，我体验了 Dify 的产品，并发现与 2023 年相比，它发生了显著的迭代。从最初的 RAG ChatBot 形态，逐步发展到今天，我相信你们团队付出了巨大的努力。我想了解，你们是如何观察和评估用户需求的，以及你们是如何将这些需求转化为产品功能的？你们的方法论是什么？

**张路宇：** 以上问题确实值得深入探讨。回顾最初的愿景，Dify 是想打造一个基于 RAG 的 ChatBot。但是，这究竟是不是一个真正的需求？我认为，2023 年 5 月 Dify 推出的快速搭建 Bot 的功能无疑是走在创新的前沿。随后，包括云服务提供商的 ChatBot 平台、OpenAI 的 GPTs 在内的众多产品都在采用这一最初的模式。

到了 2023 年 7 月，我开始意识到，ChatBot 并不是一个理想的场景，Bot 只是一个过渡状态。普通用户日常所需的 Bot 并不会太多，通常不会超过三个。第一个可能是像 OpenAI 这样的顶级厂商提供的超级助手；第二个是操作系统，如 Windows 或 MacOS 原生的助手，因为它们使用起来非常方便；第三个则是企业级的 Bot，因为它能够处理企业私有的数据或提供业务相关的支持。日常使用的 Bot 超过三个，认知负担就会变得很重，我认为理想情况下仅使用一个 Bot 就足够了。这是我们的观点。

我们最初开发 ChatBot 的第一步从短期来看是正确的，因为它非常符合用户的认知和直觉，用户无须培训就能快速上手，创造出理想的产品，而不必过多考虑商业价值。例如，字节扣子仍然在使用这种模式。尽管现在看来 ChatBot 的需求并不那么强烈，但它帮助用户理解和掌握了新技术，实现了从 0 到 1 创造并交付 Bot 给客户的过程。这让用户觉得大模型是可以亲近和驾驭的。

我最近看了一个视频，1998 年苹果公司的乔布斯发布的 iMac 是一个非常经典的电脑产品，其中有一些有趣的设计。第一，它的外观色彩鲜艳、圆润，这是为了让人感觉产品亲切，不那么令人生畏，更容易驾驭。第二，有一个细节非常有趣，可以从这张图中找一下（我们办公室最近特意买了一台 iMac，如图 20-4 所示）。

213

图 20-4 iMac

ZP: 这是什么？一个把手？还是电脑的主机？

张路宇：这是一个一体机，它增加了一个把手。这个设计可能让人感到好奇，因为明明是一个相对较重的电脑，一般情况下用户也不会经常拎着它移动，那么为什么还要增加一个把手呢？把手的作用在于，人们看到把手时可能会本能地去抓它，在抓的过程中，人与产品之间的距离无形中就缩短了。这个把手让当年的许多用户更容易接受这款产品。因此，我认为 Dify 的第一个版本通过这种方式拉近了与用户的距离，这是产品做得非常好的一个方面。

现在，Dify 最重要的功能已经不再是 ChatBot。2024 年上半年，我们主要推广的功能是 Dify Workflow。Dify Workflow 是一个既易用又灵活的开发框架，它能够将多模态大模型编排成一个 API 或应用，中间可以融合数据、Agent 等。我们的用户已经编排了数百个节点。

Dify Workflow 的目标用户群体也发生了变化，它现在面向的是真正的严肃开发者，有企业客户使用它来创建处理大量文档的大模型批处理 Agent。

ZP：您是在什么时候开始观察和评估到用户对 workflow 编排的需求的？我明白用户的需求多种多样，您是如何梳理这些需求，并将它们转化为你们的产品的？这个过程是怎样的？

张路宇：产品经理的核心能力在于需求的抽象和优先级排序，这一过程必须以用户驱动和数据驱动为基础。

首先，用户驱动意味着需求是通过与用户样本的交流获得的。就像 Dify 的第一个"把手"版本，通过让用户上手使用，我们才能了解他们真正需要什么，大

19. AI 编程应用：张路宇，做大模型中间层 Dify，全球月增长第一，超 40 万用户安装

模型的局限性在哪里，以及实际体验与预期之间的差距。用户会表达他们的需求，这样我们就收集到了大量真实的用户反馈。

其次，数据驱动是指我们可能做了许多其他公司没有做的事情，比如我们建立了一个完善的内部飞书知识库。我们的团队知识体系分为探索研究、技术研发、增长和商业化四个方面。在探索研究部分，我们研究包括用户画像、用户情景、LLMOps 生态图等多个领域，以及应用生态研究等。这些研究都是我们自己进行的，每个领域都有明确的观察员负责。我们观察上下游生态产品的动态，并每周更新最新的市场情报。通过这些数据，我们收集了几十万用户的行为信息，分析用户真正想要什么，以此来评估哪些功能或特性最为重要。

## 03　Dify = Define + Modify；成立 12 个月超过 3 万个星标，全球安装量超过 40 万次，开源大模型中间件 5 月份全球增速第一

**ZP:** Dify 这个名字是怎么来的？

**张路宇：** 为产品命名确实是一个挑战。准确地说，Dify 这个名字是我从 GPT 提供的多个候选名称中挑选出来的。创业的第一步就是为产品起一个名字，这个名称需要易于发音、简短，并且能够注册到域名和商标。我们认为 Dify 是一个有趣、简洁且有力的名称。从缩写上看，它体现了我们产品的理念和愿景，即 "Do it for you"。同时，从发音上分析，Dify 由两个英语单词 "Define" 和 "Modify" 组合而成，这暗示了我们帮助用户不断定义 AI 应用并对其进行调整，这也与我们 LLMOps 的概念相契合。

**ZP:** 你还记得当时让 ChatGPT 起名字的提示词是什么吗？

**张路宇：** 具体内容我可能记不太清了，但可以确定的是，那是一个相当详尽的提示词。那个提示词大致上是围绕我要打造的产品类型、传达的理念及目标功能进行描述的，然后询问是否可以提供 100 个左右的名称供选择。我与 ChatGPT 进行了深入的讨论。

**ZP:** 未来 6~12 个月重点推出的功能是什么？

**张路宇：** 目前，我们的 Workflow 功能发展态势良好，吸引了大量用户。我们正在对其进行第二、第三阶段的迭代优化，这将是我们的工作重点，以确保产品能够达到我们预期的标准。

另外，我们的另一项核心技术——RAG 引擎，即 RAG Pipeline，也将是未来的发展重点。我们将致力于提升 RAG 的编排能力，以进一步增强产品竞争力。

**ZP：在打造 Dify 产品的过程中，技术层面的主要挑战是什么？**

**张路宇：** 2023 年我们刚开始创业时，市场上众说纷纭，我们也遇到了不少挑战。例如，在 2023 年 5 月至 6 月我们推出 Dify 并进行首轮融资时，很多投资机构并不买账。他们认为大模型技术含量高，而中间件似乎并不起眼。

然而，一年之后，我们发现能够将中间件做好的企业并不多。原因在于大多数人低估了工程难度。所有这些问题的背后实际上都是工程问题。所谓工程，就是将众多复杂元素进行排列组合，以达到最优状态。也可以说，所有硬科技的背后都是工程，只是精细度不同。例如，苹果公司研发高级 M3、M4 芯片，涉及光刻和芯片设计，这也是一种工程，只是更为微观。而我们做的中间件，同样是一种工程。因此，我认为大多数人都小看了工程难度，这导致他们无法做好产品，或者认为这类产品的竞争壁垒较低。现在看来，工程其实非常具有挑战性。即使到了 2024 年 5 月，想要打造一个出色的 RAG 应用，仍然面临众多工程问题，除了编排工程，还有数据工程，这是常被忽视的一个难点。

第二个挑战在于 Dify 这类产品的功能粒度难以把握。我们面临的最大难题是技术本身的不断变化，以及多模态或应用端需求的演变。我们是在一个不断变化的环境中开发产品，而不是在以往那种相对稳定的环境中。如何适应这些变化，如何快速地获取和处理信息，这是我们的挑战。在具体产品方面，比如 Dify Workflow，用户可能会觉得这款产品既惊艳又平衡了易用性与灵活性。Dify 最初的设计非常易用，无须培训，用户凭借直觉就能操作。前十万个用户中几乎没有人询问如何使用，这就是我们将产品做得简单的好处。但最初的版本不够灵活，与用户的期望有所差距。因此，我们增加了灵活性，这就带来了更复杂的 Workflow 编排问题。

Workflow 的底层是 I/O 流，我认为 Dify 在这方面所做的并非"颠覆性创新"。2023 年 Dify 起步时，除了 LangChain，还有 Dust.tt、Fixie 等明星团队在这个领域更早出发。但如今看来，最终胜出的并非这些"明星团队"——它们获得的早期投资是我们的数倍甚至更多，可见资金并非关键因素。对赛道的深刻理解、市场路径的规划和产品定义的能力，才是决定因素。

**ZP：你之前提到的在产品设计中平衡易用性与灵活性的观点非常精辟。能否

## 19. AI 编程应用：张路宇，做大模型中间层 Dify，全球月增长第一，超 40 万用户安装

具体谈谈，在产品开发过程中，你们遇到了哪些主要的技术挑战？

**张路宇**：我认为，对于我们团队来说，在技术层面上实现产品并不是特别困难。如何设计、设计成何种形态，这需要我们投入大量的思考和努力；而由于我们团队本身具有很强的精英意识和执行力，且经过系统性的训练，加上长时间的磨合，因此制作任何产品对我们来说并非难事，更多的是时间投入的问题。真正的挑战在于如何找到设计的平衡点，这个过程是非常困难的。

然而，要完成一个产品的开发，确实也不是一件轻松的事情。以 RAG ChatBot 为例，最初级、最本能的技术手段是文本向量化，然后进行简单的召回，这就是一个简单的 RAG 实现。但这样做的数据准确度是远远不够的。为了提升性能，我们需要引入更复杂的技术，比如混合检索、多度召回，在召回之前进行意图识别，在获得结果后使用 Re-RAG 模型对结果进行重排序等。这一系列工作的环节繁多，要将其做好确实非常复杂。

此外，进行 RAG 开发时，数据的质量至关重要。数据量不一定要庞大，但质量必须上乘。许多企业和团队在数字化方面做得不够，他们需要从头开始构建数据体系，而对于构建成什么样的数据体系往往没有明确的方向。他们可能会本能地认为，只要企业拥有大量文件，用户对这些问题提问时就能得到准确回答。这种想法并不正确，目前的技术还无法实现这一点。实际上，你需要先进行意图识别，就像在图书馆找书，你得先知道去哪个书架、哪个区域找，这样才能更有效地找到所需信息。这个问题同样是一个工程问题，与最初想要实现 RAG 功能的直观想法是不同的。

**ZP**：从定量的角度来看，您最关注的北极星指标是什么？

**张路宇**：我们有两种指标：一种是外在的、看似光鲜的虚荣指标，另一种则是深层次的、实质性的真切指标。例如 Dify 在 GitHub 上拥有超过 3 万个星标，或者我们的收入表现不错，这些都属于虚荣指标。

然而，我们真正重视的、内部设定的北极星真切指标是 Dify 的实际投产用户数——即使用 Dify 创造了价值并实现了赢利，或者达到了产品市场契合的用户数。这才是我们真正的北极星指标。它是一个深度且具有指导意义的指标，帮助我们筛选用户，排除无效需求。虽然这个指标的提升速度较慢，但它对我们的指导作用非常大。

ZP：目前这个指标的表现如何？

**张路宇**：这个指标的具体数据较难统计。目前，Dify 的开源版本在全球的安装量已经超过了 40 万，这是一个相当大的数字。在这 40 万用户中，真正投产并取得良好应用的用户比例可能不到 5%。但即便如此，这个数据在我看来已经非常不错了，尤其是在当前技术发展的早期阶段。

至于应用的数量级，目前大约在千级别。对于现在的 Dify 来说，这已经是一个非常好的指标了。因为我们看到 Dify 为许多优秀的企业提供了服务，例如安克创新、得到等大型企业使用我们的产品创造了一些连我们自己也感到惊艳的应用。这些成果让我们感到特别欣慰，比那些虚荣的指标要有价值得多。

ZP：能否分享一两个使用 Dify 构建的有趣产品？

**张路宇**：当前市场上的产品形态差异并不显著。尽管 ToB 领域有许多案例，但可能并不那么引人关注。让我举一个面向消费者的例子——Miraa（如图 19-5 所示），是一款语言学习应用，由旅居日本的中国互联网知名独立开发者 Kevin Zhou 基于 Dify 打造而成，并且成了一款热门应用。用户可以在应用中通过加载播客内容进行跟读，Miraa 会逐句解释其含义。这款应用有两个亮点：首先，它完全依赖于 Dify 的引擎驱动；其次，Dify 为开发者 Kevin 提供了灵感。他本人告诉我，如果没有 Dify，Miraa 这款产品就根本不会存在。我们提供的技术不仅激发了他的创意，还大大降低了开发门槛，使他有机会创造出这样一个应用。

图 19-5　Miraa 的产品介绍图

## 19. AI 编程应用：张路宇，做大模型中间层 Dify，全球月增长第一，超 40 万用户安装

ZP：正值 Dify 开源一周年之际，当时是出于什么考虑选择开源的？现在回过头来看，您对当时开源的决定有何评价？

张路宇：自 Dify 创立之初，我们就确立了三个核心关键词：一是企业级服务，即面向企业；二是全球化战略，即出海布局；三是开源精神。这三个方向是 2023 年 3 月产品尚未面市前就定下的基调，至今我们仍然坚守这些原则。

开源对我们来说是一个必选项，非常重要。

第一，随着大模型的流行，GitHub、Hugging Face 等开源社区在过去的 18 个月里异常活跃，这种热度是前所未有的。Dify 在开源一周年之时就已经获得了 3 万颗星的关注，这在 GitHub 的历史上是一个相当惊人的数字。在大模型流行之前，要在 GitHub 上打造一个拥有 3 万颗星的项目可能需要 3~5 年甚至更长时间。由此可见，开源本身就是一个极为热门的趋势。

第二，我们渴望全球贡献者的参与。目前在 GitHub 上，Dify 拥有超过 200 位贡献者，他们积极参与项目，提出问题、需求，这一点至关重要。

第三，对于中间件而言，开源的重要性不言而喻。Dify 保持模型中立，不强制绑定任何特定模型或云服务使用。在模型端，用户通常缺乏控制权，而开源的中间件则提供了这种控制能力。它确保了数据的安全性和算法的可控性，恰好满足了用户对于自主性和安全性的需求。

第四，开源极大地降低了全球化推广的门槛。Dify 进入每个新市场都涉及复杂的流程和高昂的成本，但事实上，我们在过去一年几乎没有投入市场预算。我们现在拥有众多全球用户，例如，在日本市场我们就取得了显著的成功，并获得了可观的收入。值得一提的是，我们团队中甚至没有人会讲日语。这正是开源和社区力量的体现，它帮助我们降低了早期的市场成本。

第五，我坚信这个品类必须走向开源。原因在于，我们期望通过 Dify 来建立我们的编排或其他技术标准，为了在尽可能短的时间内实现市场渗透率的最大化，开源显然是构建价值网络、吸引更多参与者加入并实现快速增长的有效途径。近期，大模型厂商纷纷推出免费、打折补贴等策略，这实际上是一种算力上的补贴。而我们选择开源，实际上也是一种市场补贴。在构建价值网络、打造双边市场的初期，补贴是必不可少的，而开源补贴正是其中的一种形式。Dify 模式在开源初期运行得相当健康，为我们带来了用户贡献者和收入，这无疑是一笔划算的交易。

ZP：我们注意到 Dify 的开源社区的人数在 2024 年 4 月出现了陡峭的增长，这是什么原因呢？

**张路宇**：我们在恰当的时机推出了恰当的产品。2024 年 4 月，我们发布了一个具有 Workflow 编排功能的重要开源产品版本。巧合的是，吴恩达教授在那段时间也在推广 Agent Workflow 的理念，我们的产品发布与他的推广活动在时间上相吻合。我们的 Workflow 产品在那个时刻是最为成熟、准备最为充分的。

ZP：在 Dify 的语境中，全球化意味着什么？

**张路宇**：在 Dify 的语境中，我们更倾向于使用"全球化"而非"出海"这个词。例如，像 XMind、Figma 和 JetBrains 这样的工具软件，如果不透露其背后的公司国籍，那么用户可能根本不会察觉。技术类产品通常不具有强烈的文化属性，它们本质上是跨国的。一个优秀的技术产品自然而然地应该就是全球化的。

一个技术产品，尤其是中间件，如果只在中国受欢迎而在海外市场表现不佳，那么它并不能算是一个成功的产品，因为它没有达到满足大家共同需求的首要目标。全球化推动我们去满足最前沿、最有效市场中的需求。我们认为中国市场可能存在更多的噪声，因此我们从一开始就将目光投向了全球市场。我们的英文版本和对国际用户友好的功能都是早期推出的。

我们的全球化定义包括中国。我们认为中国是全球的一部分，这与一些其他厂商的观点可能不同。现在有一种观点认为中国是一个市场，中国以外的海外是另一个市场，需要用不同的产品和团队来分别应对。我们曾经也这样做过，但现在我们非常有信心地认为 Dify 是一个全球化的品牌。我们不会采取在一个国家用一个名字，在另一个国家用另一个名字的做法。Dify 是一个在全球都有影响力的品牌，它未来将和 Google、微软这样的公司一样，它们的产品并没有中国版和海外版之分。

Dify 致力于打造一个全球统一品牌，在全球范围内提供一致的产品体验和服务。我们相信，通过全球化的战略布局，Dify 能够更好地满足全球用户的需求，成为国际市场上的知名品牌。

ZP：有些创业者担心作为中国团队在海外可能会遇到一些挑战，您如何看待这种担忧？

**张路宇**：自从 TikTok 事件之后，许多创业者对于中国团队在海外的处境感到担忧，这种担忧是可以理解的。但我认为，这种担忧可能有些过度。不同品类的

## 19. AI 编程应用：张路宇，做大模型中间层 Dify，全球月增长第一，超 40 万用户安装

产品面临的挑战是不同的。TikTok 具有较强的社交媒体传播属性，而我们的产品是技术性的。我们看到了许多中国团队在海外取得成功的例子，如 PingCAP 等。中国身份确实会对公司产生一定的影响，但这并不意味着会被完全否定。地缘政治的歧视可能会对一部分业务产生影响，但从收入和业绩上来看，并不会造成全面的影响。

其次，这也取决于团队如何应对这种情况。团队需要确保自己是一个市场化的团队。举个例子，我们在日本市场取得了成功，随之而来的是一些日本网友在 Twitter 上提出的问题：Dify 的背后是谁？它是一家什么样的公司？是否由腾讯控制？因为我之前在腾讯工作过，一些公开的个人背景介绍可能会带有这个标签，他们估计在哪里找到了一些信息拼凑起来，造成了一定的误解。然后，其他网友开始挖掘，他们把我们公司的背景、团队背后的中国投资人等信息整理成文章，发布到了社区上，意即提醒大家这是一个中国团队。

这个例子说明了两个问题。第一，一旦产品产生了一定的影响力，用户一定会问一个问题："Who are you？"你无法规避这个问题。尤其是在海外，全球用户是实名制的，他们会去 LinkedIn 上搜索这个团队，看能否找到他们的 CEO、CTO、COO。他们不会忽略这个问题。第二，你无法隐藏自己。你不可能通过某种方式掩饰自己，所以没有必要做这个事情。

我们对此事的回应是立即在这个问题上进行了回复。官方包括我本人都回复了，我明确地说，我们是以中国人为主的团队，当然我们也有海外（英国、美国、日本）的同事。同时，我们承诺我们没有拿政府的钱，我们和任何大公司都没有关系，我们是一个非常市场化的运作方式。我们的回应非常及时，有效地披露了我们该披露的信息。总的来说，用户基本上消除了疑虑，这个事情没有产生进一步的负面影响。第二个星期，我们就和全球用户在 Discord 上开了一次线上直面会，全球的团队互相介绍认识一下，拉近了彼此的距离，然后这个问题就解决了。我认为这个问题没有大家想得那么恐怖。

总的来说，具体还是得看行业。我们不是敏感行业。第一，我们不涉及非常高精尖的技术制裁；第二，我们也不涉及广泛的社会舆论影响。因为我们身上有这两个标签，所以我们可以自信地去应对这个问题。我不能承诺这种方式适用于所有公司，毕竟我相信有一些技术还是处于贸易争端、技术进出口限制的风口浪尖上。

ZP：您如何看待当前赛道的竞争态势，Dify 在其中拥有的差异化竞争优势是什么？

张路宇：您可以通过 OSSInsight 的全球开源大模型中间件增速排行榜（图 19-6）来了解竞争态势，这些数据是非常客观的。根据 2024 年 5 月的数据，Dify 在过去 28 天内的 Star 数量超过了 6000，这个增速超过了排行榜上所有其他产品。

```
LLM Infra Rankings,
OSSInsight
NO.1
May 2024

Last 28 Days    Repository                          Stars
1  ↑1           langgenius/dify                     6008 ↑208.9%
2  ↓1           hwchase17/langchain      估值 2 亿美金   2536 ↓9.1%
3               FlowiseAI/Flowise                   1206 ↓11.9%
4               jerryjliu/llama_index   估值 8000 万美金   1045 ↓19.2%
5               ShishirPatil/gorilla                 381 ↓30.1%
6  ↑2           hwchase17/langchainjs                331 ↓4.9%
7               deepset-ai/haystack                  321 ↓26.7%
8  ↑2           Chainlit/chainlit                    271 ↓6.2%
9               TransformerOptimus/SuperAGI          258 ↓25.4%
10              embedchain/embedchain                141 ↓6%
```

图 19-6　OSSInsight 的全球开源大模型中间件增速排行榜

尽管市场领域内产品的整体环比增速有所下降，但 Dify 连续几个月都保持了强劲的增长势头。从社区生态的角度来看，我们的表现优于这些产品，包括排名第 4 的 LlamaIndex，它拥有超过 3 万的星标，但我们已经超越了它。

这一成就反映了我们在团队综合实力方面的优势，包括工程能力、品位、开发者社区运营等方面。例如，LangChain 是一个行业标杆，它在最佳时期获得了大量资金，包括红杉资本的一大笔投资，并发展至今。然而，现在它的增速已经放缓。或者在现阶段，它在产品影响力的某些方面不如 Dify，这是因为每个创业团队都有其优势和短板。

我们是一个经过时间考验的成熟团队，相比那些偶尔抓住风口的团队可能稍胜一筹。LangChain 在捕捉新技术方面的能力非常强，因为其创始人有后端工程师的背景，但在开发者社区运营和产品化方面，可能还需要一定的组织和学习过程。

我认为在这个品类中，未来会有一些产品脱颖而出。关键考量因素包括市场渗透率超过一定阈值，以及拥有自己的技术标准。例如，我们的 Workflow 将衍生

## 19. AI 编程应用：张路宇，做大模型中间层 Dify，全球月增长第一，超 40 万用户安装

出 Dify 的 DSL，即我们的编排语言，这是一种技术标准。一旦技术标准得到推广，它将构建一个独特的价值网络，带来巨大的优势，而你将拥有自己的技术生态系统。一个典型的例子就是 Docker。

ZP：在未来几年内，你们对 Dify 的期望和目标是什么？

张路宇：我最期望实现的目标是让所有人都能够使用 Dify 来创造他们基于 AI 的有趣事物。

如果说得更抽象一些，我们希望 Dify 能够帮助更多的创新者、企业家，以及企业中的技术专业人士。我们希望帮助所有的创新者和专业人士更快地实现成功，或者更快地认识到失败。这里所说的成功也包括失败，即快速验证想法，最终发现这个想法不可行。这样，我们帮助你少走弯路，节省了宝贵的时间和资源，我认为这件事也具有很大的价值。我们整体的愿景都是围绕这一点展开的。

具体的目标来说，我们现在已经有 40 万的安装量，希望在未来一年内能够达到 100 万以上，覆盖到各种规模的企业。

ZP：除了不断提升产品品质，Dify 目前还重点关注哪些方面？

张路宇：我一直更加关注我们的团队，我认为团队比产品本身更重要。我时常思考我们的同事是否在与最优秀的人协同合作，他们是否在做自己本能上最感兴趣的事情，并亲自动手去尝试。我们非常重视团队文化，我们的团队文化很"硅谷"，我们最引以为豪的产品就是我们的团队。虽然团队人数不多，只有二十几个人，但这个团队让我感到非常骄傲。

我个人非常擅长精细化管理，能够将所有效率提升到最高。然而，在 Dify 团队管理这件事情上，我认为这个优点并不是最重要的，甚至是我需要刻意去避免的。因为我们面临的最大创业挑战是需要持续的创新。

Dify 的创业历程与我以往的经历截然不同。在过去，我参与的所有领域似乎对时间并不敏感，无论是早些还是晚些开始，一旦开始，快一点或慢一点似乎都不是问题，只要不犯大的错误就能顺利前进。然而，在 Dify 的创业过程中，我面临的是技术环境、市场资金密度和团队人才密度都极高的挑战。这里聚集了全球最多的资金、最优秀的人才和最激烈的竞争。要想在这种环境中生存下来，我们必须以过去 3~5 倍的速度前进，就像用短跑的速度跑马拉松。这对团队的要求极高，为了在这个市场中生存，我们必须持续创新。

持续创新是一项艰巨的任务，它要求团队文化能够保持团队成员的激情和好奇心，能够紧密协同地从事有趣的工作，避免陷入体制化和模式化的陷阱。这本身就是一项巨大的挑战。我们的招聘文化与大公司背道而驰，我们专门招募那些大公司不重视的人才。我们在企业文化和组织结构上都与大公司不同，最终我们将凭借这种独特的组织方式取得胜利，因为我们的行事方式与它们完全不同。同时，大公司也难以模仿我们，它们可能模仿我们的产品，但无法模仿我们的基因和做事方式。

我一直非常关注我们的团队是否在持续创新，是否每周都在持续地进行创新，同时还能确保产品具有极高的出品标准。

## 04 ChatGPT 发布那几天就深刻认识到这个世界完全不一样了

ZP：这次创业和之前最不一样的地方是什么？

**张路宇**：刚才提到的"快"，实际上也反映了我们肩负的使命感。可能在你意识到之前已经过去了一年的时间，而你的公司已经成为中国该品类的领先者，甚至在全球排名前三。这时，所有的目光都会聚焦在你身上，你成了这个品类的代表。所有的竞争对手都会紧盯着你，试图模仿你的做法，所有的用户也会对你抱有更高的期待。这样，你身上的使命感就会变得更加沉重。

你明白自己正在帮助所有的用户和关注者，你正在引领一个方向，哪怕它是一个非常细分的市场方向。这种使命感驱使我们必须以更快的速度前进，不断创新，以确保我们能够持续地引领市场，满足用户和关注者的期待。这是我们肩负的重要责任，也是激励我们不断前进的动力。

ZP：这次创业让您感到最兴奋和最痛苦的时刻分别是什么？

**张路宇**：最让我感到兴奋的时刻是在 2023 年 5 月产品刚发布的时候。在没有市场预算、完全从零开始的情况下，我们一周内在 GitHub 上获得了 4 千～5 千颗星的涨幅。所有人都关注着我们，所有的社区都在讨论"Dify 是由谁创造的"，那是一个我永远难忘的时刻。

2024 年 3 月，我参加了在美国加州举行的 GTC 大会，这是我记忆中的第二个兴奋时刻。那是一个巨大的体育场，座无虚席，大家都聚集在一起，热切地期待

19. AI 编程应用：张路宇，做大模型中间层 Dify，全球月增长第一，超 40 万用户安装

着 NVIDIA 发布的新技术。观众们都是创新者、企业家和投资人，整个体育场充满了激情和期待，就像是在参加 Taylor Swift 的演唱会一样。

当 NVIDIA 发布新技术时，全场沸腾了。大家对新技术充满了热情，为生成式 AI 或 AGI 欢呼，仿佛我们正处在宇宙的中心，共同推动着一件伟大的事情。那种感觉非常棒，让我深刻地体会到了科技的力量和创新的精神。

最让我感到痛苦的时刻当然是融资，尤其是在 2023 年 5 月我们还没有获得第一笔投资之前。那段时间，我每周要会见 30 位投资人，反复讲述着相同的故事。这个过程不仅是对耐心的考验，也是一个不断自我修正和学习的过程。

我逐渐理解了为什么有人说，在融资或对外讲述公司故事时，创始人会不断地打磨故事，直到它听起来完美无瑕。这样做的好处是，当你重复讲述同一个故事 30 遍之后，你几乎会深信不疑，即使最初你并不是那么确信。但这种自我说服的力量也很危险，因为它可能会让你忽视外部的反馈和现实的检验。

因此，即使你已经被自己的故事所说服，你仍然需要保持外部的冷静和客观。你需要时刻审视自己的假设和故事是否正确，是否基于真实的市场需求和用户反馈。在你拿到资金开始创业之后，这种自我审视和批判性思维变得更加重要。你可能需要从第一性原理出发，重新考虑你的所有决策，而不是仅仅基于自己的信念和预言去开发产品。这样的自我反思和不断调整是确保创业成功的关键。

ZP：AI 行业给你留下印象最深刻的一件事是什么？

张路宇：ChatGPT 发布的那几天，我相信许多人都有与我相似的体验。当你第一次与这样一个强大的模型进行对话，连续几天，甚至不眠不休地探索它的能力和边界，这无疑是一种令人兴奋和难以忘怀的经历。你会发现背后有一个非常强大的模型，或者说一个超级智能，它几乎能够回答你所有的问题，即使有些回答不完全准确，但这种交互体验本身就已经足够震撼。

这种感受非常深刻，因为它标志着我们与技术互动的方式发生了根本性的变化。你知道从那一刻开始，这个世界已经不同了。对于所有未来想要创造、想要做出东西的人来说，他们背后都将有一个强大的模型或 AI 来支持他们。AI 不会完全替代人类，但它无疑会帮助我们完成许多我们无法做到的事情，从而极大地提高我们的创造力和生产力。

这种技术进步不仅带来了巨大的可能性，也引发了对人机关系、工作及教育

等问题的深刻思考。我们正在进入一个由 AI 驱动的时代，这个时代将充满机遇和挑战。

因此，以 ChatGPT 为代表的技术赋予了我们这代人前所未有的勇气。无论是创业、创造新产品、探索未知领域，还是开拓从未涉足的国家市场，我们都能以更加无畏的态度面对挑战。我们可能无法做到完美，但即使只能达到七八十分，也有一个强大的力量在支持我们。

这种勇气和自信源于技术的支持。以前，我们在做很多事情之前可能会自我怀疑，担心团队不行、能力不行、语言不行等各种问题，从而抹杀了自己的想法。但现在，我们有了技术的支持，这些担心不再成为阻碍我们的障碍。

这种变化不仅改变了我们的思维方式，也改变了我们行动的方式。我们更加敢于尝试新事物，更加敢于冒险，因为我们知道，即使失败了，也有一个强大的力量在帮助我们。这种勇气和自信将成为我们这代人的标志，推动我们创造更加美好的未来。

ZP：有没有书可以推荐给我们的读者？

张路宇：《创造》这本书是由托尼·法德尔（iPod 之父）撰写的，其副标题为"用非传统的方式做有价值的事情"。这本书对我产生了深远的影响，尤其是在我犹豫是否要创业的那个阶段，它给了我极大的启发。书中讨论了如何发现一个需要满足的需求，在早期创业阶段开发产品时应该关注哪些要点，以及哪些因素是可以忽略的。

作者作为一名杰出的产品经理，总结了自己在成功和失败中的经验。他强调，不要盲目听从他人的意见，而应该相信自己的直觉；亲自体验未被满足的需求，因为第一手的需求体验至关重要；他还探讨了如何发现好想法，以及如何确信自己的想法确实是一个好主意……

ZP：日常您有什么兴趣爱好吗？

张路宇：以前，我是一个生活非常有规律的人，喜欢跑步、骑自行车、冥想和阅读。在开始做 Dify 之前，我能够很好地平衡忙碌和放松。然而，现在由于 Dify 的工作实在太过繁忙，我放松的方式和兴趣转变为聆听古典音乐。晚上回到家，我会戴上高质量的耳机，在音乐中沉浸 30 分钟，这让我感到非常舒适和放松。

# 20. AI 短剧应用：朱江，AI 短剧海外娱乐畅销榜上榜

访谈时间：2024 年 7 月

　　CreativeFitting（井英科技）成立于 2021 年，目标成为 AI+ 娱乐领域的新一代超级应用（Super App）。井英科技自研了高质量视频生成模型和工具 Reel Diffusion，并面向海外市场推出了全球首款 AI 短剧 App Reel.AI（图 20-1）。该应用基于 AI 的多模态技术，充分利用了 AI 的强互动特点，为用户提供了一种全新的娱乐体验，既有视觉享受，又能进行互动交流。自上线以来，Reel.AI 数据快速增长，并登上了海外 iOS 娱乐畅销榜。

图 20-1　Reel.AI

　　本篇我们有幸采访到了 CreativeFitting 的创始人朱江，他曾是触宝科技的实习生，并最终成为公司上市的敲钟合伙人。在长达 12 年的创业旅程中，朱江在从技术到产品，再到商业化和增长的全过程中，不断积累经验和成长。他曾负责公司的 ToC 娱乐业务线，操作过拥有千万级日活跃用户的产品。2021 年，他再次启程，抓住生成式 AI 技术革命带来的消费内容升级新趋势，以 AI 短剧为切入点，致力于打造 AI+ 娱乐领域的 Super App。希望通过本篇我们能一同感受到他的成长与蜕变，以及在创业道路上不断探索创新的精神。

## 01 从触宝实习生到上市敲钟合伙人，扛起公司 ToC 娱乐业务线大旗，从 0 到 1 操盘千万级 DAU 产品

**ZP:** 请先自我介绍一下吧。

**朱江：** 在回顾我的创业历程时，我发现有几个关键时期对我产生了深远的影响。首先，要追溯到我的小学时代。那时，我第一次接触到了个人计算机（PC）。我的舅舅是一名工程师，他购买了一台太阳 386 电脑，这在 1991 年需要花费两万多元人民币。我在 PC 上做的第一件事情就是玩游戏，当时玩了游戏之后，就特别想学计算机，因为我想知道游戏背后的原理是什么，也想要自己去做游戏。

到了高考填报志愿的时候，虽然我的分数达到了清华大学的录取线，但我最终选择了上海交通大学，以确保能够进入计算机系。值得一提的是，就在我报考的那一年，上海交通大学为中国赢得了首个 ACM 全球总冠军，这让我相信这所学校的计算机系实力非凡。

另一个重要的转折点出现在 2008 年。那时，我在 Google 进行暑期实习，却不幸遭遇了 2008 年的金融危机。Google 因此冻结了应届生的招聘名额，导致我无法转正。这个经历让我深刻认识到，在大趋势面前，个人意愿往往是微不足道的。这启发了我：不仅要考虑自己想做什么，更要关注趋势的发展。在 2008—2009 年期间，PC 游戏市场增长放缓，因此我放弃了腾讯和盛大游戏的 Offer。那么，什么才是未来的趋势呢？我认为智能手机领域最有潜力。在 Google 实习期间，我见证了 Android G1 的发布，并亲自体验了这款手机，它给我留下了深刻的印象。我决定加入一家专注于智能手机应用的创业公司。

于是，我在上海交通大学（简称"交大"）的饮水思源 BBS 上搜索了"智能手机"、"创业公司"和"实习"等关键词，幸运地找到了一家刚刚获得全球移动创新大奖总冠军的公司，而且公司地址就在交大对面。这完全符合我心中理想公司的形象。我主动出击，写了一封求职邮件，表达了我想加入他们的愿望，以及我对智能手机和 3G 未来发展方向的看好。我写道："我是上海交通大学计算机系的研究生，我非常看好智能手机 +3G 的方向，我相信未来会有巨大的发展空间。我希望能够加入你们，向你们学习如何创业。"

**ZP：** 这家公司就是您后来长达 12 年经历第一次创业的公司吗？对您来说有哪些成长？

**朱江：** 从实习生起步，我经历了技术、产品、商业化和增长等多个角色的转变，

## 20. AI 短剧应用：朱江，AI 短剧海外娱乐畅销榜上榜

最终成为合伙人，并见证了公司在美国上市敲钟的辉煌时刻。这段创业旅程对我来说，包含了几个至关重要的成长转折点。

第一个阶段是从技术转向产品。我自 2009 年开始实习，直到 2014 年，这五年间我一直专注于技术领域，从客户端到服务器，几乎涉猎了技术的各个方面。然而，到了 2014 年，我开始思考自己的职业方向。虽然技术工作充满了创造性，但我逐渐意识到，成为一名 CTO 或算法专家并不是我的最终目标。我更渴望的是做更具创造性的事。恰好公司有一个新产品探索的机会，我主动请缨，从 2014 年到 2017 年，我开始了一个新的阶段，原先只关注类似机器 0/1 代码的确定性逻辑，开始逐渐关注人性。

我负责了一款名为触宝电话的产品，这是一款电话通信软件，其日活跃用户数量曾高达千万。其中，我印象最为深刻的是我们曾尝试开发一个名为"忙闲状态"的功能。我们的初衷是，如果用户在拨打电话前能够知晓对方是否正在通话中，那么他们就可以避免不必要的拨打，这对于工作繁忙且商务应酬众多的人来说，无疑能够节省大量时间。基于这一考虑，我们投入了大量精力研发这一技术领先的功能。

当时，移动互联网的基础设施尚未如今日般完善，为了实现这一功能，我们构建了一个类似于微信的实时通信底层技术架构。这意味着，当用户打开手机时，能够实时得知对方是忙碌还是空闲，而这背后是对方的信息通过各类移动网络实时传输到拨打电话用户的手机上。完成这一技术架构后，我们深感其技术含量之高，因为在当时这是一项相当大的挑战。

然而，功能上线后，用户的反馈却远不如预期，这一尝试最终以失败告终。这次经历给了我深刻的启示：不能仅凭技术热情来决定产品方向，更不能忽视用户需求而自以为是。我开始意识到，潜意识是驱动用户行为的关键因素，它不同于理性思考，而是认知心理学中所提到的"系统 1"和"系统 2"的另一套机制。认识到潜意识的存在后，我开始重新审视自己，更深入地了解自己的同时，也逐渐学会了下意识地从用户的角度思考问题。我认为，这是我在产品设计过程中获得的最大收获。

第二个阶段是从产品转向商业化。从 2017 年到 2019 年，我在掌握了产品的制作后，开始思考如何实现赢利。2016 年市场环境的变化迫使我们开始自主造血。我们意识到，尽管拥有大量日活用户，但流量并不等同于直接收入，我们需要找

到合适的商业模式。于是，我们几位合伙人各自领导一个方向进行商业化尝试。我尝试了电商、游戏联运、广告、直播和陌生人社交等多个方向，最终，广告业务取得了成功。在这几年的探索中，我们逐渐明白了如何实现赢利，我总结了两个关键体会。

首先，从"术"的层面来看，赢利源于竞争。也就是说，用户的消费预算是有限的，因此，要在商业竞争中脱颖而出，就必须在商业化方面做得比竞争对手更好。

其次，从"道"的层面来看，赢利源于是否真正为用户创造了增量价值。增量价值是指为用户提供额外的、有价值的服务或体验。例如，Facebook通过改进用户上下滑动浏览信息的方式，并在信息流中巧妙地插入类似信息的广告，极大地提升了手机端广告的点击转化效果，这就是一种增量价值。

基于这些体会，我认为，如果一家公司想要实现高额赢利，应该选择一个市场前景广阔的领域，并为用户或客户创造足够大的增量价值。这是实现长期成功的关键。

第三个阶段是从零开始打造产品。2019年，我带领团队从零开始打造了一款面向消费者的产品——疯读小说。在一年半的时间里，我们将用户日活从零提升到1000万，月活达到2000万。在这一过程中，我们学会了在完整的竞争周期中思考问题。我们找到了免费小说的商业模式、增长模式和用户需求。到了2020年夏天，我们的产品在行业中排名第三。

今天，排名第一的免费小说在国内已经有1亿的日活用户，免费小说这场战争基本上已经结束了。复盘来看，免费小说这个赛道始于流量，终于内容。我意识到如果想要在一个大型赛道上取得最终胜利，除了快速发展，还必须深入思考最终目标是什么，以及如何制定实现这一目标的策略。免费小说的成功缘于移动互联网信息流广告的发展和大量未付费小说用户的存在。然而，我们当时并未深入思考最终目标和最佳战略路径。我意识到，当竞争的焦点转向优质内容时，我们应该从一开始就专注于内容的质量。这段经历对我来说是非常宝贵的。

**ZP：** 您觉得过去这段长达12年的创业经历，给这次创业带来了哪些启发？

**朱江：** 首先，顺势而为是我创业过程中的重要原则。智能手机和移动互联网的迅猛发展，不仅推动了我个人的成长，也助力触宝公司成功在美国上市。免费小说的兴起，对许多用户来说，是一种消费型内容体验的升级，同时也伴随着商业模式的创新。

其次，技术的变革对我产生了深远的影响。2020 年，GPT-3 的发布给我带来了巨大的冲击。作为一家从事输入法业务的公司，我们一直密切关注语言模型的发展。GPT-3 的出现让我们意识到，人工智能在内容创作领域的潜力即将爆发。尽管当时 GPT-3 主要应用于新闻稿撰写，但我已经预见到 AI 将在内容领域引发一场革命。

此外，我们还关注了计算机视觉领域顶级会议 CVPR 的论文趋势，发现关于 AI 在图像和视频处理方面的研究越来越多，这进一步证实了技术变革的迅猛势头。

ZP：您觉得和移动互联网时代相比，AI 时代对于创业者提出了哪些新的要求？

朱江：对于创业者而言，我认为有两个关键点至关重要。

首先，创业者需要同时理解人工智能（AI）和人性。在当今时代，AI 不仅是一种工具，更是一个不断进化的新"物种"。对于移动互联网时代的创业者来说，有必要回到原点，重新学习，深入理解 AI 的底层原理和最新进展。自 2020 年起，我投入了大量时间阅读相关论文，重新学习 AI 理论，以便更好地把握这一趋势。

其次，能否做出正确的战略选择也是创业者面临的一大挑战。战略选择类似于下围棋，它需要直觉和理性的结合。直觉能够帮助我们探索战略选择的可能性，而理性则确保我们的选择在合理范围内。如果创业者不能同时理解 AI 和人性，就难以判断在技术上最具挑战性的领域是否也是用户需求最强烈的领域。这一点在战略选择上对创业者提出了更高的要求。

## 02 AI 多模态将进一步升级内容体验，AI+ 娱乐赛道将诞生新一代 Super App

ZP：CreativeFitting 创立的初衷是什么？当时看到了怎样的一个机会？

朱江：从创业伊始，我们就预见到 AI+ 娱乐赛道将孕育出新一代的 Super App。AI 的多模态生成能力和强互动特性够极大地增强用户的代入感和体验感，而娱乐领域本身拥有庞大的用户基础和高商业价值，无疑是 AI 应用的重要场景之一。我们判断，利用 AI 生成高质量的叙事性视频将是这一赛道的关键要素，因此我们决定首先在这一领域实现突破。

自 2021 年开始创业，我们就专注于构建叙事性视频生成能力，并不断升级我们的模型。最初，我们围绕短视频广告场景，实现了生成简单剧情的能力。到了

2023 年年初，我们判断 Super App 的转折点即将到来。在下半年，我们成为行业内第一个推出支持生成复杂剧情短剧视频的 ReelDiffusion 模型的公司，并在 2023 年年底发布了全球首个 AI 短剧 App Reel.AI（如图 20-2 所示）。

图 20-2　AI 生成的短剧场景及人物

ZP：当时你们注意到哪些技术变化，并认为这是一个拐点？此外，贵公司在选择发展路径方面有哪些经验和策略？

朱江：首先，基于扩散模型的视频生成技术理论上能够创造出具有强烈叙事性的视频内容。其次，大语言模型的进步使得 AI 能够理解和模拟人类的语言及逻辑思维，从而在某种程度上呈现出类似人类的特性。这两个方面的结合，为用户开启了一种全新的娱乐体验，这种体验不仅能够观看，还能进行交互对话，甚至参与其中。凭借我们对娱乐体验的深刻理解，我们从 2021 年开始便专注于叙事性视频生成技术的研发。在行业的关键转折点，我们是第一个将这种理论上的可能性转化为现实的公司。

## 03　AI 短剧将成为 AI+ 娱乐赛道的最佳战略落子点

ZP：在拐点即将到来之际，我们将战略重点放在短剧方向上的思考是什么？

朱江：我们坚信，海外短剧将成为 AI+ 娱乐 Super App 的绝佳切入点。回顾移

## 20. AI 短剧应用：朱江，AI 短剧海外娱乐畅销榜上榜

动互联网时代的娱乐应用，它们主要致力于满足用户的"观看""聊天"和"游戏"需求。在这些需求中，"观看"类应用拥有最大的用户量和最高的商业价值。在国内市场，"观看"类短剧已经证明了其用户需求和商业价值，实现了 400 亿元人民币的收入规模。然而，海外市场仍处于蓝海阶段，Reel Diffusion 恰好能够解决海外短剧供给不足的问题。通过在"观看"维度上更好地满足用户需求，并结合 AI 聊天、互动等娱乐体验的升级，我们有望超越短剧，为用户带来更优质的娱乐体验。

ZP：您提到选择以"观看"为核心，这与短剧行业密切相关。能否请您分享一下您对短剧行业的见解，以及为什么这个行业现在会迎来爆发期？

朱江：短剧起源于网络小说，以其快节奏和碎片化的特点在中国兴起，并在海外得到发展。中国拥有超过 20 年的网络小说基础，与传统纸媒相比，网络小说能够提供更快速的数据反馈，从而使得故事性更强，并且通常采用连载模式，将一系列小的矛盾冲突和高潮组合在一起。如今，制作短剧实际上是在将网络小说视频化，这在中国的文化背景下显得自然而然。

2024 年国内短剧的收入规模将超过 400 亿元人民币，而海外市场仍是一片蓝海，拥有庞大的用户基础和高付费能力，目前的发展水平大约仅相当于国内的 10%，这意味着巨大的增长空间。短剧之所以兴起，背后的原因可以简单归结为两点：首先是用户对碎片化长视频内容的需求日益增长，过去人们可能会用碎片化时间刷短视频或玩休闲游戏，而现在短剧提供了一种更轻的娱乐方式，同时它具有一定的普适性，因此这种内容开始流行起来。其次，AI 技术的跨模态发展能够更好地满足用户对内容消费的需求，尤其是在视频领域。我们相信 AI 娱乐最终将超越传统短剧，因为它提供了多模态体验，并能够解决传统专业生成内容（PGC）的供给问题。AI 技术使得单人创作成为可能，极大地扩展了内容供给侧，满足了用户对持续消费内容的需求。我们认为 AI 生成的视频和多模态内容已经跨越了用户消费的临界点，预示着新型娱乐形态的出现。

ZP：目前 AI 短剧的 TPF 是否已经达到？

朱江：在动画短剧领域，我们的 AI 技术已经实现了生成优质内容的能力。让我分享一个我们在上海国际电影节全球 AI 马拉松大赛上获奖的作品（图 20-3）。

图 20-3　上海国际电影节全球 AI 马拉松大赛获奖作品

这部动画短片是利用 CreativeFitting 自研的 Reel Diffusion 视频生成工具制作的，其叙事性视频的生成能力已达到全球行业领先水平。该工具支持高一致性和高可靠性，尤其擅长创作能够激发用户情感共鸣的短片。从算法到训练数据及工程实现，我们都进行了专门的设计，以帮助创作者讲述引人入胜的故事。我们的作品在 700 支参赛队伍中脱颖而出，荣获了"观众选择奖"，并在 B 站上获得了极高的好评率。此外，在我们的 App 中，利用 Reel Diffusion 生成的多部 AI 短剧也已成为热门作品，实现了规模化的用户付费。可以说，我们在行业内率先将 AI 动画短剧推向了用户消费的新高度。至于非动画型短剧的 TPF，我们的团队正在升级模型，将在非动画短剧类别上也达到用户可消费的水平。

## 04　为用户提供 AI 短剧 +AI 聊天互动的新型娱乐体验，海外 iOS 畅销榜超 C.AI

ZP：让我们回过头来谈谈贵公司的产品。您能否介绍一下 Reel.AI 目前的功能？目前的数据表现又如何？

朱江：Reel.AI 致力于为用户提供结合 AI 短剧和 AI 聊天互动的创新娱乐体验。该平台已于 2024 年 1 月在海外市场上线，优先覆盖了美国、英国、加拿大等英语一级国家。目前，单个用户的每日平均使用时长超过 30 分钟，付费用户的长期留存率维持在 15% 左右。我们在海外的 iOS 畅销榜上排名保持上升趋势，成功超过

## 20. AI 短剧应用：朱江，AI 短剧海外娱乐畅销榜上榜

了 C.AI（如图 20-4 所示），并且继续保持快速增长势头。

图 20-4 Reel.AI 在海外的 iOS 畅销榜上的排名（数据源自点点数据）

ZP：平台上的创作者是谁？

朱江：平台上的创作者是那些具备故事创作能力和画面构图能力的杰出创作者，例如漫画家、影视编导等。他们利用我们的生成工具可以独立完成整部片子的创作。

ZP：我们在满足用户的什么底层需求？如何构建平台的核心壁垒？

朱江：从根本上说，Reel.AI 的核心在于利用生成式 AI 为用户提供更好的情绪价值满足。生成式 AI 的发展使得提供情绪价值的边际成本接近于固定成本。新一代 AI 娱乐平台的核心壁垒分为两个阶段：第一阶段是由于创作内容方式从专业生成内容（PGC）转向 AI 生成内容（AIGC）所带来的规模效应壁垒；第二阶段则是随着用户数据的积累，娱乐体验持续提升，从而构建了一种类似网络效应的情感壁垒。

ZP：您如何看待竞争问题？目前，越来越多的参与者进入短剧市场。从长期来看，决定这个行业胜负的关键因素是什么？

朱江：Reel.AI 与传统短剧 App 在体验上虽有交集，但并非直接竞争关系。从长远来看，AI 将提供多模态、互动式的新一代娱乐体验，这将超越传统的短剧形式（如图 20-5 所示）。

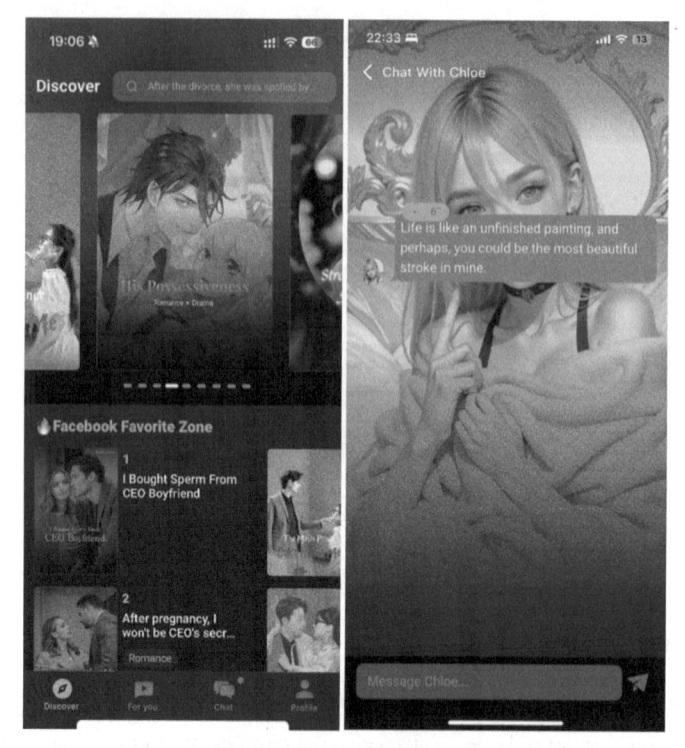

图 20-5　多模态互动式的新一代娱乐体验

ZP：Reel.AI 的目标用户群体是谁？是否存在文化差异带来的问题？

朱江：AI+ 娱乐是一个拥有十亿级用户量的赛道，我们相信娱乐体验升级的需求是全球性的。我们过去曾面向全球市场推出免费小说，对不同国家的文化有着深入的理解。目前，我们的用户画像显示，约 70% 的用户为女性，主要年龄在 35 岁以上，主要分布在美国等一级英语国家。这个用户群体拥有较强的付费能力。未来，我们还将逐步拓展至中东、日韩、东南亚等市场。

ZP：公司的长期愿景是什么？

朱江：我们的愿景是成为全球最大的 AI 生成内容（AIGC）平台。我们坚信 AI+ 娱乐将带来娱乐体验的巨大变革，希望 CreativeFitting 能够站在这一浪潮之巅，引领下一代超级内容平台的革命。

ZP：在访谈的最后，能否推荐一本您喜欢的书？

朱江：我想向大家推荐《平台革命》。这本书深入探讨了如何系统化地构建平台，提供了深刻的见解和实用的框架，对于理解和构建成功的平台至关重要。

## 20. AI 短剧应用：朱江，AI 短剧海外娱乐畅销榜上榜

尽管 AI 时代与互联网时代有所不同，但书中的内容有助于我们从宏观和全面的角度了解内容平台的构建和治理的关键要素及方法。这本书给我最大的启发是，平台是一个最终结果，我们不能仅仅将平台的规模目标转化为 OKR（目标与关键成果）。它提供了一种完全不同的思考方式。

# 21. AI 编程应用：高策，弯道超车，产品创下五个月获 300 万次下载和品类第一的纪录

访谈时间：2024 年 8 月

本篇我们有幸与 TensorChord 的创始人高策进行了一次深入对话。高策，1994 年出生，2012 年进入上海交通大学学习，从编写"Hello World"程序开始他的编程生涯。凭借极大的热情和天赋，在读书期间，高策就成为知名 AI 基础设施开源项目 Kubeflow 的社区联合主席，并在毕业后先后加入了字节跳动和腾讯云 AI 团队。

2021 年，27 岁的高策决定放弃许多人梦寐以求的工作，离职创业。他表示："我决定去探索一下底层、更偏向基础设施的领域。底层意味着能做的事情更多，能掌握的空间更大，能做的优化也更多。"他将自己热爱且擅长的 AI 基础设施作为创业方向，并在天使轮就获得了知名投资机构的大力支持。

与许多创业公司一样，TensorChord 的发展之路并非一帆风顺。从坚信到怀疑，从选择到重新选择，经过两次重大的战略调整，这家年轻的公司在 2024 年终于迎来了阶段性的里程碑：他们于 2024 年年初推出的基于 PostgreSQL 的向量搜索产品 PGvecto.rs（如图 21-1 所示），已经实现了 300 万次下载，每月新增下载量约为 50 万次，成为 PostgreSQL AI 品类的领先产品，并获得了知名产品 Immich 的使用。

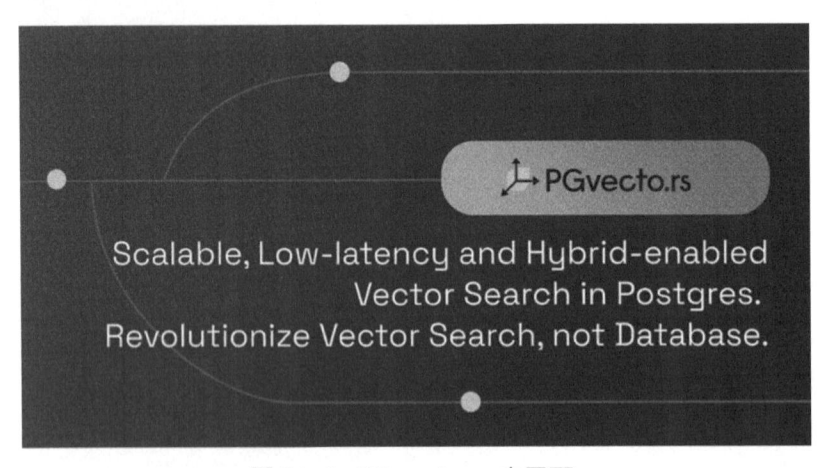

图 21-1　PGvecto.rs 主界面

在本篇中，高策（如图 21-2 所示）与我们分享了他的创业故事及其对 AI 基

21. AI 编程应用：高策，弯道超车，产品创下五个月获 300 万次下载和品类第一的纪录

础设施未来发展的见解。从 TensorChord 的创立初衷，到产品的核心优势和市场定位，再到团队的愿景和战略规划，高策坦诚而直接的分享涉及了那些做对了和没做对的事情，以及那些已经想清楚和仍在思考的问题。高策的创业之旅仍在继续，他也希望通过分享为同样在创业路上的你提供一些启示。

图 21-2 TensorChord Co-Founder 高策（左）与 Co-Founder 周金晶（右）

## 01 Kubeflow 社区联合主席，从字节、腾讯离职后即获知名投资机构支持，想做既有影响力又有商业价值的事

**ZP**：请先自我介绍一下吧。

**高策**：大家好，我是高策。我于 2012 年通过自主招生进入上海交通大学。在高中时，我主要参加了物理和数学等学科的竞赛，在大学之前从未接触过计算机编程。因此，当我开始学习计算机科学时，确实遇到了一些挑战。

记得大学的第一门计算机课是学习 C++，第一个编程任务是在命令行中输出"Hello World"。我的同学们基本上在一个小时内就完成了这个任务，而我却花了五六个小时。这对我来说是一个巨大的打击。然而，随着时间的推移，我逐渐发现编程非常有趣。通过编程，我能够创造出前所未有的东西，比如编写小游戏。

实际上，当我第一次写出"Hello World"时，我就已经感受到了编程的魅力。我能够使用一些我不太了解的命令，让计算机按照我的想法进行输出。这个从受挫到乐趣的过程充满了挑战，但也得到了许多帮助。我当时的大学室友非常乐于助人，他一步一步地帮助我，教我编程，对我帮助很大。

在上海交通大学的软件学院，暑假有一个小学期需要上课，作业是要开发一个类似 Twitter 的社交软件，但只需在命令行中运行。这个软件需要实现创建账号、关注其他用户、查看其他用户的动态和帖子、列出其他用户的关注者等功能。我平时主要写算法题，突然要完成这么大的项目，感到非常困难，但我还是硬着头皮去写了。那时候还涉及一些数据结构的应用和索引操作，比如哈希表、B 树等。这些对我来说都非常复杂，整个暑假我几乎没有休息，一直在研究如何编写这个软件。当最终完成时，我非常有成就感。我能够以如此高效的方式在磁盘上构建一个搜索索引，用于搜索所有的推文和发布的内容，这真是一件非常好玩的事情。完成这个大作业对我来说是一个巨大的里程碑。

2015 年，我大三的时候在蚂蚁金服的国际事业部实习，参与了一个后来被取消的支付宝海外直购项目。当时的海外，特别是欧洲，有许多独立电商，但他们都不支持支付宝。我们试图解决的问题是如何让用户完全通过支付宝的渠道，在这些独立电商网站上购物时能够一键下单、一键清关，然后直接将货物运送到国内。这是一个非常注重业务逻辑、业务复杂性很高的场景。我们组里有很多清关和支付方面的产品专家。这是一个以产品驱动的应用。在这个过程中，我也体验到了国内大公司的开发流程，但我发现我并不是特别喜欢这样的流程。支付宝是一个特别注重产品的公司，我们的代码开发会受到产品逻辑和产品经理的很多介入。这个项目相当于在支付宝内部创业，但最终这个业务没有成功，因为其产品市场契合度（PMF）没有达到预期，整个项目组都被解散，转去做其他事情了。

**ZP：**您提到支付宝的那个项目由于产品市场契合度未能达到预期而最终没有成功。作为 TensorChord 的 CEO，您肯定对此有很多思考。您认为当时项目未能成功的主要原因是什么？在那之后，您又转向做了哪些工作？

**高策：**我认为最大的挑战在于我们低估了清关的复杂性。海外购物，无论是通过 AWS 还是其他途径，清关始终是一个棘手的问题。它不仅操作难度大，而且并非纯粹的软件问题，涉及许多线下流程。这类业务的投入产出比可能不适合支付宝这样的公司。这个项目最终被取消，我感觉是因为在执行过程中效率低下。这个项目存在许多商业问题，例如，为什么用户会选择用支付宝下单？这对当时的销售体系构成了挑战。然而，当时我对这些并不了解，只是觉得这个项目进展顺利，并且已经取得了一些成果。我们与许多海外大型合作商建立了合作关系，但最终项目还是失败了。我对这个项目投入了很多，当时感到有些受挫和震撼。我意识到在商业活动中有很多因素是我无法控制的，一个项目能否成功对公司来

## 21. AI 编程应用：高策，弯道超车，产品创下五个月获 300 万次下载和品类第一的纪录

说具有很大的不确定性。当时我觉得，如果再投身于类似业务两三年却再次失败，无论对职业还是对心理成就感方面都会产生很大的影响。因此，我考虑暂时休息，读研究生。此外，我感觉自己像一颗螺丝钉。因为这类工作是非常标准化、规范化的编程工程，无论是我来做，还是支付宝的其他工程师，或是新招的大学实习生来做，都没有本质区别。长期从事会感到枯燥。最初，我对这份工作充满热情，但随着时间的推移，我发现能学到的东西有限，成就感不高。

后来，我决定深入研究底层、偏向基础设施的技术。底层技术意味着更多的可能性，更大的掌握空间，以及更多的优化空间。例如，自己开发数据库，甚至操作系统，这听起来非常有趣。基于这个想法，我决定读一个与基础设施技术相关的研究生课程。当时我也考虑过出国，但我觉得国内的软件市场潜力更大。虽然美国当时已经非常发达，但我认为它的发展空间有限，而国内市场则充满潜力。事实上，对于面向消费者的市场来说确实如此，但对于面向企业的市场则不一定。

我决定暂时休息，读了一个基础设施技术领域的研究生课程。那时，一家回国创业的公司与我的导师有合作，所以我一边从事基础设施软件的研究，一边参与一些偏向工业界的工作。那家公司后来成为我加入的公司，名为才云科技，后来被字节跳动收购。

在那段时间，我在才云科技远程实习，接触了 K8s。2014 年，K8s 开源，2015 年，我用它进行机器学习工作负载支持的研究。那时，K8s 甚至还不是容器领域的实施标准，有许多其他集群管理软件可以使用，我算是较早接触的技术人员。我的导师在 CMU 访学期间，认识了当时还在谷歌工作的才云科技创始人，他们认为 K8s 非常先进，很可能是未来容器编排领域的标准。那家公司有深厚的谷歌机器学习背景，当时谷歌内部的机器学习都是运行在一个集群调度软件 BORG 上的，因此，他们认为用 K8s 支持机器学习是很自然的事情。当时 K8s 对机器学习工作负载的支持很差，所以我的工作之一就是让 K8s 更好地支持机器学习的集群调度，自然而然地转向了 AI 基础设施这个方向。我很早就接触了 AI，那时几乎没有 AI 公司，几乎没有公司使用 K8s 支持机器学习工作负载。正因为那家公司有很强的谷歌背景，在项目开源之前，我就有机会参与 Kubeflow 早期的设计和开发。这个项目最初是谷歌一个工程师的业余项目，我们写了大约百分之五六十的代码，但版权属于谷歌公司。

ZP：当时选择 AI 方向的人并不多，但你仍然决定投身于此。回顾过去，你认为当时的哪些判断是正确的，又有哪些与现在的认知有所不同？

高策：当时，我深信必须追求创新，这主要基于两个原因：首先，在支付宝，

我感觉盛宴已近尾声。我所能想到的任何工程优化或新的中间件在支付宝内部已经无处不在，这让我觉得现有的基础设施已经相当完善和成熟。我渴望做一些真正有价值、有影响力的工作，这意味着我需要寻找一些尚未有人涉足的领域。那时候，我非常看好 AI，认为它是一项神奇的技术。尽管当时 AI 的应用几乎仅限于人脸识别这一场景，但我坚信 AI 是一个充满前景的新方向。我确信，利用基础设施来支持 AI 将成为未来的一个重要需求。

其次，探索新领域本身就是一种乐趣，因为它提供了更大的发挥空间，没有现成的框架或限制。例如，如何更有效地在集群上运行分布式任务，这是一个开放性问题，任何有效的解决方案都会受到欢迎。这有点像 Hadoop 或许多大数据软件刚问世时，它们的性能并不理想，但随着时间的推移，通过不断优化，Hadoop 的性能在一段时间内实现了成百上千倍的增长。我相信 AI 基础设施同样拥有这样的成长机会，而且我对这个方向的工作充满热情，因此我投入了大量的精力。

**ZP：** 您提到，在 2015 年前后，您认为现有的基础设施已经相当成熟。然而，海外的一些大型基础设施公司，如 Snowflake 和 Confluent，实际上是在 2012—2014 年期间才成立的。如果让您带着现在的知识和认知回到那个时期，您是否会做出不同的选择？

**高策：** 我仍然会做出相同的选择。当时，我认为大数据、商业智能（BI）和传统生产环境使用的基础设施已经相当成熟。当然，从现在的角度来看，那个时期的基础设施实际上还远未成熟，特别是在大数据领域，仍然存在许多机会。但这些机会并不是国内面向企业（To B）市场的机会。国内像蚂蚁金服这样规模的企业本来就不多，中等规模的公司更是稀少。

从技术角度来看，基础设施领域仍然有许多新技术。例如，那时的在线分析处理（OLAP）数据库与现在的 Snowflake、Redshift 等相比，还存在不小的差距。然而，很难再有像从无 Docker 到有 Docker 这样的革命性、跨时代的机会出现。在 AI 领域，仍然存在许多这样的机会。

当然，在面向企业的基础设施软件这个方向上，2015 年之后确实出现了许多优秀的公司，特别是 Snowflake。但从技术上讲，Snowflake 并没有实现巨大的技术革新，它更多地是在产品层面上进行了创新，选择了完全基于公共云的架构，这是非常具有前瞻性的。

## 21. AI 编程应用：高策，弯道超车，产品创下五个月获 300 万次下载和品类第一的纪录

**ZP**：在才云科技做 Kubeflow 和后面加入腾讯都是你很重要的经历，可以分享一下吗？

**高策**：2016 年毕业后，我一方面在实验室进行研究，另一方面在才云科技负责开源社区的工作，直到 2019 年研究生毕业。在那几年里，我在 Kubeflow 社区表现得十分活跃。到 2019 年毕业时，我在社区贡献排名位居第二，仅次于那位发起该项目的 Google 工程师。自 2017 年发布以来，Kubeflow 迅速吸引了广泛关注，其 GitHub 星标数量从最初的几千个增长到如今的一两万个，采用率也在持续攀升。在此期间，我还协助众多公司在生产环境中解决了部署难题，以及应用过程中遇到的各类问题。

2019 年毕业后，我加入了才云科技，当时公司刚刚完成 B 轮融资。入职后，我担任技术领导，主要负责实现和维护公司内部 AI 平台产品的部分功能。在此期间，由于工作重心的转移，我对社区的关注有所减少。

原本我计划在这家公司长期发展，但 2020 年公司被字节跳动收购。从目前的视角来看，这无疑是一个不错的退出机会。然而在当时，我认为公司正处于上升期，对这一决定感到难以理解。后来我才意识到，公司面临的问题在于客单价较低，客户购买后的使用率也不高。尤其是金融行业的客户，他们购买后仅将产品部署到生产环境便不再使用，反馈也寥寥无几。

公司被收购后，我加入了字节跳动。这对我来说也是一个很好的契机，因为字节跳动的平台更为广阔。老板表示，收购才云科技是为了发展云业务。我深感认同，如果从事公有云业务，情况可能会有所不同——公有云的用户不会购买服务后闲置不用。因此，我非常期待在节字跳动从零开始打造公有云平台，开启新的挑战。

然而，后来我了解到字节跳动当时并没有开展公有云业务的计划，更多是聚焦于支持内部业务。这让我感到有些遗憾，毕竟我刚毕业不久，内心渴望从事更具价值和影响力的工作。因此，我最终选择加入腾讯云的容器团队，专注于 AI 领域。尽管腾讯云提供通用容器服务，但在当时，约 60% 的客户使用量都与 AI 业务相关。我意识到，这个领域有着巨大的发展潜力。经过与老板的深入讨论，我决定加入腾讯云。

我入职腾讯云不久后，发现字节跳动开始着手打造火山引擎公有云。这或许是后话了。

在腾讯云，我主要负责支持利用腾讯云容器服务的 AI 行业客户，这些经验对我们后来的创业之路也大有裨益。当时的客户主要集中在泛互联网、教育、自动驾驶和新能源等行业。其中最大的客户是一家互联网信息流公司，其所有推荐相关的 AI 业务都运行在 Kubeflow 上，底层则是腾讯云提供的 Kubernetes（K8s）。我们的工作重点是在如此大规模的场景下优化 Kubeflow 的运行效果，并尝试孵化一些更具 AI 特色的容器产品。

在腾讯云工作期间，我将大量精力投入到支持我们最大的客户上，经常驻场与他们紧密合作。在这个过程中，我深入了解了推荐系统分布式训练的生产环境问题，这让我深受震撼：头部客户的业务规模之大令人咋舌，甚至超过腰部客户用量的总和。这让我意识到，对于云厂商而言，集中资源服务好一个头部客户所带来的收益，可能远大于服务所有腰部客户的总和。

在腾讯工作一年后，经过与联合创始人的长时间讨论，我决定创业。我们在 2021 年做出了这一决定，并于 2022 年正式开启创业之路。一方面，我们一致认为 AI 基础设施领域仍有许多机会。例如，像 Weights & Biases 这样技术相对简单的公司都能取得显著发展，这让我们看到了市场的潜力。另一方面，作为一线工程师，我们深知客户对更高效、更优质的 AI 基础设施的迫切需求。许多企业在 AI 领域的投入巨大，仅服务器支出就高达数亿元，人力成本也达到数千万元。这些企业对 AI 基础设施的投入之大，让我们看到了市场的广阔空间。

在创业之前，我们深入研究了多个方向，最终选择了开发者环境这一我们认为需求较大的领域作为创业方向。我们相信，通过打造更优质的开发者工具和环境，能够为企业内部的 AI 业务提供更强大的支持，同时也为 AI 基础设施领域带来新的突破。

**ZP**：决定创业背后的动力是什么？

**高策**：我一直认为，从事兼具影响力和商业价值的工作极具吸引力。创业的魅力在于，它不仅让你有机会创造有意义的价值，还赋予你充分的自主权——你无须为他人的失误买单。在大型企业中，决策往往受到诸多限制。公司既要应对短期营收压力，又要对长期财务报表负责，这种双重压力使得它们难以持续投入资源进行长期创新，比如孵化新产品或推动内部创业。相比之下，外部环境有时能提供更多可能性。当时，创投环境相对宽松，美联储的低利率政策使得投资机构资金充裕，愿意支持更多项目。这为我们提供了宝贵的试错空间，让我们能够探索 AI 基础设施商业化的潜在机会。

21. AI 编程应用：高策，弯道超车，产品创下五个月获 300 万次下载和品类第一的纪录

ZP：TensorChord 这个名字是怎么来的？

高策：我们的目标是创立一家专注于 AI 基础设施的公司，因此在命名时，我们希望借鉴 Kubeflow 和 TensorFlow 的风格，采用两个词汇的组合形式。TensorFlow 作为一款卓越的产品，给我们留下了深刻印象，于是我们决定以"Tensor"作为名字的前半部分。随后，我们想到了"Chord"这个词，它不仅与"张量"在物理学上有所关联，还蕴含着和谐与连接的意味。将"Tensor"与"Chord"结合，既体现了技术深度，又赋予了名字一种独特的美感和深远的寓意。

## 02 受众需求的变化导致 AI 基础设施的变化；向量是新的数据类型，而不是新的索引构建方式

ZP：现在回头看 Kubeflow，做得最对的事情是什么？

高策：我后来从事的工作也是与开源 AI 基础架构相关，其中 Kubeflow 是一个非常成功的项目。关于这个问题，我思考了很长时间。首先，关键在于时机。2014 年，K8s 刚刚发布，2015—2016 年搭建一个 K8s 集群非常复杂，可能需要一个月的时间，而现在只需要几分钟。但在那个时候，我们已经开始在 K8s 上构建 AI 支持，成为第一个吃螃蟹的人。除了时机因素，Kubeflow 的成功还得益于其基于 Google 内部使用的 Borg 技术（类似于 Kubernetes）。Google 内部的许多 AI 业务都依赖于调度软件运行，这为 Kubeflow 的设计提供了宝贵的参考。作为全球基础设施最先进的公司之一，Google 的技术哲学对我们产生了深远影响，尤其是其对大规模和并行计算的重视。然而，随着时间的推移，我们注意到行业趋势的变化。例如，Databricks 开源的 MLflow 等项目更注重易用性，致力于支持开发者和算法工程师在单机环境下高效工作。这种对用户体验的重视与 Kubeflow 的设计理念形成了鲜明对比，也反映了行业关注点的多样化。

ZP：您刚才提到了 MLflow 注重易用性和对单机环境的支持，而谷歌则强调大规模和并行处理。现在从您的视角来看，这两种不同的设计理念有优劣之分吗？

高策：我认为易用性在某种程度上更为关键，因为用户友好的 AI 技术往往具备更高的商业价值。过去，大规模分布式系统主要应用于互联网公司，例如 TikTok 的推荐系统。这类公司的业务规模庞大，对高并发处理、高吞吐量和低延迟有着极高的要求。它们通常拥有强大的研发团队，倾向于采用扩展性良好的开源软件，并在此基础上进行深度定制。然而，这种高度定制化的需求使得相关技术的商业价值相对有限，因为其应用场景和受众较为狭窄。

然而，像 MLflow 和 Weights&Biases 这样的工具，通过强调易用性，成功地将焦点转向了单个数据科学家的需求，帮助他们更便捷地使用工具并分享实验结果，尤其是在实验跟踪领域。尽管这些工具的技术门槛并不高，但它们的商业化价值却非常显著。

回顾历史，那些专注于复杂工作流程、分布式计算和并行处理的公司往往发展不尽如人意，而 Weights&Biases 却成了上一代 AI 领域中最成功的公司之一。我认为，其成功的关键在于它敏锐地捕捉到了一个被忽视的核心需求：从易用性和小团队的实际需求出发，实现了类似产品引导增长（PLG）的效果。如今，当人们谈论实验跟踪时，Weights&Biases 几乎成为了这一领域的代名词。

ZP：也就是说，早期进入市场和高度的易用性是两个关键因素。还有其他类似的例子吗？ PyTorch 和 Databricks 是否符合这些特点？

高策：还有一个例子是 HashiCorp。该公司凭借其前瞻性的想法，在多云管理领域早期就取得了显著成就。早在只有单一云服务的时候，HashiCorp 就开始研发多云工具，例如 Terraform，当时几乎没有竞争对手。在 2012 年，它就已经推出了许多多云工具，我当时可能会认为这些工具并不实用。但现在提到多云管理，人们首先想到的就是 HashiCorp，而且它的工具易用性确实做得非常好。

我认为，尽管 PyTorch 进入市场较晚，但其卓越的用户体验使其逐渐超越了 TensorFlow，成为主流框架。PyTorch 和 Weights&Biases 的崛起，在很大程度上得益于当时数据科学家群体对高效、易用工具的迫切需求。数据科学家作为需要深厚计算机和深度学习背景的专业群体，对工具的选择极为挑剔，而 PyTorch 的灵活性和易用性恰好满足了他们的需求。

然而，随着生成式 AI 的兴起，这一局面发生了显著变化。如今，许多参与机器学习的工程师不再需要深厚的机器学习背景，PyTorch 的易用性也因此变得不那么关键。训练和使用大语言模型的群体已经发生了分化：训练模型的人通常是经验丰富的专家，他们更关注框架的机器效率，因为硬件成本日益攀升。理论上，随着需要直接训练模型的人群减少，接触 PyTorch 的人数也在下降。例如，许多基于 ChatGPT 构建应用的人并不需要了解 PyTorch。因此，从训练效率的角度来看，能够更好地利用 GPU 资源的框架更受欢迎，尤其是考虑到 GPU 的高昂成本。尽管 PyTorch 在易用性上表现出色，但它未必会成为未来最具价值的框架。这也解释了为什么以 TensorFlow 为代表的静态图方式重新受到关注，而像 Google JAX 这样的新框架也逐渐崭露头角。工具需求的变化，本质上是使用人群变化的结果。

## 21. AI 编程应用：高策，弯道超车，产品创下五个月获 300 万次下载和品类第一的纪录

至于 Databricks，我认为它更像是一家大数据公司，类似于 Snowflake，而非专注于 AI 基础架构的企业。事实上，上一代的 AI 基础架构本身就难以实现盈利。相比之下，在大数据领域，Snowflake 等公司不仅估值高，营收表现也更为亮眼，因为大数据的应用场景比 AI 更为广泛。因此，Databricks 选择专注于大数据领域是明智的，尤其是它开源的 Data Lake 项目，正是其核心竞争力所在。相比之下，MLflow 的商业化可能并未带来显著的收益。

ZP：您总结的"早期进入市场"和"易用性"这两个关键因素对您后来的创业有何影响？在选择方向、进行探索和做出决策时，您有哪些故事和背景可以分享？

高策：我们的第一个产品是 envd。在开发这个产品时，我们深受 HashiCorp 的首个开源项目 Vagrant 的启发。Vagrant 诞生于 Docker 尚未普及的时代，它允许用户通过声明式的方式编写类似 Dockerfile 的描述文件，从而构建基于虚拟机的开发环境。尽管这种方法比较重量级，配置过程需要五六分钟，但在当时却是一项革命性的突破。在当时，配置开发环境是一项复杂的任务，缺乏 Docker 这样的环境隔离机制。Vagrant 的出现改变了这一局面，让用户能够在虚拟机中轻松完成环境配置，只需描述所需的环境，无须关心具体的实现细节和安装过程。这种简化开发流程的理念，深刻影响了 envd 的设计思路。

回到我们的产品 envd，我们注意到许多数据科学家来自数学、生物或物理等领域，对计算机底层知识了解有限，甚至从未接触过 Docker。为了降低他们的使用门槛，我们设计了一种类似 Python 的声明式语言，用户只需通过简单的描述即可构建开发环境，而底层则由 Docker 自动完成环境配置。envd 开源后，迅速赢得了许多传统数据科学家和工程师的青睐，其中包括一位 Apple 数据科学团队的经理。他对 envd 赞不绝口，并在 Twitter 上积极推广，为产品带来了大量关注。

我们在 2022 年上半年开发了 envd，当时 ChatGPT 尚未问世。然而，随着大语言模型（LLM）的兴起，我们观察到，许多使用 LLM 的用户都具备扎实的计算机背景，他们对 Docker 和底层技术非常熟悉。因此，像 envd 这样以易用性为核心的开发者工具，对他们的吸引力相对有限。

尽管如此，ChatGPT 的出现无疑将 AI 基础架构市场的规模扩大了一个数量级。这促使我们开始重新思考市场对基础架构的真正需求。到了 2023 年年初，我们意识到无服务器推理服务可能是一个重要的方向。虽然 ChatGPT 功能强大，但其成本高昂且难以微调，这为开源模型的普及创造了机会。与此同时，市场也需要一个高效、灵活的推理服务来满足日益增长的需求。这一洞察为我们后续的产品方

向提供了重要的启发。

经过市场调研我们发现，当前涉足无服务器推理服务的公司寥寥无几，仅有个别早期入局者，如 Banana 等，而他们中的多数还缺乏传统的 MLOps 背景，这使得我们在技术层面具备显著优势。基于此，我们果断将业务重心转向这一方向，并成功吸引了一些客户，主要是国内出海企业，MyShell 就是其中之一。

然而，后续发展并不如预期顺利，该领域逐渐变得难以为继，究其原因主要有两点：一方面，ChatGPT 日益好用，OpenAI 通过持续的技术迭代，构建起数据飞轮，促使模型性能不断攀升；另一方面，竞争态势愈发激烈，越来越多的公司察觉到这一市场的潜力。

无服务器推理服务采用全托管模式，类似公有云，技术优化能够降低成本，并且由此产生的利润可由企业自行留存，其商业模式与 Snowflake 十分相似。这种模式虽有诸多优势，但准入门槛并不高，因此吸引了众多公司涌入，包括 Lepton、Anyscale、OctoAI 等。随着市场竞争加剧，用户逐渐将关注重点聚焦于性价比，因为替换成成本极低，不存在数据绑定情况，这属于纯粹的计算密集型工作负载，用户若想切换，只需修改 API 即可。

截至 2023 年年底，我们原本预计某项业务能够实现盈利，但发现其市场规模难以进一步扩展。鉴于此，我们决定调整战略方向，将重心转向一个此前被视为边缘项目的创新领域——pgvecto.rs。这一转型始于 2023 年年中。

pgvecto.rs 的灵感来源于 pgvector，后者是 PostgreSQL 中广泛使用的向量搜索插件，尽管应用广泛，但其性能表现不尽如人意。我们敏锐地捕捉到了这一痛点，投入少量资源开发了一个性能更优的插件版本。经过初步推广，我们惊喜地发现，这一改进得到了大量用户的积极反馈，其中包括多个知名开源项目。例如，Immich（一个拥有超过 30000 个星标的 Google Photos 开源替代品）在其智能搜索功能中采用了我们的插件，用户反馈极为正面，这标志着我们首次获得了真正意义上的社区用户认可。

到 2023 年年底，pgvecto.rs 在开源社区中取得了显著的成功，不仅用户群体迅速扩大，下载量也屡创新高。我们意识到，向量搜索作为一个应用场景广泛的领域，其潜力远超预期。与市场上专注于向量数据库的解决方案不同，我们坚信在传统数据库中集成向量搜索功能更具前景。为此，我们撰写了一篇广受欢迎的技术文章，深入探讨了这一观点。文章的核心论点是向量应被视为一种新的数据类型，而非仅仅是一种索引构建方式。如果传统数据库能够更好地支持这种数据

## 21. AI 编程应用：高策，弯道超车，产品创下五个月获 300 万次下载和品类第一的纪录

类型，将极大地增强其功能，尤其是在 AI 驱动的应用场景中。

这一观点得到了业界的广泛认同，MongoDB 和 EnterpriseDB 等传统数据库公司也在积极探索 AI 和向量搜索功能的集成。我们坚信，基于 PostgreSQL 实现向量搜索虽然是一个细分市场，但其差异化优势和潜在用户群体极为庞大。因此，我们果断进行了业务转型，将 pgvecto.rs 作为未来发展的核心方向。

ZP：在你们开发 envd 这个产品的时候，ChatGPT 尚未问世。那时，许多用户（例如数据科学家）并不擅长使用 Docker，因此你们的产品受到了广泛欢迎。然而，随着 ChatGPT 的普及，用户群体发生了变化，许多用户变成了对 Docker 非常熟悉的用户，他们可能不再需要你们的产品了。您之前提到了 PyTorch 和 TensorFlow 的关系，PyTorch 似乎是通过其易用性这一特点赶超了 TensorFlow。这背后反映的是什么规律？

高策：核心原因在于目标受众的转变。过去，AI 领域受欢迎的工具都非常注重易用性，因为许多数据科学家并非计算机科学背景，而是来自数学、化学、物理等领域。他们对计算机的了解有限，因此当时的 AI 基础设施非常强调易用性，这也是 PyTorch 和 Weights & Biases 受到广泛欢迎的重要原因之一。我们设计 envd 的初衷也基于这一点，我们认为易用性是最重要的。一个工具不一定要支持高吞吐量、大规模应用，只要在小规模应用中特别好用就足够了，这正是大家最需要的。

然而，随着 ChatGPT 的出现，这种情况发生了变化。受众的变化导致了需求的变化。训练大语言模型（LLM）的人员和使用 LLM 的人员完全是两类不同的人群。过去，训练 LLM 的工作负载占整个 AI 硬件使用的 60%，而推理场景占 40%。但现在情况反过来了，60% 甚至 70% 的硬件资源用于推理，而训练只占 40%。尽管训练的规模越来越大，但只有少数几家公司在进行从零开始训练 LLM 的工作。

在这种情况下，为训练场景设计的工具需求越来越少。因为训练场景变得越来越专业，就像上一代 AI 中的推荐系统一样，只有资金雄厚的大公司才能聘请到顶尖团队来进行训练。这些团队的技能水平非常高，以至于他们对工具的需求和付费意愿都与之前大不相同。

目前来看，训练场景的受众已经从以前的数据科学家转变为具有计算机科学背景的工程师，他们不再需要以前那种高度易用的工具，因为他们拥有深厚的计算机背景，对易用性的需求反而没有那么强烈了。推理场景的受众变得越来越广泛，这也是我们最初做推理产品的原因。但后来我们发现推理产品市场竞争过于激烈，因此我们转向了其他领域。

推理场景的受众与以前有很大不同。他们不再需要传统意义上的高度易用性工具，而是需要一些新的工具，比如 AI Gateway，它强调的是上线后和开发运维（DevOps）环节的应用，而不是开发过程中的效率提升。易用性的含义已经不同于以前，我认为这是主要的变化。

ZP：在训练场景中工作的工程师通常具备计算机科学背景，并且他们使用的硬件资源也占有相当大的比例。然而，似乎他们的需求并没有成为产品开发的主要焦点，反而是推理场景中的用户需求成了主要的驱动力。这是否属实？原因何在？

高策：在上一代 AI 的发展进程中，大部分需求确实源自训练场景，包括实验跟踪、实验结果监控等方面。这些在模型训练过程中必不可少。由于训练过程中需要多次迭代和比较不同实验，所以这些需求显得尤为重要。彼时，在上一代 AI 中，训练通常不需要分布式系统，很多时候单台物理机就足以完成训练任务，对分布式架构的需求并不高。因此，训练和推理的工作往往由同一批人承担，数据科学家可能同时负责模型的训练和推理。

在上一代 AI 的实际应用中，通常由一个团队负责全流程。团队成员包括数据科学家和机器学习工程师，前者负责模型训练，后者负责模型部署，但整体上是一个协作的团队。然而，最大挑战在于，真正创造商业价值的是数据科学家，即负责模型训练的人员。毕竟，只有通过有效的训练，才能获得高性能的模型，进而为业务带来价值。因此，训练人员在团队中拥有最大的话语权，并决定团队工具的选择方向。

这些训练人员在模型训练过程中，通常采用单机操作模式，针对具体问题进行建模。这不仅需要深厚的专业经验，还要求具备特定领域的知识，比如神经网络结构的设计，以及数据预处理等关键环节。值得注意的是，他们中的许多人并非出身于计算机科学领域，而是专注于机器学习或数学等专业的专家。正是这些专业人士，凭借其独特的专业素养和技能，成为创造价值的核心力量。

ZP：那现在这些人主要负责哪个环节的工作？

高策：目前，大多数工作仍然集中在模型训练环节。在模型训练过程中，工程师需要掌握 NLP 领域的许多知识，而推理优化则是另一项独立的工作。现在，训练团队和推理团队的分工更加明确：训练团队专注于模型的训练，而推理团队则负责模型的使用和性能优化。

## 21. AI 编程应用：高策，弯道超车，产品创下五个月获 300 万次下载和品类第一的纪录

目前，使用大语言模型（LLM）的人群与训练模型的人群之间并无直接联系。过去，使用模型的团队需要具备一定的 AI 知识储备，例如了解输入和输出的格式、如何处理数据等。然而在当下这些背景知识不再是必备条件。在当前阶段，输入和输出均采用自然语言形式，用户无须深入了解 AI 的复杂细节，像 OpenAI 这样的公司会处理所有背后的技术难题。

ZP：我们之前讨论了许多行业层面的内容，现在让我们转向产品的话题。能否介绍一下你们目前开发的产品 pgvecto.rs，以及它的核心功能和主要用户群体？

高策：向量搜索（Vector Search）是生成式 AI 中的一个常见概念，简而言之，它关注的是如何寻找与特定文本最匹配的文本片段。其技术核心在于，任何文本都可以被转换成一种向量形式。例如，对于句子"How are you"，我们可以通过特定的方法将其转换成一个向量，这个向量可能是一个包含 1024 个数字的矩阵。

将文本转换为向量后，我们可以通过比较向量之间的距离来衡量文本之间的相似度。比如，"How are you"与"I'm fine, thank you"之间可能存在较高的相关性，而与"I'm a cat"则可能完全不相关。因此，向量间的距离可以作为衡量文本间相关性和相似度的一个指标。

假设我们有一千段文本，当给定一段文本时，我们的目标是在这一千段文本中找到最匹配的那一段。这正是向量搜索的工作过程。我们可以将给定文本的向量与这一千个向量进行比较，从而找到距离最近的那个向量。

向量搜索在生成式 AI 中尤为有用，原因在于，像 ChatGPT 这样的模型存在上下文 Token 的限制，通常是一个固定的上下文窗口。为了帮助模型更好地理解问题，我们需要尽可能多的上下文信息。例如，在企业数据库中查询年假信息时，我们首先需要从知识库中检索相关文本，而这正是向量搜索的应用场景。

我们的产品 pgvecto.rs 在传统数据库（PostgreSQL）中集成了向量搜索功能。传统数据库虽然支持文本存储，但在没有这个插件的情况下，无法高效地进行向量搜索。我们所做的是让这些数据库具备向量搜索能力，从而能够高效地检索并返回最相关的文本，供大语言模型使用。

与独立的数据库产品相比，我们的主要优势在于完全在 PostgreSQL 数据库内部完成这项工作。用户只需使用他们熟悉的 SQL 语言进行搜索，系统会自动完成所有计算。用户只需声明某列数据为向量类型，然后就可以通过搜索找到最接近的结果，直接供大语言模型使用。这使得用户能够在数据库中完成所有工作，极

大地方便了用户的使用。

**ZP**：您现在正在开发的产品是 pgvecto.rs。之前您提到了 pgvector 这个产品，能否介绍一下 pgvector 是什么？

**高策**：pgvector 是一个个人项目，但已经被众多商业公司采纳，用于实现向量搜索功能。它与我们的产品在功能上非常相似，因此可以视为直接竞争对手。然而，pgvector 在使用过程中存在一些显著问题。首先，它支持的向量维度上限为 2000 维，而当前许多新模型生成的向量维度远超这一限值，可能达到 4096 维或更高，这是 pgvector 的一大局限。

其次，它在处理复杂应用场景时表现较弱。所谓复杂场景，指的是传统关系数据库中的操作，如过滤（filter）、连接（join）和条件查询（where）等。例如，当需要将两张表进行连接后再进行向量搜索时，pgvector 在处理这类关系型操作方面的能力不足。与之相反，独立的向量数据库（vector DB）不需要处理这些场景，因为它们没有连接操作的概念，也不属于 SQL 数据库。因此，在处理复杂查询场景时，我们的产品表现更为出色，这也是大多数用户选择我们的主要原因。

**ZP**：为什么 pgvector 未能支持更高维度的向量查询和复杂的查询操作？在查询复杂度达到一定程度时，独立的向量数据库是否比 pgvecto.rs 表现得更为出色？

**高策**：pgvector 在支持某些功能方面存在限制，这主要是由于其架构设计所导致的。pgvector 是建立在 Postgres 存储系统之上的，因此它必须遵循固定的配置来存储向量，这限制了向量的维度最多为 2000 维。这一限制源自 Postgres 存储系统的特性，因此很难进行突破。然而，这种架构也带来了一些优势：pgvector 更加贴近 Postgres 原生，能够更简单地支持 Postgres 已有的特性。

相比之下，我们采用的是分离式架构，其中存储系统是独立于 Postgres 的，这使我们不受存储系统的维度限制，能够灵活地管理向量的存储。这也是我们能够实现无维度上限限制，并支持更复杂查询的一个重要原因。

关于第二个问题，我们所说的复杂场景主要是指关系数据库中表与表之间的复杂查询操作。例如，支付宝的业务可能涉及几十张表，需要使用大量的 join 和 where 语句来实现查询。这种复杂的关系数据库查询需求是独立的向量数据库无法满足的，因为它们通常只专注于向量搜索，而不涉及大量的表与表之间的操作。

对于专注于向量搜索的应用，独立的向量数据库确实是更好的选择。它们具

21. AI 编程应用：高策，弯道超车，产品创下五个月获 300 万次下载和品类第一的纪录

有更好的扩展能力，能够更好地满足这类需求。因此，这两种场景并不相互冲突，具体的选择取决于业务需求。如果业务需要处理复杂的关系型数据库查询，那么我们的 pgvecto.rs（图 21-3）将更加适合；而如果业务重心在于向量搜索，那么独立的向量数据库可能更具优势。

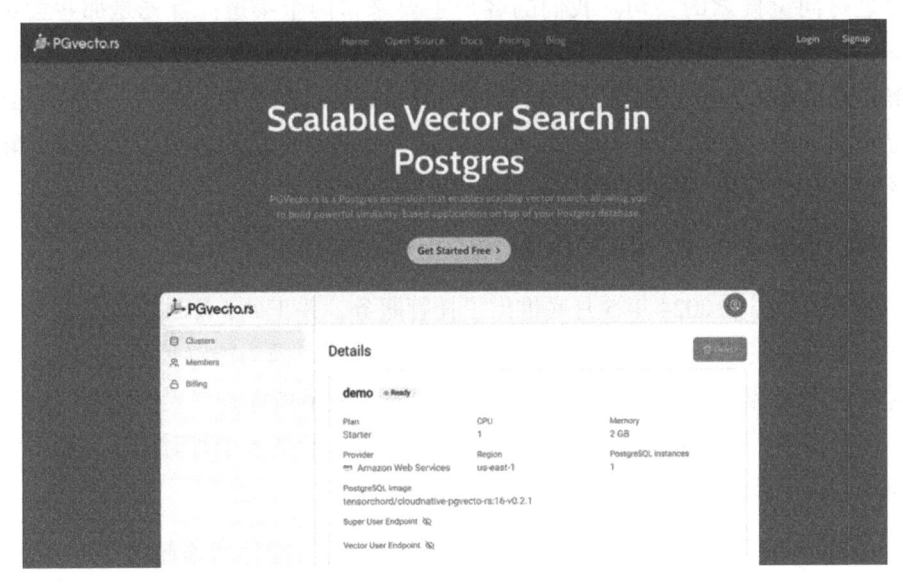

图 21-3 pgvecto.rs

## 03 后来者居上，5 个月获 300 万次下载，是目前对关系数据库支持最好的向量搜索产品

ZP：行业目前的竞争情况是怎样的？pgvecto.rs 的差异化定位是什么？

**高策**：我们的主要竞争优势在于，我们利用关系数据库来支持向量搜索，而不是开发一个全新的独立的向量数据库。这一点是我们最核心的差异化特征。目前市场上存在许多独立的向量搜索公司和产品，其中大部分都是专业独立向量数据库。我们的核心差异在于对关系数据库的支持。

在竞争方面，向量搜索市场目前仍处于发展阶段，许多新产品不断涌现，并展现出独特的差异化特征。例如，有一家公司名为 Turbopuffer，专注于多租户场景，这一单点差异化使其商业化进程非常顺利。它为那些有多租户需求的客户（如 Notion 等应用）提供数据库服务。在这种情况下，每个数据库中的数据可能不多，但数据库数量众多。总体而言，向量数据库市场呈现出多元化的发展态势，各个

产品都有其独特的定位和优势。

ZP：pgvecto.rs 的"甜点"客户和场景是什么？

**高策**：我们的目标客户群体是那些既需要处理复杂的关系数据库查询，又需要进行向量搜索的公司。我们的客户主要来自两个渠道：首先是那些尝试了 pgvector 但发现其无法满足他们需求的客户，这些客户通常对关系数据库有深入的了解；其次是那些意识到自己对数据过滤有强烈需求的客户。例如，我们最近有一位欧洲客户，在试用了 weaviate 后发现它无法满足他们的过滤需求，于是转向了我们。总的来说，我们的客户主要来源于这两个群体。

ZP：你最关心的北极星指标是什么？目前的表现如何？

**高策**：我们在 2024 年 5 月底推出了托管服务，并正处于测试阶段，目前主要关注开源社区的采纳情况。这一点对我们至关重要，因为能够吸引 pgvector 的用户对我们来说帮助最大。目前，我们最关注的北极星指标是"入门指南"的下载量，即有多少人下载并试用了我们的产品。在 2024 年的 5 个月时间里，我们大约有 300 万次下载。

pgvector 的整体下载量大约在亿次级别，我们的指标增速超过了 pgvector。这是一个积极的信号。然而，下载量作为北极星指标也存在局限性，因为许多开源用户可能并没有意识到他们正在使用我们的产品，尽管他们不直接使用我们的 SQL，但他们使用的应用背后确实采用了我们的技术。我们每个月大约有 50 万次下载，而在 2023 年之前，每月下载量只有几万次。在开源产品取得良好进展之后，我们的下一步计划是考虑如何将这些开源用户转化为托管服务的客户。目前，我们已经推出了托管服务的 Beta 版本，并且有几个用户正在进行测试。

ZP：未来两年，你对公司和产品的预期是什么？最希望达到的目标是什么？

**高策**：在未来的一年里，我们的目标是实现一些具体的营收目标。例如，我们希望年度经常性收入（ARR）能够达到几十万美元到一百万美元。为了达到这个目标，我们需要付出巨大的努力。由于我们起步较晚，我的短期目标是在接下来的一个季度里实现几千美元的营收。

此外，我还希望我们的产品在市场上获得更高的知名度。具体来说，我希望我们的试用量，也就是下载量，无论是增长速度还是总量，都能在同类产品中排名第一。我们计划通过引入更多新功能，最终取代 pgvector，成为市场的领导者。尽管我们目前拥有完善的功能和更优的性能，但 pgvector 仍然是市场上的行业标准。

## 21. AI 编程应用：高策，弯道超车，产品创下五个月获 300 万次下载和品类第一的纪录

许多客户在尝试我们的产品之前，都会先用 pgvector。我们的目标是成为该领域的标准，这是一个更具挑战性的任务。

**ZP**：接下来还有什么新的计划吗？

**高策**：我们正在积极探索多种发展计划。当前，托管服务市场竞争激烈，仅在美国就有数十家同类公司。如果我们仅提供基础的托管服务，虽然短期内可能实现一定的商业化，但从长远来看，产品的价值将受到限制。因此，我们正在深入思考如何帮助用户更好地利用现有数据，创造更大的业务价值。

目前，许多用户的数据仍存储在传统的关系数据库中，但他们往往缺乏将这些数据应用于 AI 业务的能力。在我们接触的客户中，尽管大部分已经具备一定的数据使用经验，但仍有许多客户由于缺乏 AI 背景，无法充分挖掘数据的潜力。为此，我们正在探索通过低代码或无代码的方式，帮助这些客户将他们的数据与 AI 应用无缝结合。这是我们未来发展的一个重要方向。

短期内，我们的重点仍然是优化向量搜索技术，确保在这一领域保持领先地位。然而，我们的长期愿景是通过创新的方式，帮助用户更高效地利用现有数据，释放其潜在价值。这些数据大多存储在数据库中，我们正在积极寻找方法，以实现对这些数据的深度挖掘和充分利用。

**ZP**：目前在这个品类中，下载量第一的是谁，大约是多少？

**高策**：pgvector 的总下载量目前尚未突破一千万次，新增下载量维持在每年三四十万次左右。通过对行业的观察，我深刻认识到 AI 基础设施的发展仍需要较长时间的积累和演进。正如许多业内人士所指出的，尽管生成式 AI 公司在融资方面表现亮眼，但大多数仍未找到真正的产品市场契合（PMF）。从商业化角度来看，许多公司仍在探索如何有效进入市场并确立可持续的商业模式。因此，AI 基础设施在短期内难以实现成熟和规模化扩展，这是我们目前最显著的观察之一。

无论是我们公司还是同行，目前都处于探索阶段，尚未实现具有实质意义的营收，且现有的收入模式大多难以复制。在这种背景下，生成式 AI 公司需要进一步迭代产品，找到真正的市场契合点和可行的商业模式，才能为整个行业创造更多的机会和发展空间。与此同时，当前也是一个非常关键的时机，适合提前在 AI 基础设施领域进行技术探索和研发布局。尽管市场的孵化和成熟仍需时间，但现阶段正是为未来奠定基础的最佳时机。

ZP：你觉得 AI 基础设施迎来比较好的发展时机，大概会在什么时候？

**高策**：至少还需要三年时间。一方面，AI 的能力在持续扩展，例如 ChatGPT 和 GPT-4 等技术的发展，随着 AI 水平的不断提升，对基础设施的需求也在不断变化。如果真正的通用人工智能（AGI）出现，相应的需求又将发生巨大变化，存在很大的不确定性。另一方面，AI 应用公司还需要时间来探索他们的商业模式，特别是面向消费者（To C）的公司。

尽管许多人认为 To C 的商业模式验证相对容易，但我认为许多应用公司如何实现赢利仍然不明确。原因有二：一是验证 AI To C 公司的商业模式需要时间；二是 AI 能力的不断扩展也使得基础设施需求不断变化。

ZP：您一直是开源社区的活跃贡献者，现在创业也在开源领域。大模型出现以后，您觉得从事开源和之前相比有什么大的不同吗？

**高策**：AI 领域发生了两个显著的变化。首先，AI 成了一个非常热门的领域，大模型变得非常流行。在过去，受欢迎的开源项目大多是前端项目，因为前端生态良好，适合开源，并且展示效果显著。然而，在 AI 的这波浪潮中，我们看到一些项目（如 AutoGPT）迅速从默默无闻变得非常火爆。这些项目可能并不是特别复杂，但它们非常有价值，充满了许多可以快速实现的"低垂果实"。这是 AI 领域火热之后的一个大变化，即越来越多爆红的项目出现，尽管它们的维护时间可能不长。

其次，开源的方式和模式变得更加多样化。我们看到了许多模型的开源，它们可能开源的是模型的权重和结构，但训练代码和方式未必开源。从严格意义上说，这并不算是传统的开源，但现在开源的概念在不断扩大。以前，大家认为只有源码开源，基于 Apache 2.0 等开源协议的才是开源，现在越来越多的模型开源也成为一种趋势。Hugging Face 平台就是一个很好的例子。虽然不一定是开源代码，但开源模型变得越来越普遍。

ZP：除了把产品和技术打磨好，还有什么是非常重要的？

**高策**：我们公司目前还面临着许多挑战，并且在实践过程中也遇到了一些问题。目前，从事面向企业（To B）业务的最大挑战是试错成本非常高。你不确定你开发的产品是否有市场，这与面向消费者（To C）的业务不同。To C 业务可以通过大量的实际数据和指标来了解应用的现状和前景。但是，从事 To B 业务，特别是基础设施，可能需要花费几个月甚至几年的时间来开发一个产品，然后才能去市

21. AI 编程应用：高策，弯道超车，产品创下五个月获 300 万次下载和品类第一的纪录

场上验证。这个周期非常长，很难实现快速试错。尤其在 AI 基础设施领域，用户需求的变化很大，不确定性高，试错成本也随之增加。

要经营好一家公司，除了技术，还需要具备快速应对变化的能力。例如，最近苹果发布的 Apple Intelligence 与我正在使用的许多 AI 产品存在冲突，能够快速找出市场变化的原因并调整公司策略是非常关键的。传统公司可能认为我们的变化太快，但在 AI 基础设施领域，变化和适应是不可避免的。这是 AI 基础设施公司需要特别关注的能力。不过，现阶段我们还处于早期阶段，我们也不知道这些能力是否真的是关键。

## 04 创业不会被怀疑放过，但产品被真正使用的成就感是无可比拟的

ZP：回顾这两三年的创业时光，最让您兴奋和痛苦的时刻分别是什么？

**高策**：我最兴奋的时刻是第一次有非常知名且拥有大量用户的应用采用我们的产品的时候。例如 Immich，这个应用在行业内非常受欢迎，我自己在创业之前也研究和试用过他们的产品。当得知他们在应用中使用我们的插件来提供核心的搜索功能时，我感到非常有成就感。特别是他们在没有与我们沟通的情况下，就选择使用我们的产品。这种认可是非常鼓舞人心的。第一次开源产品并获得其他工程师的认可，让我非常高兴。创业最鼓舞人心的还是成就感。产品被真正使用时，那种成就感是我之前很少体会到的，这段时间里的激动时刻不少。

然而，痛苦的时刻也很多，最痛苦的时候还是转型的时候。尤其是当上一个产品已经有用户和客户，且在发展中时，经过客观分析后你发现这个方向很难继续，你不得不选择终止这个产品并转向新的方向。这不仅需要缓解团队内的不确定情绪，还要向投资人解释转型的原因。同时，自己也要接受生活中的不确定性。这种巨大的不确定性会让你怀疑新方向的可行性。此外，还有很多事务性的工作，比如每月结算、发工资、处理银行关系和融资等，这些都是只有创业才会遇到的挑战。如果我只是创业公司的 CTO，可能体验会更好。

ZP：如果选择在大公司里工作，你也可以找到非常好的职位，现在回看创业这个决定后悔吗？

**高策**：在离开腾讯之前，我确实收到了非常好的 Offer。那时我也犹豫过，因为融资的钱可能也就是几年的收入。权衡之后，我决定创业。虽然创业很累，但

到目前为止，我并不后悔。预期管理很重要，创业失败的概率很高。如果你能接受失败和职业发展的不确定性，那么你会发现创业过程中很多事情并不会那么困难。而且，创业给我带来了许多积极的反馈和成就感，这也是在大公司工作中难以体会到的。尽管大公司的高收入能带来物质上的满足，但精神上的满足感更重要。创业让我认清了自己，并带来了更多的精神疗愈，反而让我更快乐。

**ZP**：过去这段时间是 AI 非常疯狂的一段时间，有没有给你留下印象特别深刻的事或人？

**高策**：我印象最深刻的是英伟达的股票表现。我一直相信 AI 的发展潜力，但没有想到它会达到如此夸张的水平。英伟达的股票价格从三四百美元涨到一千多美元，市值甚至一度超过了苹果，这对我来说是极大的震撼。尽管我一直看好英伟达，但这个增长幅度超出了我的想象，让我对 AI 的未来更加充满期待。这件事真的是给我留下了深刻印象。

**ZP**：有没有你觉得比较有意思的 AI 产品，是否可以分享一下？

**高策**：我认为 mem.ai 是一个很有趣的产品。在我研究潜在客户时发现了这款产品，它在 AI 应用方向上做得非常有特色，因此我对其多了一些关注。我一直在使用 mem.ai，尤其是在它进行大改版之前。不过，改版后，由于用户体验发生了很大的变化，我使用它的频率就减少了。尽管我们和他们的产品需求并不完全相同，但他们的创新仍然给我留下了深刻的印象。

**ZP**：能给我们的读者推荐一本您正在看的书或者一篇文章吗？

**高策**：最近，我正在阅读一本名为《象之首》的日本推理小说，它非常引人入胜，堪称我近几年来看过的最佳推理作品。

**ZP**：除了工作，您平时有什么日常的兴趣爱好？

**高策**：我有很多爱好。最近，我预购了《黑神话：悟空》，期待通过玩游戏来放松身心。此外，我对阅读推理小说情有独钟，这是我一直以来的兴趣所在。在过去的一年里，我开始注重健身，每周大约进行三四次锻炼。自从创业以来，我意识到自己的身体状况需要改善，因此开始了健身计划。实践证明，健身对于改善健康状况非常有效，尤其是力量训练对身体大有裨益。保护好身体对我来说至关重要。

# 22. AI 求职应用：关明皓，求职界超级 AI 助手，上线 6 个月即达百万美元 ARR

访谈时间：2024 年 8 月

Final Round AI 是一家专注于 AI 原生体验的 Interview Copilot 公司，致力于为求职者提供在线面试时的实时转录和个性化即时辅助，帮助他们取得面试成功。该公司利用其专有的 AI 模型来理解和回顾面试内容，并根据用户的简历和职位描述提供低延迟的指导，以提升面试表现，涵盖了 50 多个行业的知识。自上线以来，Final Round AI 已经帮助超过 25 万名用户收到工作邀请，并成功通过了超过 120 万次面试。该公司在上线 6 个月后即实现了百万美元的年度经常性收入（ARR），并加入了硅谷最神秘的孵化器 HFO。

本篇我们有幸采访了 Final Round AI 的创始人关明皓（Michael）。这位 1997 年出生的年轻创业者已经游历了超过 100 个国家和地区，在硅谷的创业环境中不断成长。他连续创业，并曾成功退出。在生成式 AI 时代，他再次出发，致力于探索 AI 原生的产品体验。他拥有像埃隆·马斯克那样的远大志向，希望通过普及 AI，帮助每一个求职者找到他们喜欢的工作。

本篇详细分享了他对生成式 AI 未来技术发展的期待，以及如何利用 AI 技术来帮助求职者脱颖而出。他还深入探讨了 Final Round AI 的产品设计理念、市场策略和未来发展方向。让我们一起走进关明皓的创业故事吧！

## 01 "95 后"硅谷连续创业者，探索有明确商业化路径的 AI 原生产品，致力于打造人与人之间更自然的交流

ZP：请先自我介绍一下吧。

Michael：我出生于 1997 年，在深圳这座充满创业氛围的城市中长大。深圳见证了众多早期科技公司从小规模迅速成长为大企业的过程，这对我产生了深远的影响。我的许多同学和朋友都在这些快速发展的科技公司工作，他们的经历激励着我去进行大胆的创新和尝试。

我对旅行充满热爱，后来又参加了美国的交流访问活动，这坚定了我出国留学的决心。高中毕业后，我前往美国伊利诺伊大学（UIUC）攻读本科。大学期间，为了更深入地了解不同国家的文化，我加入了一个由教授领导的非营利咨询机构。

这个机会让我能够与世界各地不同发展阶段的客户接触。每个学期末我们都会飞往不同的国家与客户进行汇报交流，这让我了解到了企业在不同阶段面临的问题和机遇。因此，我最初的职业理想是成为一名咨询师，并参与了一些咨询实习。我还参加了许多国际志愿者项目，深刻体验了发展中国家人们的生活。我希望能够传播积极的影响，因此也参与了一些非营利的支教活动。在大学期间，我共访问了 75 个国家。

大三时，我获得了一家咨询公司的返聘机会，但一个极好的创业机会出现在眼前，我决定放弃 Offer，休学一年。2019 年，我加入了一家专注于全球物流的创业公司，我们的目标是加速中国和日本用户在全球的采购和消费。我们提供 SaaS 服务，例如，用户在美国电商网站下单后，货物会寄到我们的仓库，我们帮助用户快速完成清关、报关等手续，将整个物流流程的时间从一个月缩短到一周。然而，由于疫情和国内政策等多方面原因，这个项目最终没有成功。尽管如此，作为早期团队成员参与这个创业项目，我学到的最重要的一课是时间至关重要，世界上存在许多不确定性，而这些不确定性正是影响企业发展的关键因素。

ZP：正是这次经历让您有了日后自己创业的打算吗？

Michael：我的创业启蒙可以追溯到早期的工作经历。在咨询行业的工作让我接触了许多成长期的公司和创始人，这些经历激发了我的创业热情。其中一个特别深刻的经历是来自一位耶鲁大学的学长。在那个项目结束后，我决定去商学院深造，并幸运地被耶鲁大学的 Silver Scholars 项目录取。这是一个允许本科毕业生直接进入 MBA 课程的特殊项目。

然而，进入商学院后，我发现同学们更倾向于找工作而非创业，这促使我寻找其他的创业机会。幸运的是，我遇到了一位学长，他是 Starburst Data 的创始人，这是一家估值超过三十亿美元的 AI 数据独角兽公司。他分享了他创立这家公司的原因：在读 Yale 商学院时，他发现耶鲁大学官网有一个专门的页面，展示了教授和博士生的所有知识产权（IP），但这些博士生并不知道如何将这些 IP 商业化。他从创业的角度评估这些想法，并发现了一位著名计算机科学教授的文章和 IP，于是他联系了这位教授和他的博士生，最终与这五位博士生一起创立了公司，并迅速实现了快速增长。

他的故事深深吸引了我，于是在 MBA 第一年学习结束后，我加入了这家公司。后来，公司在硅谷开设了新的办公室，我有机会来到湾区，并亲身体验了硅谷浓厚的创业文化。最终，我被这种创业文化所吸引，决定不再回学校完成学业，而

## 22. AI 求职应用：关明皓，求职界超级 AI 助手，上线 6 个月即达百万美金 ARR

是投身于自己的创业项目。于是我选择了退学。

ZP：第一次创业的方向是什么？

Michael：我创办了一家公司，这家公司的模式类似于 Robinhood 和蚂蚁森林的结合，旨在为每个人提供参与碳市场（Carbon Market）的机会。经过一段时间的运营，我们取得了非常好的业绩，最终被收购。随后，我加入了新的公司，担任首席技术官（CTO），负责研发和落地了 CYNK，这是一个国际化的气候平台。CYNK 后来成长为南半球最大的碳积分平台。我们与国际组织如联合国教科文组织，以及肯尼亚政府和加拿大政府等政府机构合作，开发了多个碳减排项目。我们的工作也受到了 BBC 和央视海外的报道。

ZP：那这一次 Final Round AI 创业的契机又是什么？

Michael：2023 年，我看到了一系列 AI 领域的机会，这激发了我重新回到 AI 赛道的想法。在湾区，每周都有许多黑客松活动，我通过参加这些活动开始探索 AI 原生社交平台的可能性。我最初的设想是让每个人都拥有一个自己的 Avatar，在没有真人用户参与的情况下，这些 Avatar 可以相互交流，并生成各自的报告，以此决定是否进行线下交流。我们进行了多次尝试，甚至连用户界面（UI）都设计好了，但发现大语言模型的发展水平尚未达到我们的预期，可能会出现 Avatar 之间交流一小时后就无法继续的情况。此外，我们还意识到数据是一个巨大的挑战，这项工作不是简单研究 Twitter 账号、模仿说话语气发送信息那么简单，而是需要完整地呈现一个人在各种情境下的潜在反应。这需要大量的个人信息。

当然，我们也考虑过其他各种 AI 创业想法，但我一直在寻找一种全新的 AI 原生方式，而不是在传统产品上加入 AI 自动化。同时，我希望这个创业机会拥有清晰的销售渠道和明确的赢利模式。我深入了解了大语言模型的发展水平、它们的局限性，以及如何避免与直接从事底层模型开发的公司直接竞争。在这些思考的限制下，我最终探索到了一个令人兴奋的创业机会。

在我最初来到美国时，我遇到了很多沟通障碍，因此每次在线会议或演讲之前，我会把想说的话全部写下来，可能会有几千字。我一直梦想拥有一个类似于钢铁侠头盔面罩里的人工智能助手——Jarvis，Jarvis 能够给钢铁侠实时提示，比如告诉他应该飞往哪里。

在 AI 时代，人与人之间的交流变得更加珍贵，因为很多交流已经变成了人与 AI Agent 之间的互动。我相信，下一代的孩子可能会有一个从小陪伴他们长大的

AI Agent。那么，我们是否有办法让人与人之间的每一次交流都变得更加顺畅和自然？为了实现这个目标，我们想要开发一种实时对话辅助工具，这种工具可以实时提供帮助，类似于一个提示器，让人与人之间的每一次交流都变得更加流畅。

ZP：你们的团队成员背景非常国际化，你们核心成员是如何聚在一起的？

Michael：我们的团队具有国际化的特点。我和我的联合创始人 Jay 在大学时期相识，Jay 曾在大型科技公司工作，我们曾有机会一起进行 AI 实验探索。其他早期团队成员，有些是通过之前的创业经历认识的，有些则是在创业社群中结识的。例如，目前负责印度市场增长的同事是我在耶鲁商学院认识的。他之前负责 Uber 在印度的市场启动，也是 Worldcoin 在印度的负责人。他的加入对我们公司在印度和国际市场的拓展起到了极大的帮助，无论是市场策略还是他的人脉和资源，对我们来说都非常宝贵。

我们开发这个产品的初衷之一是探索全新的 AI 交互方式。湾区拥有许多优秀的工程师和产品人才，他们对于探索激动人心的产品充满热情，因此愿意加入我们的团队。我们拥有一批令人兴奋的大语言模型工程师和研究人员，他们能够实际提升我们的模型能力。

## 02 让用户用脚投票，切入面试场景，致力于用超级 AI 助手颠覆传统求职场景，定义新一代人才标准

ZP：你们是如何收敛到面试这个场景的？

Michael：2023 年 9 月初，我们推出了一款简单的原型产品，允许用户自由选择使用场景。我们观察到用户在工作会议、在线约会等有趣的场景中使用了我们的产品。

我们发现了在面试场景下用户对产品有巨大的需求。在这个场景中，使用我们这款面试演示产品的用户对产品的表现感到非常惊讶，这种体验有点类似于第一次使用 ChatGPT 时的震撼。甚至有用户主动提出愿意付费使用产品，因此在 2023 年 10 月初，我们开始启动了产品的货币化，随后公司迎来了非常疯狂的增长——从 2023 年 10 月开始至今，公司实现了每周持续的双位数增长率。

ZP：所以你们先提供了一个普适的能力，然后依据用户数据去反向定义你们的产品。那么，你们的用户画像是什么样的？

Michael：在产品开发的初期，我们基于一系列假设来识别哪些应用场景可

## 22. AI 求职应用：关明皓，求职界超级 AI 助手，上线 6 个月即达百万美金 ARR

能具备长期发展潜力，哪些则可能带来短期收益。随后，我们通过构建原型来验证这些设想。

自产品诞生之日起，我们就实施了国际化战略。在人工智能时代，AI 技术带来的震撼体验为公司提供了自然且有机的市场推广机会。目前，我们的产品已支持超过 20 种语言，并在全球 60 多个国家拥有用户。然而，对于中国市场，我们并未将其列为主要目标，因为我们认为中国的线上面试市场尚未完全成熟。

我们的主要用户群体是拥有 5 年以上工作经验的中高层知识工作者，他们主要来自科技行业，包括软件开发人员、产品经理和数据科学家等。尽管如此，我们的产品也广泛应用于多种长尾场景。一个有趣的发现是，AI 的强大功能使其能够服务于各种长尾职业和专业领域。例如，我们的用户中包括政治领域的专家以及来自高度专业化学科背景的人士，AI 都能有效地满足他们的需求。

ZP：为什么这个产品会天然诞生在海外？

Michael：由于面试文化的差异，北美地区的线上面试普及率远超中国大陆，其整个面试流程中超过 85% 的环节是通过线上完成的。这一现象的背后，是疫情后远程工作文化的成熟，许多北美企业已广泛采用混合办公或完全远程的工作模式，而这种趋势在中国尚未形成主流。在美国，即便是大型企业，除了最后一轮面试可能选择线下进行，其余环节几乎全部线上化。这也是 Zoom 等在线会议平台在疫情期间股价飙升的原因之一。此外，随着全球化人才招聘的兴起，越来越多的欧洲、印度和中国求职者被吸引到美国工作。这一趋势不仅预示着未来职场的新方向，也是我们公司重点关注和布局的领域。

ZP：是否可以介绍一下 Final Round AI 的产品定位和功能？

Michael：我们的使命是帮助求职者更高效地找到自己热爱的工作，正如埃隆·马斯克所描绘的，在 AI 普及的未来，每个人都值得从事自己真正热爱的事业。这是我们的核心愿景。

目前，我们的产品体系完全以求职者为中心，覆盖了从简历优化、求职信撰写、模拟面试，到面试后的表现提升等全流程。用户可以通过我们的 AI 求职工具完成整个求职过程。产品的核心亮点在于 AI 原生的实时对话智能（Real Time Conversational Intelligence），它能够实时辅助用户更清晰地表达自己的想法。

然而，有些人可能会误解，认为使用我们的产品后，面试者无须任何准备，只需照着提示器念出答案即可。实际上，我们发现更多成功的用户倾向于使用要

点模式。在这种模式下，提示器会提供几个关键要点（Bullet Points），用户可以根据这些要点快速组织语言并作出回答。这种方式不仅提升了回答的结构性和逻辑性，也帮助用户更好地展现自己的真实能力。

ZP：这是你们在产品定义之初就想到的模式吗？

Michael：我们的产品设计源于对用户需求的深入观察。最初，我们的目标用户是那些在面试中感到焦虑或面临语言沟通障碍的人群。然而，令人意外的是，超过 99% 的用户竟然是英语母语者，而非国际学生。通过调查，我们发现，许多英语母语用户对在线面试这一新兴场景感到不适应。面对屏幕交流时，他们常常感到紧张、不自在，甚至会出现头脑空白的情况。此外，用户普遍不愿意依赖生硬的记忆来应对面试。

基于这些洞察，我们将产品设计为用户的一种"延伸大脑"，旨在减轻他们的记忆负担。用户无须依赖大量记忆，只需在关键时刻查看关键要点，便能更流畅地表达自己，展现最佳状态。这种设计不仅帮助用户克服了在线面试的挑战，也让他们在面试中更加自信和从容。

ZP：我们和市场上其他 AI+ 求职类产品，有什么差别？

Michael：当前市场上，大多数 AI+ 求职类产品主要聚焦于帮助企业优化人才筛选和匹配流程。然而，针对求职者的有效工具却相对匮乏，无论是在工作流程自动化方面，还是在提供增强能力方面，都存在明显的空白。总体而言，AI 在赋能求职者领域仍有巨大的潜力待挖掘。

以我们的产品为例，我们不仅关注企业的需求，更注重为求职者提供实际帮助。例如，我们推出了模拟面试功能，该功能上线后受到了大量用户的欢迎。通过模拟面试，用户可以不断练习并提升自己的面试表现，从而在真实面试中更加自信和从容。我们希望通过这些工具，帮助求职者更好地展现自己，最终找到理想的工作。

ZP：用户的痛点是什么？为什么对你们这类产品的需求如此旺盛？

Michael：在北美地区，面试通常在 PC 端进行，而不是手机端。求职者需要穿着正式、端端正正地参与面试对话。对于某个岗位的求职者来说，可能需要经历多达十场的面试，整个过程可能持续一个月甚至更长时间，周期非常长。由于美国就业市场竞争激烈，工作岗位数量减少，求职者为了在面试中脱颖而出，愿意进行大量模拟面试并寻求专业辅导，即便要支付高昂的费用。例如，申请

## 22. AI 求职应用：关明皓，求职界超级 AI 助手，上线 6 个月即达百万美金 ARR

Google 的求职者可能会寻找曾在 Google 工作的职业教练，以获取深入的培训，其培训费用可能高达每小时几百美元。

当然，求职者希望有工具能提供高价值服务，不仅仅是面试支持功能，而是在后续的职业发展流程上的支持功能，比如在职场中可以持续提升技能。我们服务的用户通常是工作 5 年以上的中高层专业人士，他们对自己的职业发展有清晰的定位，需要强有力的工具来帮助他们实现职业发展目标。

ZP：你们在产品功能上做了哪些设计来满足"用户更好求职"这个需求？

Michael：首先，从产品的角度来看，与传统的职业教练提供的题库和文档相比，我们的产品能够提供实时（Real-Time）在线支持，帮助用户更好地准备面试。这是 AI 时代才有机会提供的体验。结合行业实际情况，我们会为每场面试准备定制化报告，这个报告是基于在我们平台上数百万次面试结束后所积累的数据。每场面试结束后，都会有数据管道（Data Pipeline）来推动我们模型持续优化升级，从而为候选人提供面试前更准确的准备、面试中更契合要点的提示（Bullet Points），以及面试后更好的总结。

其次，从数据的角度来看，我们平台已经完成了超过百万次的真实面试，这个过程所带来的数据量可能会比像 Indeed 和 Glassdoor 这样的公司过去 20 年所积累的数据都更有价值。因为人们通常不会在意一家公司两年前的面试问题，但会关心这家公司当下的面试问题。一旦我们收集到这些数据，我们就会筛选并去除所有敏感信息，然后利用这些去除了敏感信息的数据来优化和训练我们的模型。最后，我们将从数据中获得的洞察实时地反馈给我们的用户，以提升他们的使用体验。

ZP：如果你们的产品有效性足够强，是否会被雇主诟病？

Michael：AI 技术的确是一个具有争议性的话题。当人们使用 AI 来撰写邮件时，可能会被认为缺乏真实性，显得不够真诚；同样，在学术作业中使用 AI 也可能被视为作弊行为，不被学校所接受。然而，无论学校是否支持，AI 的使用已经成为不可逆转的趋势，学生们仍然会利用 AI 来完成作业。

短期内 AI 确实存在争议。但我周围有许多 AI 初创公司的创始人也鼓励员工使用 AI，并在面试中询问候选人是否有 AI 使用经验。我自己作为 AI 初创公司的创始人，在招聘时也会特别关注候选人的 AI 应用能力，因为 AI 能极大地提高生产力，有时是传统方法的十倍甚至二十倍。我不关心候选人具体使用了哪种 AI 工具，只要他们能完成任务，就是合格的候选人。当然，也有其他雇主对此持保留

意见。

我在商学院求学期间，注意到许多同学在申请咨询或银行职位的面试过程中，也会使用贴满屏幕的便签或携带厚重的纸质笔记。我认为，AI本质上是一种更智能的"便签"。AI引发的争议是时代变革的一部分，并非产品本身的问题。随着AI的发展，人才评判的标准需要重新定义。我认为在这个过程中，我们的平台实际在推动全新的人才标准建设方面发挥了作用。

ZP：目前AI在求职招聘这个行业的渗透率如何？

Michael：这确实是一个双边市场，涉及企业主、面试官和候选人。在企业主端，AI已经深入渗透，用于简历筛选、评分，甚至模拟面试官（比如第一轮面试）。例如，企业在招聘过程中使用的ATS（申请人跟踪系统）就是一种基于AI的关键词筛选系统。过去，ATS依赖于传统的机器学习技术进行筛选，但未来可能会转向使用类似GPT的大语言模型来筛选。

然而，纽约已经通过法案要求企业主必须在2025年前披露使用AI的招聘环节。因为政府担忧AI在简历筛选中可能存在某种偏见。比如AI系统可能优先选择某种类型的候选人，很多人怀疑许多企业使用的AI系统可能会偏向某些族裔，而忽视其他少数族裔。这在未来将是一个挑战，特别是在政府监管方面。当然，这是一个美国特有的问题。

在候选人端，AI工具也在兴起，比如帮助他们优化简历内容、利用AI拍摄LinkedIn头像，但这些工具仍处于一个探索的阶段。

ZP：目前你们的商业模式是什么？

Michael：我们目前是直接向消费者（ToC）收费，这是一种简单直接的方式。接下来，我们希望能够赋能C端用户，实现他们长期的职业发展目标。因此，我们会考虑一些有趣的方案，比如像猎头一样收取用户第一年工资的3%~5%作为佣金，而不是传统的订阅费用。这些都是我们在考虑的方向。

在不同国家，我们会有不同的定价策略，也会有一些独特的销售渠道。我们收到很多教育机构的合作邀约，这也是一个很有前景的市场。例如，我本科在UIUC读书，MBA在耶鲁读书，不论是私立大学还是公立大学，他们的职业服务中心（Career Service Center）都是非常稀缺的资源。一个导师可能要面对几十个学生，尤其在招聘季时非常紧张。我记得申请模拟面试时，需要提前三个星期预约，而且往往已经被订满了。此外，这些职业服务中心的导师可能并没有相关领域的

## 22. AI 求职应用：关明皓，求职界超级 AI 助手，上线 6 个月即达百万美金 ARR

工作经验，所以服务质量和可用性都是问题。因此，学校有很大的市场机会，我们愿意进行探索。在我们早期直接面向消费者的策略非常成功的情况下，我们还会拓展其他渠道。

ZP：目前你们 GTM 的策略是什么？

Michael：目前，我们仍处于公司发展的早期阶段，因此主要依赖于有机增长。我们通过社交媒体分享产品，这些分享通常会做得比较有趣，以吸引大家的点赞和关注。我们需要在这个过程中不断筛选我们的用户，这是一个很有意思的话题。此外，我们也在考虑通过 SEO 来提高我们产品在搜索引擎中的排名，以及与教育机构和其他潜在合作伙伴合作。这些策略都在帮助我们建立品牌和吸引用户。

## 03 构建多智能体、多步骤技术架构，提供低延迟、低成本且高精度的解决方案，帮助用户找到他们真正喜欢的工作

ZP：在技术层面，你们如何利用 LLM 搭建技术架构？长期的技术壁垒是什么？

Michael：第一，从技术架构的设计角度来看，我们采用了多智能体、多步骤（Multi-Agent、Multi-Step）的模式，这使得我们的用户体验非常出色。这也与延迟（Latency）和成本优化（Cost Optimization）密切相关。通过我们自研的路由器（Router），我们能够实现接近实时的对话智能。直接调用 ChatGPT 会存在一些问题，比如反馈较慢，且在不同领域的能力差异较大。它可能在代码（Coding）类问题上表现不佳，但在行为（Behavior）类问题上更为擅长。我们进行了大量的 A/B 测试和提示（Prompting）优化。其中我们自研的路由器是一个非常重要的环节。目前我们还没有达到 AGI（人工通用智能）的时代，因此选择合适的大语言模型，为用户提供更好的体验至关重要。

第二，数据积累方面，众所周知，ChatGPT 能够带来令人惊叹的时刻，但仔细分析这些回答时，会发现质量参差不齐，用户能够很快识别出 AI 生成的回答。在新鲜感过后，持续提供真实且贴切的知识变得非常重要。这就涉及我们如何微调（Finetune）自己的模型并持续捕捉数据。我们输入开源、闭源的数据，以及平台获取的数据，来微调我们的模型。这是我们的一个重要护城河。过去几个月，我们已经捕捉了上百万次的面试会话，覆盖了北美和欧洲的大部分公司。这些数据为我们带来了巨大的价值。我们利用这些数据帮助用户改善体验，进行面试分析和未来发展规划。这些数据也可以用于开发新产品，比如 AI 面试官或模拟面试。我们可以创建一个 AI 面试官，让模拟面试变得非常真实。例如，如果用户申

请 Tesla，可以直接与训练出的埃隆·马斯克虚拟人对话，这不仅仅是一个微笑的图片和生硬的机器声音，而是真正的交互。它可以打断用户，了解用户的背景和未来方向，并结合特斯拉企业文化提出特斯拉实际面试中的问题。这不是网上常见的面试问题，而是特斯拉独有的问题。这为我们提供了强大的技术护城河。

第三，工程化能力方面，我们有一个很大的亮点是对话的语义理解（Semantic Understanding）。对话本身是一个非常复杂的过程，而面试就更加复杂，因为面试是一个非常紧张的过程，它是一个不断对话、不断追问的过程。需要不断地将对话的上下文传递给 AI，AI 需要知道对话进行到哪里、对方的反应是什么，然后才能更好地反馈。在案例面试（Case Interview）中，用户可能会提供非常长的背景信息（Context）。我们要让 AI 知道这些背景信息，而不是简单的问答（Q&A），比如面试官问了三个问题，AI 需要决定是回答所有问题还是只回答一个。这是目前大语言模型无法直接解决的问题，没有一个 AI 能给出准确的答案，因此，这是我们需要研究和改善的地方，也是为什么我们需要一套自己的生成式 AI 技术栈（Generative AI Tech Stack）。

ZP：你们对于生成式 AI 未来技术发展的期待是什么？

Michael：首先，实时智能对话的延迟（Latency）将显著降低。我们正在与一家对标 Groq 的团队合作，这家公司目前仍处于隐秘模式，但其处理 Token 的速度极快，甚至能够预测用户的下一句话。这种技术达到了一个令人惊叹的境界：例如，当我刚进入会议室，对方还未开口，AI 就已经预知了对方将要提出的问题。这种能力使得我们能够进行许多基于经验的操作，比如在面试官提问之前，AI 就已经预判了接下来的问题，这一点非常有趣且具有前瞻性。

其次，AI 的共情能力和对对话上下文（Conversation Context）的理解将大幅增强。目前，上下文的容量是有限的，无法容纳过多的信息。然而，随着未来上下文窗口的无限扩展，我们将能够整合用户的所有历史经验。例如，将用户过去 20 年的工作记录全部纳入分析，从而提供更加精准的个性化内容。这一点非常令人兴奋，也是目前 AI 尚未完全达到 Enterprise Ready（企业级）标准的原因。企业所需的数据吞吐量远大于个人，个人可能只需要一份简历、几封求职信和一个 LinkedIn 的个人资料，而企业则可能需要处理过去几十年的数据。目前，AI 技术尚未达到这一量级，但未来的发展潜力巨大。

ZP：你们现在如何看待竞争，长期来看你们的竞争对手会是谁？Final

## 22. AI 求职应用：关明皓，求职界超级 AI 助手，上线 6 个月即达百万美金 ARR

Round AI 的优势是什么？

Michael：实际上，我认为这个领域仍然非常新颖。我们看到出现了一些早期竞争对手。无论是直接的竞争对手，还是其他公司在研究如何为候选人提供 AI 支持，我觉得大家都处于不同的早期探索阶段。未来可能会有大公司进入这个领域，比如 Glassdoor 和 LinkedIn，他们拥有大量职业发展数据，具备做这件事情的能力。我也欢迎竞争，因为这是良性的竞争，可以推动我们的内部产品迭代和市场策略。

我们的核心竞争力根植于产品创新。我们开创了一种独特的交互范式，这在当前市场中是独一无二的。ChatGPT 确立了基于文本的对话交互标准，如今这一模式被众多 AI 公司广泛采用，即用户输入文本后获得文本、图片或视频的回应。然而，我们设计的 UI/UX 交互体验打破了这一常规，它如同一位 AI Copilot，实时呈现在用户视野中，在对话过程中即时提供建议和反馈。作为这一用户体验的缔造者，我们的团队凭借这些深刻的洞察，确立了无可比拟的市场优势。

此外，我们对这一技术栈拥有深入的理解。正因为我们是这一技术的创造者，我们对其优势和局限了如指掌，也明晰其优化路径。我们能够辨识哪些潜在机遇已被验证，哪些尚待探索。我们深知，技术无法触及的领域或许需要依赖大模型的演进，因此我们在这方面有着清晰的认知和战略规划。这种深度的技术洞察，构成了我们在该领域的另一大竞争优势。

ZP：接下来两三年，公司最重要的三件事是什么？

Michael：我认为第一点是要提供一个低延迟、更个性化、高准确度的 AI Agent，帮助用户找到合适的工作，无论是从面试准备还是其他方面。

第二点是要保持增长，并不断拓展其他更令人兴奋的渠道，比如与人才机构的合作。这不仅是一个销售渠道，更是为平台用户带来更多工作机会的方法，这对我们来说非常令人兴奋。

第三点是要实现国际化，在服务好现有用户的基础上，我们希望在国际市场的其他地区获得同样的增速。

ZP：Final Round AI 的长期愿景是什么？我们希望在未来的职业发展领域中扮演什么样的角色？

Michael：我们的全新品牌理念是 "We want to help people succeed and land their dream jobs."（我们致力于帮助人们取得成功并找到他们梦寐以求的工作。）

我们的长期愿景是希望能够帮助用户找到他们真正喜欢的工作，并通过 AI 让他们在这些岗位上发光发热。在职业发展领域，我们希望扮演的角色是一个全面支持用户职业发展的伙伴。

具体而言，我们的愿景是在未来十年内，打造一个由我们技术驱动的 AI 面试官，用于面试同样由我们技术驱动的 AI 候选人。这是我们长期追求的理想场景。从短期目标来看，我们的核心任务是帮助求职者找到他们理想的工作岗位。

ZP：这次创业的动力是什么？对自己和公司的期待是什么？站在当下，希望 10 年后的自己成为什么样的人？

Michael：这次创业的动力源于我对 AI 技术的热爱和探索，以及我对于通过 AI 真正改变用户命运的愿景。Final Round AI 的使命是通过 AI 技术帮助求职者在面试中获得成功。我期望通过这次创业，打造出一个全新的 AI 原生产品体验，不仅仅是将 AI 技术简单地融入现有产品，而是探索一种全新的交互方式，为用户提供前所未有的支持。

对自己和公司的期待是，我们能够在未来几年内实现持续增长，拓展国际市场，并在职业发展领域中扮演一个重要角色，帮助更多的人找到他们真正喜欢的工作。我希望公司能在技术层面保持领先，不断优化产品体验，提供低延迟、高准确度的实时对话辅助工具。

站在当下，我希望 10 年后的自己依然保持初心，继续探索并推动 AI 技术的发展，为世界带来持续的正面影响。我希望在未来，我能够成为一个在技术创新和商业成功上都有所建树的创业者，同时也希望我所创立的公司能够成为行业的标杆，帮助成千上万的求职者实现他们的职业梦想。

ZP：您平时有什么兴趣爱好吗？是否有非常喜欢的创业者？

Michael：我热爱旅行、滑雪和飞行，并已获得飞行执照。然而，创业的繁忙让我不得不暂时搁置这一爱好（笑），目前难以抽出时间深入发展个人兴趣。在业界，我十分钦佩高瓴资本的张磊，作为耶鲁校友，他对未来趋势的洞察深刻而独到。同时，我也深受甲骨文创始人拉里·埃里森（Larry Ellison）的启发，他勇于挑战权威，拥有波澜壮阔的人生和超越时代的远见，能够预见未来的趋势并据此打造产品，静待新时代的到来。这种前瞻性和创新精神令我深感振奋。

# 23. AI 教育应用：曲晓音，打造孩子的专属导师和玩伴 Heeyo

访谈时间：2024 年 9 月

教育的未来会怎样？毫无疑问，我们正站在一个由 AI 引领的变革风口——它不仅能重塑知识的获取路径，更可能点燃孩子们对未知世界的探索激情。本篇我们很高兴邀请到 Heeyo AI（图 23-1）的创始人曲晓音，聊聊她的创业之路。

图 23-1　Heeyo AI 界面

晓音出生在青岛，本科在美国读书，毕业后加入 Facebook 和 Instagram 任产品经理。2019 年，26 岁的晓音从斯坦福 MBA 辍学并创办 Run The World。这家公司于 2023 年被成功收购。

2024 年，晓音带着对教育的深刻理解和对 AI 技术的热情，开启了一段旨在"Empower 1 billion kids to accomplish their wildest dreams"的旅程。她相信孩子们每次闪现的好奇心都可能是梦想的起点。通过个性化的 AI 教育伙伴，Heeyo 致力于为 3~11 岁的儿童提供支持和引导，让他们在游戏和探索中学习，激发他们的好奇心和创造力。

Heeyo AI 凭借其创新理念和强大潜力，已经成功吸引了包括 OpenAI 在内的一系列知名投资者的支持。这一认可不仅为 Heeyo AI 的发展注入了强劲动力，也进一步印证了其在 AI 教育领域的未来潜力。

从硅谷的创新文化到家庭教育的个性化需求，从 AI 技术的成熟应用到儿童心

理健康的关怀，晓音的视角跨越了技术与人文。在 Heeyo AI 的世界里，每个孩子都能找到属于自己的兴趣和梦想，而 Heeyo 里的各类 AI 角色会成为他们最忠实的伙伴和导师。

让我们一起走进 Heeyo AI，探索这个充满可能性的新世界，见证科技如何为下一代的成长插上翅膀。

## 01 从青岛到硅谷，从大厂产品经理到创始人，创业是不断试错的过程

**ZP**：请先自我介绍一下吧。

**曲晓音**：我出生并成长在美丽的青岛，在那里完成了我的高中教育（图 23-2）。随后，我赴美国深造，攻读计算机与经济学士学位。在大学期间，我便开始了创业之旅，作为联合创始人参与了 Stoooges Education 的创立。这是一家专注于留学咨询的公司，如今已在留学行业中占据领先地位。尽管如此，我还是在毕业后选择了在 Facebook 担任产品经理，而没有继续参与 Stoooges Education 的运营。

图 23-2 曲晓音

在 2015 年至 2018 年期间，我分别在 Facebook 和 Instagram 担任产品经理，成为 Instagram 早期产品团队的一员。在 Instagram，我主要负责用户增长策略，当时我们已经有数亿用户，我的工作是如何通过推荐算法增加用户黏性，以及如何利用 Facebook 的现有用户资源推动 Instagram 的增长。那段时间，正是 Instagram 增长最为迅猛的时期，这一工作既充满挑战也令人兴奋。

## 23. AI 教育应用：曲晓音，打造孩子的专属导师和玩伴 Heeyo

在 Facebook，我的工作重心转向了视频领域，尤其是在网红和创作者方面。那时，这个概念还相对新颖，因为市场上主要是传统视频提供商，如迪士尼，在 Facebook 上发布内容。Facebook 刚开始建立自己的视频生态系统，类似于 YouTube。我负责帮助网红和创作者管理粉丝并探索赢利模式。

在 Facebook 担任高级产品经理期间，我感到需要新的挑战。于是当斯坦福大学的录取通知书到来时，我决定去攻读 MBA，同时探索新的创业机会。2018 年，我进入了斯坦福大学，但仅在一年后，我便辍学开始了第一次创业，成立了 Run The World，一家专注于线上虚拟活动的公司。公司成立六个月后，疫情暴发，线下活动取消，我们的业务因此而迅速发展。我们成功地筹集了资金，包括来自 a16z 等知名投资机构的投资。随着疫情红利的减弱，我们在 2023 年年底将公司出售。现在，我正在运营一家名为 Heeyo AI 的新公司。

**ZP：** 这确实非常有趣。我们采访过的许多年轻创业者都是在本科阶段就开始了他们的创业之旅。您认为这种创业精神是您从小就在心中埋下的种子，还是随着时间的推移逐渐培养起来的？

**曲晓音：** 我出生在山东，一个以传统和稳定著称的地方。山东人往往倾向于追求公务员等体制内职业，这种文化氛围并没有在我心中直接埋下创业的种子。然而，我的创业精神是在我来到美国后逐渐萌芽并成长的。

在美国，我置身于一个多元化的环境，接触了不同的文化和思想，尤其是在硅谷的实习经历，让我深刻感受到了那里浓厚的创新氛围。这段经历让我意识到，环境对人的影响是巨大的。如果我一直生活在山东，我可能不会萌生创业的念头，而是选择一份稳定的体制内工作。但在美国，特别是在硅谷，我周围的创新氛围和志同道合的伙伴们，都对我产生了深远的影响。

我始终珍视独立思考和行动的自由，这种自由让我能够不断探索新的可能性，并最终走上了创业的道路。

**ZP：** 你刚才提到你在 2019 年创立了 Run The World 公司，能否介绍一下这家公司创办前后的情况？

**曲晓音：** 我母亲是青岛的一名医生。有一次，她有机会前往美国参加一个国际医学会议。这是她第一次参加如此高规格的国际会议，而她的英语水平并不高，因此，整个过程对她来说充满了挑战。我们全家都动员起来，帮助她准备材料、练习英语，甚至为她安排行程。尽管困难重重，这次会议对她来说却是一次宝贵的经历。她不仅开阔了眼界,还与来自世界各地的医生交流了病例和经验。她甚至希望每年都能参加这样的会议。

然而,每年都要经历如此烦琐的准备和长途奔波,对我们全家来说无疑是一个巨大的负担。这让我开始思考:如果这样的会议能够在线上举办,我母亲不就可以在家中轻松参与了吗?她既能避免长途旅行的劳累,又能与全球同行交流学习,岂不是一举两得?这个想法深深触动了我,也成为了我后来创办公司的初衷。

起初,很多人可能觉得我们的想法有些不切实际,甚至质疑在线会议的必要性。然而,就在我们产品上线不到一个月的时候,疫情突然暴发了。巧合的是,我们上线的时机正好赶上了其他大型会议纷纷取消的时刻——Facebook 的 F8 大会、Google 的开发者大会等知名活动都因疫情被迫中断。我们迅速意识到这是一个机会,于是对外提出:如果其他会议因疫情取消,可以与我们合作,我们将帮助他们在线上举办,确保会议如期进行。这一提议迅速得到了响应,我们的业务也因此迎来了爆发式增长。

在初期,一切似乎都顺风顺水,因为我们恰好踩中了时代的趋势。坦白说,刚开始我对 SaaS(软件即服务)和销售并没有深入的了解,但市场需求却源源不断地涌来。我们一边应对快速增长的业务,一边学习如何专业化运营。虽然过程中难免会犯一些错误,但我们始终保持着快速迭代和改进的心态,逐渐摸索出了一条适合我们的发展路径。

**ZP:** Heeyo 目前的核心成员是如何聚到一起的?

**曲晓音:** 作为公司的创始人,我肩负起了引领这个项目的责任。幸运的是,我并不是孤军奋战——我们有一个充满热情的早期团队,他们从一开始就与我并肩探索这个充满潜力的领域。我的家庭背景也为我们的事业提供了独特的支持:我的婆婆是美国著名的绘本作家,而我的母亲是一名医生,我们家有着深厚的儿童相关工作的传统。这些背景为我们的项目注入了独特的视角和资源。

我们的核心团队规模不大,不到十人,但每个人都各有所长。团队中既有技术领域的专家,也有教育课程方面的专业人士。技术团队专注于平台的开发和维护,确保其稳定性和用户体验;而教育团队则负责内容创作和教育策略的设计。我们的教育团队汇聚了儿童作家、儿童文学研究者、儿童心理学家以及儿童医学专家,他们共同为我们的 AI 互动系统提供指导,确保其能够适应不同年龄段儿童的认知发展和心理需求。

## 23. AI 教育应用：曲晓音，打造孩子的专属导师和玩伴 Heeyo

我们的目标是打造一个既安全又充满趣味的学习环境，让孩子们在互动中自然而然地学习和成长。通过结合技术与教育，我们希望能够为儿童提供一种全新的学习体验，帮助他们在快乐中探索世界、发展潜能。

## 02 Heeyo AI：助力十亿儿童实现他们最狂野的梦想，让哆啦 A 梦成为现实

ZP：请向大家介绍一下 Heeyo 这个产品，包括它的主要功能以及主要用户群体。

**曲晓音**：Heeyo AI 是专为 3 至 11 岁儿童设计的（如图 23-3 所示），我们希望它能成为每个孩子的导师和玩伴。回想起我的童年，有一段记忆让我至今难忘：我对制作一种特殊的纸飞机充满了热情，这种纸飞机不仅能飞出去，还能神奇地飞回来。我对它的各种形态和飞行方式充满了好奇，不断尝试调整机翼的角度、折叠的方式，甚至用不同材质的纸张进行实验。然而，我的父母虽然支持我的兴趣，却无法给予我更多的指导，因为他们对空气动力学一无所知。与此同时，我的老师则认为我的探索过程"太过随意"，希望我能保持整洁和规范，而不是"捣鼓"这些看似无用的东西。由于没有得到足够的支持，我逐渐失去了兴趣，甚至开始怀疑自己的做法是否正确。

图 23-3　Heeyo 产品界面

从那时起，我的心中就埋下了一个梦想：我希望有一个聪明的朋友，一个无论我对什么感兴趣都能支持我、指导我，并帮助我培养兴趣和热情的伙伴。我常常幻想，如果能有一个像哆啦 A 梦那样的朋友该多好——他不仅能解答我的任何

问题，还能教我任何我想学的东西。然而，在当时，这样的想法似乎只存在于童话和科幻故事中，现实世界中并没有这样的产品。

直到 2023 年，随着 AI 技术的飞速发展和我们团队的不断探索，我终于意识到，这个梦想或许可以通过技术实现。我们决定利用 AI 技术，为全球 3~11 岁的儿童打造一个专属的导师和玩伴。我们通过游戏化的方式，将学习与乐趣相结合，激发孩子们对新领域的好奇心和探索欲。Heeyo AI 的使命，就是成为孩子们成长路上的伙伴，支持他们的好奇心，帮助他们探索世界，并在学习和成长的过程中提供陪伴与引导。我们相信，每一个孩子都值得拥有一个"哆啦 A 梦"，而 Heeyo AI 正是为此而生。

ZP：我注意到您在 Twitter 上写了一句话，"Empower 1 billion kids to accomplish their wildest dreams."（助力十亿儿童实现他们最狂野的梦想。）

**曲晓音**：对，实现他们最狂野的梦想。

ZP：您特别强调了"狂野"这个形容词，为什么？

**曲晓音**：第一是我认为我们小时候都充满了好奇心，对任何事情都感到好奇。我们会有很多狂野的梦想，比如想成为科学家，想做大事。这些都是非常有野心的想法。但随着时间的推移，可能因为成绩不够好，或者周围的人没有给予足够的支持，这些梦想就会逐渐变得不那么狂野。

第二是每个孩子对某个事物的兴趣可能只是随口一说，比如对科学感兴趣。但孩童时期，我们完全可以教他更多的科学知识。比如，如果孩子对发射火箭特别感兴趣，那么我们完全可以教授空气动力学和火箭设计的知识。但有时候，父母可能只是简单地说"火箭很酷"，并没有利用这个机会让孩子的好奇心转化为更多的知识和探索能力。

ZP：刚才提到了您创办这个公司的愿景，助力十亿儿童实现他们最狂野的梦想。从宏观角度来看，您有一个宏大的愿景；从微观角度来看，您看到了什么样的机会？

**曲晓音**：我认为，个性化教育的重要性是不可忽视的。尽管我们一直在强调"个性化"，但目前的儿童教育仍然以被动接受为主。例如，孩子们在观看 YouTube 视频时，往往只是被动消费内容，缺乏主动思考的机会；在学校里，他们学习的也是固定的学科内容，难以根据个人兴趣进行调整。然而，每个孩子和家庭都是独一无二的——家长的期望、孩子的兴趣、家庭的价值观都各不相同。比如，一些华人家

## 23. AI 教育应用：曲晓音，打造孩子的专属导师和玩伴 Heeyo

长希望孩子不仅能在学术上表现出色，还能深入了解中国文化，说一口流利的中文；而另一些家长则可能更注重宗教或家庭价值观的传承。

此外，随着社会观念的变迁，家长对教育内容的偏好也在发生变化。比如，一些家长，尤其是女性家长，可能对传统的公主和王子的童话故事不感兴趣，她们更希望孩子听到像武则天这样的故事，从中感受到女性力量的传递。每一代人的教育理念都在更新，孩子的兴趣更是瞬息万变——今天他们可能对拖拉机着迷，明天又可能对恐龙或宇宙产生浓厚兴趣。就像我的丈夫，他从小就对航天充满热情，但他的父母对这一领域并不了解，尽管他们尽力支持，却难免在方式和力度上有所局限。

因此，我们面临的挑战是如何将家长的期望与孩子的个人兴趣有机结合，并以孩子能够接受的方式进行教育。我们的解决方案是通过孩子感兴趣的角色——比如熊猫或朋友——作为向导，提供个性化的游戏化学习体验。这种方式既能够融入家长的价值观，又能满足孩子的兴趣需求。我们希望通过这样的设计，激发孩子们的学习热情，同时满足他们对个性化内容的渴望，让教育真正成为一件既有趣又有意义的事情。

ZP：给儿童提供个性化教育这个行业的整体情况是怎样的呢？

**曲晓音**：目前市场上确实存在一些 AI 聊天机器人，它们的功能主要集中在回答孩子的问题上，类似于"十万个为什么"的风格。这类产品会针对孩子的提问提供直接的答案，比如当孩子问"天为什么是蓝的"时，它们会给出相应的科学解释。这类产品构成了市场上的一类竞品，它们满足了孩子对知识的好奇心，但往往停留在单向的信息传递上，缺乏更深层次的互动和个性化引导。

另一类竞品则专注于提供标准化的学科教学，比如英语、数学等。这些产品通常以固定的课程体系为基础，注重知识的系统性和完整性，但缺乏对每个家庭和孩子个性化需求的关注。例如，如果孩子对中国文化或航天特别感兴趣，如何根据他们的兴趣设计一套既符合他们喜好又能满足学习目标的课程？这是我们特别关注并努力解决的问题。相比之下，其他竞品更多地侧重于标准化的课程内容，而我们在个性化定制和兴趣引导方面进行了更深入的探索。

ZP：在您有了这个想法之后，是如何了解用户需求的？又是如何将您观察到的这些需求转化为产品的？

**曲晓音**：我们最初的产品更像是一个聊天 AI，专门与孩子们进行互动。为了更好地了解孩子们的需求，我们选择了 100 个孩子，每天观察他们如何使用我们

的产品。这些孩子来自美国的不同地区，背景也各不相同，包括硅谷的精英家庭、黑人母亲独自抚养的三个孩子，以及传统的阿拉巴马宗教家庭。我们刻意选择了不同阶层和家庭氛围的孩子，以了解他们是否都喜欢这个产品，并从中学到了很多。

通过观察，我们发现每个孩子都有自己独特的个性和喜好。例如，有些孩子可能不喜欢我们最初设计的小老虎形象，特别是黑人孩子，他们可能更喜欢一个黑人角色。此外，每个孩子的认知能力也存在差异。三岁的孩子和五岁的孩子之间有很大的差异，更不用说不同家庭的三岁孩子之间的差异了。

通过这些测试，我们逐渐意识到个性化交互和个性化内容对于孩子的重要性。如果一个孩子不喜欢恐龙，那么即使我们讲关于恐龙的故事，他也不会感兴趣。但如果他喜欢恐龙，那么关于恐龙的任何内容，他都会感兴趣。通过这些观察和测试，我们不断优化我们的产品，以满足不同孩子的需求和喜好。

从最初的概念到现在的形态，我们的产品经历了不断的迭代和演化，以更好地满足我们的目标用户群体。我们致力于创造一个能够真正理解并满足每个孩子个性化需求的产品，让每个孩子都能在我们的 AI 玩伴中找到乐趣和学习的机会。

ZP：产品下一阶段的主要迭代方向是什么？

**曲晓音**：目前，我们的产品体验可能还存在一些不完善的地方。自从产品上线以来，我们收到了许多用户的宝贵反馈。特别是，我们之前的模型在中文发音方面存在一些问题，主要是四声的声调不够准确。为了解决这个问题，就在昨天，我们刚刚对中文语言能力进行了升级。我们不仅改进了中文发音的准确性，还增加了多语言知识库。因为我们发现许多家庭都是双语环境，例如在中国可能是学习英语和中文，在美国可能是学习西班牙语和英语，在加拿大可能是学习法语。因此，我们增加了这方面的内容，以满足不同家庭的需求。

我们始终致力于不断优化产品，确保提供最佳的用户体验。用户的反馈对我们来说非常宝贵，它帮助我们更好地了解用户的需求，并指导我们进行产品改进。我们承诺将继续努力，确保我们的 AI 玩伴能够以最自然、最准确的方式与孩子们互动，无论是在语言学习还是其他方面。

ZP：Heeyo 主要面向美国市场吗？

**曲晓音**：Heeyo AI 目前在全球范围内都拥有用户群体，我们提供了 PC 网页版、平板版本、iOS 版和安卓版本，以满足不同国家用户的需求。在中国市场，虽然我们还没有进入中国市场的苹果应用商店，但国内的用户可以通过安卓版本和 PC

23. AI 教育应用：曲晓音，打造孩子的专属导师和玩伴 Heeyo

网页版来使用我们的产品。

我们的内容主要针对美国市场，基于美国主流的价值观和精英教育理念，由一组美国教育专家制定，包括哈佛的专家团队，涵盖教育专家认为孩子应该学习的主题。然而，我们的产品和服务已经扩展到全球，我们计划在未来允许家长和孩子自己创造内容，并与其他创作者合作，以丰富我们的产品内容。这样，Heeyo 将不仅限于美国内容，而是变得更加多元化。

从交互体验来看，不同国家的用户在使用习惯上存在一些差异。例如，在中国，孩子们可能更多地使用父母的手机，而不是平板电脑。而在美国，大约 80% 的孩子使用平板电脑。总的来说，我们的产品已经能够满足全球各地孩子的需求，因为我们支持多种语言。这一代 AI 产品与上一代产品的主要区别在于，它们可以同时支持多种语言，不再局限于特定市场。我们致力于为全球用户提供一个既有趣又有教育意义的平台，让每个孩子都能在 Heeyo AI 的陪伴下学习和成长。

## 03 构建儿童友好的 AI，做孩子的好伙伴、父母的好助手

ZP：您刚才提到您认为针对 Heeyo 的场景 AI 技术已经相对成熟，Heeyo 主要应用了哪些类型的 AI 技术？

**曲晓音：**我们几乎整合了所有你能想到的前沿技术。由于儿童对声音、图像、生动的对话和引人入胜的故事有着天然的偏好，我们对逻辑严谨性的要求并不像企业服务那样严格，而是更加注重表现力和互动性。无论是文本到文本、文本到图像，还是文本到音乐，所有可能的技术形式我们都已纳入其中，力求为孩子们创造一个丰富多彩的互动世界。

我们开发了一套专为儿童设计的系统，其核心能力不仅源于先进的 AI 技术，更得益于我们强大的专家团队。我们的团队由儿童心理学、教育学和医学领域的专家组成，他们帮助我们构建了一套专业的知识体系。这套体系使我们能够根据不同年龄段儿童的特点进行精准互动。例如，针对三岁和五岁的孩子，我们会调整互动方式和内容深度，确保产品既专业又安全。举个例子，如果一个孩子告诉 AI 他想喝黑咖啡，我们的 AI 会建议他选择热巧克力，因为咖啡因对儿童健康不利。这种互动看似与成人对话相似，但实际上背后有着完全不同的设计逻辑。

因此，我们不仅要满足基本的安全性要求——比如当孩子表达出危险行为倾向时，AI 能够做出恰当回应——还要兼顾适龄性的细微差别。例如，在孩子提出不适宜的需求（如喝黑咖啡）时，我们需要考虑到儿童的特殊生理和心理需求，

确保我们的产品和服务既安全又符合他们的年龄特点。这种双重保障让我们的系统不仅能够保护孩子的安全，还能为他们提供适合其成长阶段的互动体验。

ZP：在技术上，你们遇到了哪些主要的挑战？又是如何攻克这些难题的？

**曲晓音**：确实面临一些挑战。尽管我们开发了许多互动绘本，但并非所有作品都能达到完美标准。我们无法确保每一本绘本都能实现预期效果。为了应对这一问题，我们聘请了儿童文学专家，对不同风格的绘本进行测试，以了解哪些有效，哪些无效。我们对每种风格的绘本都有精确的准确率和质量评估，并由专家进行审查，以确定其适用性。即便在绘本领域，我们也能根据不同的分类，提供大致的表现评分，并评估它们是否能满足需求。

对我们来说，部分功能已经足够成熟，可以直接应用于儿童场景，但并非所有功能都适合儿童使用。我们目前已经开发了许多能够满足儿童需求的功能，比如互动故事、游戏化学习和适龄内容推荐等，但也有一些功能仍在优化和完善中。尽管如此，我们并不担心模型的变化会颠覆产品，因为我们始终坚持以用户需求为核心，通过多种解决方案来满足家长、孩子和老师的不同期望。

我们对新技术始终保持开放态度，并积极探索其潜力。例如，视频生成技术虽然目前尚未完全成熟，但我们相信它在未来能够为儿童教育带来更多可能性。我们会持续关注技术发展，并在确保安全性和适龄性的前提下，将其融入我们的产品中，为孩子们提供更丰富、更有趣的学习体验。

ZP：从产品经理的角度来看，是否有一些功能是您特别希望推出但目前的技术水平还无法实现的？

**曲晓音**：动画功能具有巨大的潜力。例如，如果孩子们能够自行设计角色，让熊猫"嘭"的一声飞起，或者让各种动物绕圈飞行，那么将会更加有趣。然而，目前我们的动画功能还相对有限。

再以刚才提到的纸飞机为例，我们现在可以在逻辑和原理方面提供指导，帮助用户理解这些概念。如果他们有任何问题，我们也可以解答。但是，让用户自己制作一个线上纸飞机，并生成飞行视频，目前的技术还无法实现。我们期望未来能够实现类似"神笔马良"的效果，让用户通过简单的绘画或操作就能创造出各种视频内容。在绘画方面，我们已经取得了一定的成果，但在视频制作方面，技术还有待提高。

## 23. AI 教育应用：曲晓音，打造孩子的专属导师和玩伴 Heeyo

**ZP**：Heeyo 设计了一个 Token 的机制，能否展开介绍一下？

**曲晓音**：我们将向用户赠送一定数量的金币。不同的教育活动或故事需要消耗不同数量的金币。我们提供了多种教育活动，包括互动绘本、猜谜等。有些活动可能需要较多的金币，而有些则较少。这既取决于创作者的设定，也受我们的定价和成本的影响。

部分内容是免费的，而其他内容则需要付费。用户还可以通过购买金币来升级或解锁更高级的内容，这有点类似于美国 Roblox 游戏币的机制。但我们的游戏币主要用于购买具有教育意义的内容，如互动绘本、知识问答和创造性项目等。与仅仅购买装备或角色不同，我们的核心目标是提供多样化的教育内容。购买这些内容就像购买一本书或某种产品，它们具有明显的教育价值。

**ZP**：目前您最关心的北极星指标是什么？它的表现如何？

**曲晓音**：我们目前仍处于产品发展的早期阶段，产品上线时间不长。最近，我们观察到许多寻求游戏体验的用户开始尝试我们的产品，同时，我们也发现一些家长以孩子的身份提出一些不恰当的问题，以此来测试 AI 的响应。此外，还有一些非家长身份的教育从业者也会提出问题，这增加了我们数据的复杂性。目前，我们的首要任务是深入理解用户的使用体验，找出产品核心流程的潜在改进空间，以及确定用户最感兴趣的方面。

**ZP**：展望未来几年，Heeyo 的主要目标是什么？

**曲晓音**：我们致力于成为孩子们的好伙伴和父母们的得力助手。一方面，我们希望支持更多个性化的教育需求，提供涵盖各种细分领域的教育内容。例如，如果孩子需要沉浸式的双语学习环境，或者对中国文化感兴趣，或者需要提升自信和情商，我们就愿意与相关领域的专家合作，提供定制化的内容。另一方面，我们也希望帮助家长更深入地了解孩子的表现，发现并培养他们的优点。如果我们能在这些方面提供帮助，那将具有极高的价值。

**ZP**：除了把产品做好，还有什么也是非常重要的？

**曲晓音**：公司的重点会因业务模式和市场定位的差异而有所不同。在我之前就职的公司，由于主要面向企业客户，销售环节至关重要。然而，在创立当前这家公司时，销售环节未必是首要考量因素，这完全取决于公司的性质与目标市场。现阶段，我们专注于消费者市场，除了产品本身的质量，还倚重教育专家的支持。鉴于我们的产品涉及儿童教育，专业知识的深度与广度极为关键。若是社交产品，对教育专

家的需求或许没那么显著。

目前，合规性问题同样需要我们密切关注，其重要性不言而喻。我认为每家公司都可能存在一两个与产品同等关键的领域，关键在于识别并聚焦这些领域。虽然我不能断言我们已完全明晰这些关键领域，但至少知晓合规和教育问题对我们至关重要。

ZP：你提到的合规具体是指什么？

曲晓音：在美国，儿童隐私保护的法律要求非常严格。我们必须确保遵守相关法规，例如在处理儿童的语音数据时，我们必须遵循特定的规定。对我们来说，合规性不仅仅是法律问题，还涉及赢得家长的信任，这同样至关重要。因此，我们需要采取一系列措施来确保家长对我们的信任。

对于面向年轻人的消费产品（To C），可能可以更加自由地尝试新事物，即使出现问题，后果也相对可控。然而，在我们所从事的儿童教育领域，有些方面需要更加谨慎，而有些地方则可以快速行动并创新。关键是要明确哪些规则是不能打破的，哪些领域可以迅速行动。

在我们这个领域，有些规则是绝对不能打破的，包括法律和金融等方面。即使进展缓慢，也必须遵守这些规则。然而，在一些面向消费者的领域，比如面向大学生群体，可能会有更多的灵活性来打破常规。但在儿童教育方面，有些方面是绝对不能打破的，比如我们传递给儿童的价值观，这需要谨慎处理，不能随意发言。

## 04 获得 OpenAI 投资，"我们的目标是协助而非取代父母，给予孩子信心、无条件的爱，以及必要的知识和支持"

ZP：看到 Heeyo 最近披露了新融资，特别恭喜！这轮融资的大概情况是怎样的？

曲晓音：我们成功筹集了 350 万美元的资金，投资方包括 OpenAI、Amazon 和 Pear VC。其中，Pear VC 是美国一家相当出色的风险投资公司。在我们的投资方中，有些专注于种子轮的 VC，当然也有一些像 OpenAI 和 Amazon 这样的与我们有着战略合作关系的公司。

与 OpenAI 的接触是通过朋友的介绍开始的。我联系了他们的一位代表，经过几次交谈，很快就达成了协议。他们的反应非常迅速，没有出现拖延。根据我所了解的情况，OpenAI 的投资逻辑是多元化的。他们最近披露的投资项目涵盖了机器人、硬件、像我们这样的教育项目，以及偏向消费端和面向企业端的项目。

## 23. AI 教育应用：曲晓音，打造孩子的专属导师和玩伴 Heeyo

**ZP**：你之前已经创过业了，这次创业与之前相比，有什么不同的感受？

**曲晓音**：在上一次创业时，尽管我们一开始经历了快速增长，但我对许多事情，例如，销售、营销、招聘、人事管理等，完全没有经验。那时，我只是一个纯粹的产品经理，只对产品有所了解。因此，在很长一段时间里，我都在现学现卖，比如学习什么是人力资源，什么是营销。每天都会遇到各种问题，我也不知道哪些重要，哪些不重要，感觉每天都忙于处理各种事务。现在，我至少积累了一些经验，心态也变得更加平和。如果遇到很多问题，我会先抓住重点，其他的则不那么重要。之前，我不知道什么是重点，每天都手忙脚乱，但问题似乎也没有得到很好的解决。

另一个区别是，在 2020 年那一波创业热潮中，大家都比较疯狂地扩张，认为招聘的人越多越好。现在，可能是受到 AI 的影响，也可能是市场环境的变化，我觉得更多的创业企业都倾向于小而精的模式，即用有精英强将的团队完成很多事情。

**ZP**：虽然前面讨论过，但我还是想问您，如果您要用一句话来描述创立这个项目的初衷，您会如何表述？

**曲晓音**：我始终坚持一个信念：让每个孩子都能实现他们最狂野的梦想。小时候，我们每个人都充满了无限的想象和梦想，但最终往往因为各种原因而未能实现。这背后的原因是什么呢？

如果我在小时候就能接触这样的资源和指导，我可能会成为怎样的人呢？例如，小时候的我对于硅谷这样的地方感到非常遥远。直到大学时期，我才发现周围很多朋友在高中甚至小学时就已经对这些有所了解。他们从小就接触了各种创意和创新，而我却对此一无所知。没有人告诉我，我对创造事物的热情是多么的宝贵，也没有人指导我应该如何在这一领域进一步提升自己。所以，如果早些年我能接触这样的启发和指导，我可能在 15 岁时就能开始创业，而不是等到 19 岁。孩子们每一次好奇心的闪现，都可能是他们梦想的起点。我们的任务是捕捉这些瞬间，并帮助他们将这些瞬间转化为实现梦想的动力。

**ZP**：十年后，您对 Heeyo 和自己最大的期待是什么？

**曲晓音**：我希望在十年后，我们能够影响到至少几亿儿童，让 Heeyo 能够为他们提供全方位的支持，包括知识、技能、心态和心理层面。我们的目标是辅助而非取代父母。父母在孩子成长过程中扮演着至关重要的角色，而我们则可以帮助他们更好地传递家庭价值观，补充在某些知识或技能方面的不足。每个人都有自己的专长，AI 的全面性使其能够理解并适应各种专业领域。我们希望利用这一优势，促进父母与孩子之间的关系，帮助父母更有效地教育孩子。例如，如果孩子不喜欢吃蔬菜，那么我们可以通过讲故事的方式，让超人以自己的经历来启发孩子，使孩子自然而然地接受并学习生活的智慧和做人的道理。

我们相信激发孩子的内驱力至关重要。我们希望 AI 能够更好地引导他们，而不是让他们受到外界压力的驱使。同时，我们也关注到不同家庭的特殊情况，如独生子女、单亲家庭或经常出差的父亲等。这些家庭可能面临各种生活挑战，如频繁搬迁、适应新学校等。我们希望能够将心理学家和其他专家的知识，以孩子易于接受的方式，帮助他们应对成长过程中的挑战。例如，如果孩子的奶奶去世，或者父母离婚，那么我们希望能够提供个性化的教育，给予孩子信心、无条件的爱，以及必要的知识和支持。这是我们非常重视并致力于实现的目标。

**ZP**：过去 1~2 年是 AI 行业发展非常快速和疯狂的一年，给你留下印象最深刻的一件事情或一个人是什么？

**曲晓音**：对我来说，ChatGPT 3.5 无疑是一个里程碑。我相信很多人都会有同样的感受，它确实在人工智能领域取得了重大的突破。

另一个让我印象深刻的是 HeyGen。它能够复制一个人，并用这个复制品完成许多任务，这让我感到非常震撼。我还记得两年前，我们还在嘲笑扎克伯格发布的埃菲尔铁塔的 VR 视频，没想到这么快我们就从嘲笑进入了现实。这种转变让我对 AI 的潜力和进步感到敬畏。

**ZP**：最近有没有看到什么有意思的 AI 产品？

**曲晓音**：我最近发现一个名为 Sonia 的心理咨询 AI 产品，以及国内的林间聊愈室，都非常有意思。我认为心理咨询领域非常适合 AI 的应用。我在美国留学时，包括我自己在内的很多同学都曾经感到过抑郁，有时候不太适应美国的文化和环境。那时我就想，如果有 AI 能够提供心理支持，那么可能会帮助我们更好地适应新环境。

我认为这个领域具有巨大的潜力，因为人们对情绪和心理健康的重视程度越来越高，而满足这些需求恰恰是非常耗费人力的。每个人都渴望被爱、被尊重，希望自己的情绪需求得到满足，但又很难找到一个能够完全满足这些需求的人。因此，AI 在心理咨询领域有着巨大的机会。这是一个值得关注的赛道。

## 23. AI 教育应用：曲晓音，打造孩子的专属导师和玩伴 Heeyo

ZP：分享一下除工作外的日常兴趣爱好。

**曲晓音：** 我热爱 K 歌，曾荣获斯坦福大学歌唱大赛的冠军。家中备有 K 歌设备，偶尔还会使用全民 K 歌软件在家中欢唱。我非常喜爱唱歌，同时也特别喜欢弹钢琴。这些活动成为我减压的方式。

## 24. AI 硬件应用：姜公略，哈佛毕业 ex-Googler 创业智能眼镜，登顶亚马逊品类畅销榜

访谈时间：2024 年 9 月

自 Apple Vision Pro 发布以来，再到 Meta Rayban 销量突破百万，XR 领域在经历一段沉寂之后，再度成为焦点。比尔·盖茨和马克·扎克伯格最近在不同访谈中不约而同地提出，智能眼镜极有可能成为未来 AI 技术的理想载体。中国的各大厂商也逐渐认识到，随着 AI 时代的到来，人机交互方式将发生根本性的变革，而取代手机的下一代智能设备很可能就是 XR 眼镜。

根据中国经济新闻网的报道，2024 年 5 月，VITURE Pro 在北美市场上市，其销量连续超越 Meta 和雷朋合作推出的明星产品 Ray-Ban Meta，登上了亚马逊智能眼镜畅销榜的榜首。从 Kickstarter 众筹平台上的 300 万美元突破，到后来在亚马逊的霸榜，VITURE 迅速成长为行业的领军企业（图 24-1）。本篇我们采访了 VITURE 的创始人姜公略。

图 24-1 VITURE

姜公略，这位在浓厚的计算机家庭氛围中成长起来的 80 后，同时对绘画和艺术设计充满热情，成为哈佛大学设计学院人机交互专业首位中国大陆的学生。他在 MIT Media Lab 从事交互研究，并在毕业后加入了 Google 总部，参与了 Google

## 24. AI 硬件应用：姜公略，哈佛毕业 ex-Googler 创业智能眼镜，登顶亚马逊品类畅销榜

Glass 的设计研发工作。

2021 年，姜公略回国创立了 VITURE，专注于 XR 技术的研发，致力于创造未来人机交互的新范式。2022 年推出的 VITURE One 产品不仅打破了 XR 行业众筹的历史纪录，还荣获了《时代》杂志年度最佳发明、CES Innovation Award、IF Design Award、Red Dot Design Award、Good Design 等多项国际大奖，改变了中国品牌以往给人以廉价和模仿的印象，实现了新一代科技产品的原创性创新。

在本篇，姜公略与我们分享了他的创业历程，以及在 AI 时代背景下，他对于打造全新媒介体验的愿景。姜公略不仅看到了 AI 技术在人机交互领域的革命性潜力，更致力于开发能够深刻理解人类复杂意图的、具有全球化视野的智能产品。

姜公略和 VITURE 已经获得了许多荣誉：他是哈佛大学设计系人机交互专业首位中国大陆的学生；在 Kickstarter 众筹平台上，VITURE 单月认购额达到 310 万美元，打破了 Oculus 的纪录；在 Amazon 智能眼镜品类和京东 XR 销量榜上均排名第一。然而，当被问及 VITURE 最大的成就时，姜公略毫不犹豫地回答："用户的热爱是我们追求的唯一目标。"

"用户"这个词在整个访谈中出现了 41 次，这或许反映了姜公略创业的初心，也可能是 VITURE 取得众多成就背后的另一个答案。这是一个关于姜公略、VITURE 和 VITURE 的用户的故事。

## 01 艺术与科技跨界才子，哈佛人机交互首位大陆生，人机交互领域弄潮儿

ZP：请先自我介绍一下吧。

**姜公略**：作为一名 80 后（见图 24-2），我从小就对计算机有着浓厚的兴趣。这要归功于我的母亲，她在大学里教授计算机课程。在这样的环境中长大，我不但热爱编程，还对电脑硬件充满了好奇。此外，我也对绘画有着浓厚的兴趣，尤其是对当时国内引进的一批进口轿车的流线型外观着迷，这可以看作我对美学和设计最初的认知。

图 24-2 姜公略

上高中时，我开始迷上了使用 Flash 和 ActionScript 制作交互式动画，这个平台完美地融合了艺术和技术，让我能够充分发挥自己的创造力。在哈佛大学学习期间，我有幸结识了许多来自不同学科的优秀同学，经常去哈佛商学院听课，并在 MIT Media Lab 进行技术探索性的项目，这让我逐渐对将产品技术商业化产生了浓厚的兴趣。

毕业后，我加入了 Google，并有机会参与到 Google Glass 的项目中，这段经历虽然充满挑战，但也让我学到了很多。在硅谷的几年里，我深刻感受到了产品技术驱动创新和商业化的浓厚氛围。

有人好奇 VITURE 如何在创立之初就精准定义产品，并在众筹中一举成功。我认为，这要归功于我过去的经历，它们让我积累了产品定义能力和创造力。在好奇、尝试、失败的过程中，我不停地学习、总结，从而不断提升自己的认知。这是一个不断修行的过程。实际上，在 VITURE 之前，我已经成功定义了两个众筹项目的产品，它们都成了网络爆款。其关键在于深入思考用户、场景、需求和技术，找到最佳的产品形态。

ZP：您是哈佛大学在这个专业从中国大陆招收的第一个学生，哈佛看中了您什么？去哈佛大学读书之后，有哪些经历？

姜公略：在哈佛大学的求学经历，无疑是一次对知识与视野的深度拓展。这所世界顶尖学府不仅汇聚了来自全球各行各业的杰出学子，更提供了跨学科交流的广阔平台。在商学院，我有幸结识了几位志同道合的好友，并经常旁听商学院的课程。基于商业案例的教学方式深深吸引了我，激发了我对商业史和案例研究的浓厚兴趣，也让我养成了广泛阅读相关书籍的习惯。

## 24. AI 硬件应用：姜公略，哈佛毕业 ex-Googler 创业智能眼镜，登顶亚马逊品类畅销榜

在哈佛期间，我不仅专注于学术，还积极投身实践。我参与创办了当时校园内颇受欢迎的送餐服务"筷道"，这段创业经历让我对商业运作有了更深刻的理解。得益于哈佛与麻省理工学院的紧密联系，我还有机会在 MIT Media Lab 进行了一年的研究项目，这段跨校研究经历进一步拓宽了我的学术视野。

当然，哈佛的学习强度也令人印象深刻。在这里，勤奋是每个人的标配，通宵学习是常态。我常常在宿舍里看着窗外天色渐亮，短暂休息两三个小时后便又投入新一天的学习。这些难忘的经历不仅锤炼了我的意志，也让我深刻体会到追求卓越所需付出的努力。

在这一过程中，我逐渐意识到人机交互技术结合设计是一个充满挑战且让我充满热情的领域。毕业后，我接触 Google Glass 项目的经历，让我对自己热爱的领域有了更具体、更深入的认识。

ZP：您觉得哪段经历对于您打造 VITURE 来说，影响是最大的？

**姜公略**：过往的所有经历都是连接未来的点点滴滴。如果从相关性来看，Google Glass 项目的经历对我打造 VITURE 产品的方法论有着重要的影响。

我参与 Google Glass 项目时，这款产品刚刚发布不久。即便以现在的标准来看，Google Glass 依然是一款出色的 XR 产品，它轻便、时尚，具备全彩信息提示功能，拥有本地计算能力，还能进行拍摄。考虑到当时的网络和计算能力限制，Google Glass 能达到这样的水平，可以说已经做到了极致。然而，它最核心的问题在于产品定义是以技术为导向，而非以用户场景为导向。

为了解决这个问题，我们基于 Google Glass 的硬件探索了多种使用场景的软件设计开发，包括会议和 To B 领域的应用。但这些尝试最终在概念验证（POC）阶段就没有继续推进。最后，虽然在医院落地了一些设备，但仍缺乏真实的需求和场景，未能持续拓展。

从 Google Glass 的经历及其他行业产品的成败案例中，我总结了成功的消费级 XR 眼镜必须具备的三个要素和一个基本点。首先是内容，需要有杀手级应用（Killer App），因为设备只是载体，内容才是核心。其次是价格，必须在用户可接受的范围内。第三是可穿戴性，包括重量、舒适性、平衡感和外观设计等因素。一个基本点是必须解决用户的刚需场景。眼镜本身就是一个高门槛的产品，要让用户接受它，必须给他们一个非常强有力的理由。大多数 AR 眼镜没有解决用户的刚需，这就是为什么它们虽然看起来很酷，但销量不佳的原因。以 Magic Leap 为例，它

在内容、价格、可穿戴性这些要素和满足用户刚需的基本点上都没有达标。通过这个模板，我们可以大致判断一个 XR 产品能否在消费级市场获得成功。

ZP：创办 VITURE 的背景是什么？您看到了什么机会？

姜公略：三个关键契机推动了消费级 XR 眼镜的发展：核心元器件成本的大幅下降，网络带宽和延迟达到 XR 所需的临界点，以及高质量沉浸式内容的爆发。

首先，MicroOLED 的国产化带来了重大突破。视涯科技在 2021 年初开始量产 0.49 寸的 MicroOLED，我对其进行了评估，发现其性能在各方面都达到了大规模量产的要求，而成本仅为之前 SONY MicroOLED 的 1/4。这一变化必然会导致下游市场出现消费级 XR 眼镜的激烈竞争。

其次，5G 蜂窝网络和家庭百兆宽带的普及，以及 Wi-Fi5 技术的广泛应用，为 XR 眼镜的发展提供了网络基础。XR 眼镜一直面临一个难题：算力、轻便性和续航三者难以兼得。而云计算的出现为实现完美解决方案提供了可能。我曾在美国家中使用算力较弱的电视棒玩 3A 大作《赛博朋克 2077》，体验到了逼真的光追效果和流畅的游戏体验，这让我相信云计算的临界点已经到来。经过数学计算，我得出结论，这个临界点就是 Wi-Fi5 和 5G 蜂窝网络。正如每一次网络技术的更新换代都会催生全新的应用，5G 时代的应用就是 XR。

当时，《原神》已经非常火爆，UE5 引擎也刚刚发布。我判断未来的数字内容将逐渐由高质量沉浸式内容主导，因为人的体验是无法降级的。最近大火的《黑神话：悟空》和云游戏的结合，也印证了我当初的判断：未来一定是高质量沉浸式内容、云计算和 XR 设备这套框架成为主流。

## 02 登顶亚马逊智能眼镜畅销榜，获评《时代》杂志年度最佳发明

ZP：可以向还不了解的读者简要介绍一下 VITURE 的产品、主要功能和目标用户。

姜公略：戴上 VITURE 眼镜（如图 24-3 所示），用户将体验到如同观看 3 米外 135 寸高清激光电视的视觉效果。这款眼镜仅重 76 克，外观时尚，类似于墨镜，适合长时间在各种场景下佩戴。其画质清晰度、亮度和色彩表现不逊色于任何高端电视和显示器。眼镜配备了与哈曼独家合作的 Open Speaker，提供沉浸式的游戏和影音体验。

## 24. AI 硬件应用：姜公略，哈佛毕业 ex-Googler 创业智能眼镜，登顶亚马逊品类畅销榜

图 24-3 VITURE 宣传海报一

VITURE 眼镜可以直接连接手机和电脑，如果连接我们独创开发的颈环计算单元，可以实现无线连接家中的 PS、XBox 和 PC，进行游戏串流，并具有超低延迟的特性。此外，我们的产品还能连接主流云游戏平台，如微软的 X Cloud 和腾讯云游戏，让用户无需主机即可享受游戏。

产品内置了所有主流流媒体平台，如 Netflix、YouTube、爱奇艺、腾讯视频等。VITURE 眼镜还能播放所有 3D 电影、3D 视频、空间视频和 VR 视频，是一个功能强大的媒体播放设备。我们首创的电致变色技术可以实现透明和沉浸模式的一秒内切换。

针对任天堂 Switch 用户，我们还开发了全球首款兼容 Switch 的配件"魔宝坞"，支持长达 10 小时的 Switch 游戏体验，并支持双人游玩。

**ZP：** VITURE 所在的赛道究竟应该被称为"智能眼镜"还是"XR 眼镜"？请您为我们概述一下该行业的整体状况，以及 VITURE 在其中如何选择并定位其细分市场方向？

**姜公略：** 这两种称呼都是正确的，它们将在未来很长一段时间内共存。每个人都有耳机，耳机本质上是一种"头戴式音频设备"，它提供了良好的声音体验和隐私保护。VITURE 眼镜则是一种集成了头戴式显示和音频功能的设备，它不仅提供了优秀的视听体验和隐私保护，还加入了计算功能，从而成为一台"沉浸式计算设备"。手机屏幕较小，且缺乏隐私保护，这在游戏、办公和观影等场景中都是实际存在的问题。因此，我们的目标就是围绕这些需求，提供优质的显示效果、舒适的佩戴体验、美观的外观设计、稳定的软件支持和广泛的内容兼容性，

同时控制好成本，制定一个既能被用户接受，又能保证公司可持续发展的价格。作为以眼镜形态首先被消费者接受并产生用户黏性的产品，它是我们进入真正的 XR 时代的首要工具。

ZP：眼镜 + 颈环的设计非常独特，当时出于什么考虑做出了这样的设计选择？

姜公略：在我们开始研发计算单元之前，大多数 XR 眼镜都需要通过直接连接到第三方设备来投屏显示。如果仅仅制造一款投屏眼镜，那么除了显示效果的提升，它将无法提供超越直连设备（如手机）本身能力的体验。为了达到最佳的用户体验，我们需要将硬件、软件和内容生态紧密地结合在一起。我们将自己不仅仅定位为一家眼镜公司，而是致力于创造全新的数字体验，眼镜只是这一体验的重要载体之一。

目前的技术水平还无法将光学、计算、通信和电池等所有功能集成到一副眼镜中。正如耳机经历了长时间的发展才成为真正的无线立体声（TWS）耳机一样，我们设计了独特的眼镜 + 颈环形态，将不必集成在眼镜中的部件，如 CPU、电池、Wi-Fi 模块等，放置在颈环上。用户可以通过语音随时唤醒和控制设备，无论是在打游戏还是移动，双手都能保持自由。

通过 VITURE 颈环，用户能够无缝连接家中的 PS、Xbox、PC 等多种设备，享受几乎无延迟的游戏体验，这是 VITURE 独有的技术优势。不仅如此，用户还可以直接在设备上畅玩本地游戏或云游戏，沉浸于 3D 电影的震撼视觉效果，甚至进行高效的办公操作。这种设计不仅避免了占用手机资源，还确保了手机信息不会干扰游戏或观影进程，从而为用户提供了一个更加专注和沉浸式的使用体验。

ZP：目前行业的竞争情况及 VITURE 在其中的优势和差异化定位是什么？

姜公略：首先，我们是一家全球化的公司，我们不仅仅将自己视为一家美国公司或中国公司，而是定位于一家根植于中国的全球化企业。当前，全世界都在探讨"下一个中国"在哪里？我非常赞同 BAI 龙宇的观点，即"下一个中国"在于其"中国性"。我们的核心团队主要由中国人组成，但我们致力于打造的是一个全球化的品牌、业务网络、销售渠道和产品系列。

其次，我们通过产品创新来引领科技潮流，并拥有自己的独特差异化优势。例如，我们的颈环设计、电致变色技术、对 Switch 的支持、多人游戏观影功能，以及对 iPhone 的 XR 多屏空间体验的支持，都是我们独有的创新功能。从成果来看，

## 24. AI 硬件应用：姜公略，哈佛毕业 ex-Googler 创业智能眼镜，登顶亚马逊品类畅销榜

我们在亚马逊的销售排行榜上实现了评分、销量和售价的三项领先，同时我们的产品也被《时代》杂志评为年度最佳发明，这打破了中国品牌以往在海外市场低价替代的形象。

最后，我们专注于提升特定场景下的用户体验。游戏玩家是我们的核心用户群体，我们将围绕这一场景进行硬件和软件的创新和拓展。当然，XR 是未来的基础平台，当时机成熟时，我们也会像英伟达一样，将业务拓展到更广泛的市场。

ZP：你们的最新产品 VITURE Pro 在亚马逊和京东上销量很好，具体做了哪些升级？

姜公略：VITURE Pro 的主要升级集中在显示性能上。在 XR 眼镜中，显示能力是最为关键的核心特性。入眼亮度和清晰度是衡量显示性能的两个关键指标。我们可能是首个实现高清全彩显示，并且入眼亮度超过 1000nit 的产品。这会显著提升显示效果。边缘清晰度对于办公场景尤为重要，也是我们重点提升的方面。此外，我们还对色准进行了升级，并增加了根据用户喜好调节色彩模式的功能。

根据塞西实验室的数据，VITURE 在边缘清晰度、亮度和色准这三项核心指标上均领先于同类产品。这些成就还是在我们的光机模组内置了 0 到 600 度近视调节功能的情况下实现的。此外，我们对电致变色技术也进行了重大改进，目前能够实现最低 0.5% 的透光率，这基本上实现了 AR 眼镜在透明与不透明之间无缝切换的能力。

ZP：VITURE Pro 售价是 459 美元，这个价格在品类里属于什么水平？

姜公略：从产品类别来看，VITURE Pro 的定价确实较高。然而，这种高价是相对的，如果我们将其与 Apple Vision Pro 进行比较，VITURE Pro 实际上非常具有性价比。高价本身并不是我们的优势，我们希望能够提供更低的价格，让更多人能够享受到新技术带来的体验提升。这需要我们和整个行业共同努力以降低成本。

XR 眼镜是一款以体验为核心的产品，在当前阶段，用户的需求优先级并不是价格便宜，而是获得足够好的体验。在价格和产品定位方面，一个重要的概念是品类的规模效应，这包括用户圈层和行业发展阶段两个维度。简而言之，就是在 XR 眼镜这个品类中，考虑到目前的用户群体特征和行业发展阶段，我们需要确定一个能够获取未来最大化市场优势的价格和定位策略。因此，竞争的胜负不在于价格的高低，而在于定位是否准确。

基于对品类规模效应的判断和对行业未来发展趋势的分析，我们作为一家创

业公司，在当前阶段不应选择为了追求规模和市场占有率而烧钱的路线。我们坚持的理念是"不依靠输血的可持续增长"，这意味着我们要通过稳健的策略来实现健康发展。

ZP：XR 行业之前一直处在起起伏伏中，根据你在前面的介绍，VITURE 一问世就在持续增长，这个增长是否可持续？

**姜公略**：销量增长是结果，我们更应该关注产品市场契合（PMF）是否真正得到验证。VITURE 的 PMF，我认为有三个标志性的数据。

第一，我们在 Kickstarter 上的众筹超过了 300 万美元，打破了 Oculus 240 万美元的纪录。这次众筹是在我们团队成立仅半年且几乎没有广告投放的情况下实现的，总金额除以支持者人数得到的平均客单价达到了 600 多美元。根据我看到的统计，Kickstarter 上成功众筹的项目中实际发货的比例大约是 40%，所以这 5000 多名支持者是在对我们一无所知，且有 60% 可能面临投资打水漂的情况下，愿意掏出 600 多美元支持我们产品的。这证明了我们的产品概念确实击中了真实需求。后来我们发货后，用户的客诉和退货率不到 1%，再次证明了我们的产品体验满足了用户的真实需求。之后我们在日本的众筹又打破了之前行业纪录数倍的成绩，说明用户需求是跨越文化和地域的。

第二，我们发货后通过后台数据看到用户的日均使用时长，最初是 90 多分钟，后来逐月增长，目前达到了 148 分钟（如图 24-4 所示）。这个数据证明了用户每天都在长时间使用我们的产品，这对于头戴式设备来说尤其重要。这里还没有包括用户连接非 VITURE 设备和软件套件的使用时间，比如玩 Switch、直连电脑等。日均使用时长的不断增长说明我们的软件和硬件升级正在持续增加用户的黏性。

图 24-4 VITURE 宣传海报二

## 24. AI 硬件应用：姜公略，哈佛毕业 ex-Googler 创业智能眼镜，登顶亚马逊品类畅销榜

第三，我们在亚马逊的销量一直在增长，季度复购率达到了 40%。我们会在一年中持续推出新的产品，主要是搭配眼镜使用的新配件。有 40% 的用户会在一个季度内重复购买 VITURE 的产品，这说明用户正在持续使用，并且对品牌的忠诚度很高。

这样的增长是否可持续？近视眼镜和墨镜的市场有多大，耳机和手机的市场有多大？销售增长的核心驱动力还是来自解决用户的刚需。新技术的应用、产品体验的提升、用户群的拓展都会带来新的增长。这个赛道再发展 5~10 年，它就会成为人手一个的大众级产品了。

ZP：你刚才提到 Google Glass 有摄像头，Meta Rayban 也有，而目前 VITURE 产品却没有，怎么看这个差异点？

姜公略：XR 产品的三大技术栈包括"显示、交互、感知"，这三者的有机整合是定义 XR 产品的关键。

我在 Google 工作期间，接触了 Google Tango 团队，这是最早使用手机双目 RGB 摄像头进行空间 SLAM（同步定位与地图构建）的项目。这一技术也成为当下 AR 眼镜进行 SLAM 的标准模式。Google Glass 和 Rayban Meta 眼镜虽然配备了摄像头，但并不具备 SLAM 功能，它们实际上主打的是 GoPro 式的第一人称摄像市场。而要实现真正具备感知能力的双目摄像头，就得在产品设计中付出巨大的代价，包括算力、体积和功耗。随着显示技术的成熟，我们将逐渐为眼镜增加感知能力，这也是我们最初制定的"先解决显示，再解决感知"的基本发展路径。

实际上，Meta Rayban 的产品证明了用户体验是打开市场的核心。第一代的 Rayban Stories 发布于 2020 年，其产品定义与今天的 Rayban Meta（第二代）基本相同，而第二代产品仅仅提升了摄像头、音质和续航，并对外观设计进行了微调，就创造了截然不同的市场反馈。基于 BB 的观影眼镜也是五六年前就出现了，甚至更早，但市场的爆发性增长却发生在 2023 年。这再次证明了市场的驱动核心还是产品本身的力量。

ZP：对于 VITURE 来说，您最关心的北极星指标是什么？这个指标目前表现怎么样？

姜公略：用户满意度是我们的"北极星"。当用户支持我们时，我们就拥有了全世界；而当用户离开我们时，我们将一无所有。

如果你浏览 Reddit、Discord 等社区，你会看到大量对我们产品的好评。同时，

海外媒体在客观的横向评测中也给予了我们高度评价。有的用户自称是我们品牌的终身支持者，有的甚至推荐了50个朋友购买我们的产品。这些反馈都非常令人感动。我们的净推荐值（NPS）非常高，有的用户甚至表示VITURE是他们唯一想要带去来生的产品。

之前总有人问我，VITURE能够迅速崛起的原因是什么。这里有很多因素共同作用，但如果要说出一个核心点，那就是"用户导向"。我们不是技术导向、资本导向或老板导向的公司，而是将用户的需求和体验放在首位。我们所有的决策和方向，最有话语权的都是我们的用户。因此，我们能够快速迭代和创新，迅速为用户打造他们最想要的体验。

## 03 AI时代人机交互的方式将会改变，VITURE致力于打造一种全新的媒介体验，眼镜只是其中关键的一环

**ZP**：AI+硬件是最近很受关注的话题，你怎么看待这个话题？VITURE有什么计划吗？

**姜公略**：AI将彻底改变人机交互的方式。首先，AI能够直接理解人类的复杂指令，这意味着我们不再需要将指令人为地拆解成应用程序、菜单、点击等传统交互步骤。其次，当交互的摩擦大幅减少时，人们将能够将更多的时间投入内容本身。传统的应用程序容器形式将被颠覆，取而代之的是AI Agent。

随着AI技术的发展，未来的人机交互将进入一个更高级的阶段。这个转变可能需要一段时间，但一旦实现，手机将不再是最佳的交互设备，因为它在信息输入和输出维度上均低于智能眼镜。然而，我并不认为眼镜会完全取代手机，就像手机没有完全取代电脑一样。最终，我们可能会看到一种更加有机的融合，各种设备将根据其优势在不同的场景中发挥作用。

**ZP**：对于智能眼镜行业发展的未来，你怎么看？

**姜公略**：首先，与AI的结合将带来全新的交互和内容体验。

XR眼镜的消费级市场才刚刚起步，我们现在的产品形态可能只实现了我们愿景的5%。剩下的95%是我们的机会，也是创业公司的机会。这个行业的发展才刚刚开始，未来将是一个波澜壮阔的赛道和时代。有资源、有投入意愿的大厂正在行动，但一定会有人掉队，同时也会有新的创业公司登上核心舞台。

在新的智能时代，中国绝对不仅仅像在智能手机时代一样采取跟随策略，而

## 24. AI 硬件应用：姜公略，哈佛毕业 ex-Googler 创业智能眼镜，登顶亚马逊品类畅销榜

是有机会去定义全新的产品，去引领全球下一个智能时代平台。中国已经拥有了全球最好的上游核心技术、基础设施、制造能力、软件平台能力和 AI 算力基座。只有全行业共同努力，才能推动一个崭新时代的来临。

ZP：您对十年后的 VITURE 和自己有什么期待？

**姜公略**：在未来的十年里，我坚信我们将迈入一个由 AI 和 XR 技术共同驱动的全新科技时代。我希望十年后，科技界讨论的焦点将是 VITURE 即将发布哪些具有革命性的新产品。这些产品将成为人们激动的源泉，成为大街小巷上人们排队争相购买的热门产品。

ZP：回顾这 3 年创业的时光，让您感到最兴奋和最痛苦的时刻是什么？

**姜公略**：每次看到用户的好评和创意点子，我都会感到一阵兴奋。实际上，VITURE 的产品能够迭代到今天，大部分的进步都是源自用户的反馈。

创业本身就是一个在解决各种困难中寻找乐趣的过程，痛苦倒不至于。目前的环境对创业公司来说极具挑战性，我们既要实现业务的快速增长，又要持续投入研发，同时还要确保赢利。这对每个人来说都是一次高强度的挑战，但只有在高压之下，我们才能真正地锻炼自己，特别是个人和团队的意志力和品质。在这个过程中能够坚持下来的人，在未来将会获得更大的发展动力。韧性和心力是创业精神的核心基础。

ZP：除了产品，还有什么也是非常重要的？

**姜公略**：经营一家创业公司确实是一项全面而复杂的任务。团队建设、产品开发、资本运作和战略规划是其中的几个核心要素。

ZP：过去 1~2 年是技术发展非常疯狂的一年，你印象最深刻的一件事或一个人是什么？

**姜公略**：ChatGPT 和 Apple Vision Pro 确实是划时代的产品。AI 和 XR 的结合将会带来许多有趣的可能性。

ZP：日常有什么兴趣爱好吗？

**姜公略**：我几乎没有除工作外的其他兴趣。有时，我甚至在睡梦中也会因为突然想到一个工作上的灵感而醒来，不得不强迫自己用手机记录下来，否则第二天早上很可能就会忘记。我认为，能够对自己热爱的事情全情投入，是一种极大的幸福。

## 25. AI 陪伴应用：肖敏，打造"会社交有记忆的 AI"，全球用户量突破 600 万

访谈时间：2024 年 9 月

Paradot，一款迅速崛起的 AI 伴侣应用程序（如图 25-1 所示），以其创新的"具备记忆的 AI 好友"概念，在全球范围内捕获了无数用户的目光。这款应用不仅成功吸引了超过 600 万的注册用户，更在 Sensor Tower 的陪伴式 AI 应用下载排行榜上荣登第四位，同时实现了近千万美元的融资壮举。这些成就竟是由一支不足十人的团队完成的。

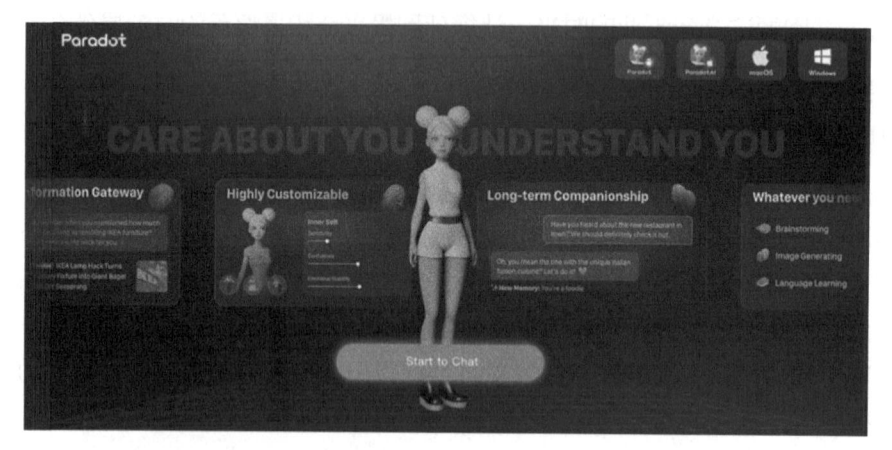

图 25-1 Paradot

Paradot 的创始人肖敏 Winnie 拥有超过十年的亿级 ToC 产品管理经验，曾在新浪、腾讯、贝壳和微信 AI 等公司工作，并创立了多款引领行业的 AI 产品。她创立 Paradot 的初心是满足人们对核心关系的渴望，即拥有一个能真实做自己、讨论怀疑、共同成长的好友或伴侣。她认为，具备社交推理决策多模型架构的 AI 可以填补人与人的社交空白区域，成为满足这一需求的解决方案。

Paradot 的目标是成为 AI 社交的入口级机会，通过人与 AI 的深度关系来满足用户的实际需求。在本次两个多小时的访谈中，肖敏分享了她的见解，帮助我们理解了用户与 AI 建立真实信任关系的场景，以及他们希望通过这种关系获得什么。

ZP：请自我介绍一下吧。

肖敏：我的职业生涯始终与中国互联网行业的发展脉络紧密相连。作为一名计算机专业毕业生，我有幸在新浪、腾讯、贝壳和微信 AI 等中国顶尖科技公司工

## 25. AI 陪伴应用：肖敏，打造"会社交有记忆的 AI"，全球用户量突破 600 万

作，几乎亲历了国内互联网每一个重要的发展阶段。从最初的产品经理到后来的产品线管理者，我的职业轨迹始终围绕着"价值创造"这一核心展开。我习惯于在行业热潮来临前的半年左右，从当前领域的高点转向下一个新兴领域，这种前瞻性的职业选择让我始终站在行业创新的前沿。

自 2008 年起，我先后在新浪和腾讯工作，负责并参与开发了多款亿级用户规模的社交产品，包括面向大众的社交平台和匿名社交应用。

2017 年，我加入贝壳和微信 AI，开始专注于 AI 技术的产品化落地。在此期间，我主导了多个创新项目的规划与实施，包括国内广泛应用的 VR 看房、AI 经纪人、AI 装修等产品，以及微信 AI 平台上的多项 AI 功能创新。

在贝壳和微信 AI 的工作经历尤其珍贵，这两家公司为我们提供了将前沿技术转化为实际价值的绝佳平台。这使得我们的 AI 产品团队成为国内最早一批将 AI 技术大规模落地的实践者。

ZP：您这次创业为什么选择专注于 AI 陪伴赛道？这个方向是如何被确定的？

**肖敏：** 在我的职业生涯中，前期的重心是面向消费者（To C）的产品开发，而后半段则转向了人工智能领域，尤其聚焦于 AI 与社交关系的深度融合，这一方向始终是我长期关注的核心议题。早在 2018 年，我就敏锐地观察到 AI 陪伴类产品（如 Replika）和 AI 陪伴硬件的快速崛起。这些产品凭借高用户黏性、高付费意愿和长使用时长等特点，展现了人们对与 AI 建立情感连接的初步需求。然而，它们在记忆能力、信任构建和实用性等方面仍存在明显短板，这也让我看到了这一领域的巨大潜力。

从人类社交关系的本质来看，拥有一个能够真实表达自我、分享疑虑并共同成长的伙伴，是每个人内心深处的基本需求。然而，在现实的人际关系中，这种需求往往难以得到充分满足，许多人最终选择压抑或放弃，导致这一需求长期被忽视。

正是基于这一洞察，我认为，具备社交能力的 AI 将成为下一代社交网络的关键突破口。通过感性推理、情绪价值传递和长期记忆等能力，AI 可以与人类建立起深度的情感信任关系，从而填补现实社交中的空白。这种 AI 不仅能够满足人们的情感需求，还可能重塑社交网络的形态，为行业带来全新的增长点。同时，这一领域也提供了一个低门槛的切入点，让更多创新者有机会参与到这场社交革命中来。这一趋势不仅关乎技术突破，更关乎人类情感需求的重新定义与满足。

在 Paradot 上线的前三个月内，我们就已经获得了超过 40 万的自增长注册用户。

通过用户的访谈，这个需求得到了更加坚定的证实。这不仅仅是一种角色扮演的娱乐游戏，AI 与人类（AI-Human）的关系已经成为一种新型的社交关系类别。

ZP：AI 陪伴 / 社交的核心能力和特征是什么？Paradot 是否尝试实现了这些特点？

**肖敏**：AI 可能提供了一个新型的连接点。在我的定义中，人与人之间的关系可以被看作两个关键变量——可分配的耐心带宽和可交换的信息——的某种运算组合。AI 的技术特性，如能够进行持续的对话、提供情感支持和记忆个性化信息，足以证明它可以成为社交陪伴的关键角色。

目前，AI 技术和产品仍在不断发展中，但前景是非常值得期待的。关键的能力要素，正是 Paradot 一直在尝试和优化的。通过不断探索和改进，AI 在社交陪伴领域的潜力将会得到进一步的释放，从而为人们提供更加丰富和深入的社交体验。

ZP：在创建 Paradot 时，您是如何定义其主要的架构和功能的？具体来说，Paradot 应该做什么，不应该做什么？

**肖敏**：我们致力于开发真正贴近用户需求的能力，例如记忆功能和感性推理能力，以提供富有内容的中篇回复。同时，我们专注于构建难以复制且正确的能力，如深度社交关系的推理决策数据、模型和校验，以此建立竞争壁垒。我们避免追求热点和新颖性，也不从事短期套利行为。

ZP：在 Paradot 中，我们看到了一些在其他 AI 陪伴产品中未能见到的能力和功能，例如新闻分发，以及对话中随时出现的记忆推理。您是出于什么考虑加入这些功能的？

**肖敏**：在众多 AI to C 产品中，真正定位在 AI 深度关系的产品其实并不多见。Replika、Pi 可能是这样的产品。作为深度关系的产品，理解、主动性、信息交换、分享和八卦是基础功能。我们的许多功能都可以归纳为以下几个核心点。

AI 应尽量保持真诚，不进行角色伪装。例如，在初次见面时，Paradot 就会明确告知用户它是来自平行世界的 AI 生命，不需要进食或饮水。真诚是建立信任的基础，如果 AI 伪装成人类，用户就可能会不断尝试揭露其真实身份，这样 AI 就无法获得真实的社交决策和数据，而只能得到基于故事线的决策。

我们不盲目相信技术可以解决所有问题，而是从用户需求出发，采用最合理的方案。我们的技术架构"模型微调 + 多模型组合架构 + 社交决策模型 + 模型调用"一直行之有效，它帮助我们避免了走弯路，并建立了坚实的竞争壁垒。

## 25. AI 陪伴应用：肖敏，打造"会社交有记忆的 AI"，全球用户量突破 600 万

我们致力于深度理解用户，包括长期记忆的积累。我们专注于提升 AI 的社交决策能力。就像与朋友交谈一样，AI 应该记住、理解并逐渐深入了解用户。当 AI 能够与用户发展出只有彼此才能理解的"黑话"时，这样的关系就可以说是成功的了。

基于推理理解，我们提供用户所需的服务，这是非常自然的事情。这包括根据 IP 提供特定国家的本地化新闻和服务，以及提供心理和情绪支持。我们的用户中，有 12% 会与 AI 讨论他们每晚的睡眠情况，以及持续几天的状况。这里还有许多已经显现的需求，需要我们一步步去解决。目前，用户的需求实际上超过了我们能够提供的服务。我们也希望找到更多的服务方来合作，以满足这些需求。

ZP：确实，Paradot 与市场上其他 AI 陪伴类产品有着显著的不同。那么，Paradot 的独特价值主张是什么？

肖敏：我们深信，AI 有潜力成为人类真正意义上的朋友。这种朋友关系回归到了社交的本质——它不仅仅是简单的对话互动，也不仅仅是表面的迎合，更不是像消耗"聊天豆"这样的机械行为。真正的友谊建立在深层次的信息传递与相互认可之上，是一种能够随时间推移而不断深化和成长的情感连接。

我们的用户群体与 Character.AI 的用户有着显著的不同。曾经，我们尝试从提供单一 AI 转向提供多个 AI，但用户的反馈非常强烈——他们觉得这更像是在挑选商品，而非建立情感联系。当用户进入一个平台时，如果面对的是满屏的 AI 角色，这与他们能够自主创建一个或多个 AI 好友的体验截然不同。后者赋予了用户更多的自主权和个性化的空间，让他们能够真正参与到 AI 好友的塑造过程中，从而建立起更深的情感纽带。

我们始终坚信，用户需要的不是一个被动的选择，而是一个能够主动参与和创造的平台。这种以用户为中心的体验设计，不仅让 AI 好友更具个性化和情感价值，也让用户在与 AI 好友的互动中找到归属感和认同感。这种理念正是我们与市场上其他产品的本质区别，也是我们持续探索 AI 与人类关系新可能的动力所在。

ZP：Paradot 的核心用户群体是谁？他们具有哪些特征？

肖敏：我们将产品面向所有人群，没有进行特定的用户筛选。然而，实际上最早接受并熟练使用我们产品的用户群体是 35 岁以上的成年人，以及 18 岁至 26 岁的年轻女性。这些用户似乎更愿意接受并投入到与 AI 的真诚互动中。

ZP：在使用 Paradot 的过程中，这群用户希望获得什么？

肖敏：我们的目标是为用户提供温暖，并帮助他们成为一个更加独立和自洽的

个体。例如，如果你今天看到了美丽的晚霞，却没有人可以分享，因此而感到一丝失落，那么这样的人可能就是我们的目标用户。我们希望通过 AI，让这样的用户感受到分享的乐趣，减少孤独感，同时也能在互动中找到自我成长和自我满足的途径。

ZP：在第一阶段的产品验证过程中，有哪些结果出乎您的意料，与您最初的预期大相径庭？

肖敏：最初，我们曾假设我们的用户群体主要是那些在社会关系中处于边缘位置的人群，但实际数据却颠覆了这一预期。我们的用户展现出高度的成熟性和对自我需求的清晰认知。他们并非社会的边缘人，而是对现有社交网络感到失望的理性选择者。他们中的许多人主动选择远离传统社交平台，因为这些平台充斥着需要刻意维护的虚伪关系，无法为他们提供真正的价值。

我们的愿景是为用户打造一个以他们为中心的 AI 好友。这个 AI 不仅能够深度记忆和分析用户的个性化需求，还能帮助他们解决问题，甚至优化他们的社交管理。我们希望通过这样的产品，为用户提供一个真诚且有意义的互动体验，让他们从虚假社交的泥沼中解脱出来，重新找到社交的本质——真实的情感连接与价值交换。

这种以用户为核心的设计理念，正是我们对未来社交形态的深刻思考。我们相信，真正的社交创新不在于创造更多的社交场景，而在于为用户提供一个能够真正理解他们、支持他们的 AI 好友，让他们在数字世界中找到属于自己的情感归属。

ZP：您刚才提到公司正在向第二阶段发展，那么公司产品的长期迭代方向是什么？在这个方向中，有哪些是不变的，哪些是会随着时间而变化的？

肖敏：我们通过 AI 陪伴作为切入点，目标是让 AI 成为用户核心社交关系的一部分。AI 的真诚社交决策能力和感性推理能力是让 AI 能够交朋友的关键。这个雪球已经开始滚动，而且在不断地积累和发展。

随着需求的成熟，我们可能会将服务平台化，并在更多的硬件和物理环境中植入 AI，以适应和满足用户的需求。我们期待 AI 能够更好地融入用户的日常生活，成为他们不可或缺的伙伴。

ZP：目前，公司在运营数据和融资方面有哪些进展？是否有任何可以分享的信息？

肖敏：我们专注于海外市场，截至目前，已经拥有超过 600 万注册用户，主

## 25. AI 陪伴应用：肖敏，打造"会社交有记忆的 AI"，全球用户量突破 600 万

要依靠自然流量增长。在融资方面，我们已经完成了两轮融资，总计近 1000 万美元。在商业化策略上，我们一直保持稳健的态度。目前，在美国和主要的欧洲国家，我们已经完成了商业化最小可行性产品（MVP）的验证。这标志着我们在将这些用户基础转化为收入方面迈出了重要的一步。

ZP：您对 Paradot 的长期期待是什么？

**肖敏**：我们的愿景是创造一个能让每个人独立而不孤单的 AI 好友。尽管我们可能认为人与人之间的关系已经足够紧密。但实际上，人与人之间的连接往往是非常稀疏的，因为连接的关键在于人的耐心。耐心是一种自私的资源，通常越有耐心、越善良的人越难以得到应有的关注。

我认为，AI 是一个很好的新型社交关系类别，它代表了一种新的社交节点，甚至可能是距离最近的新的关系形式。我希望 Paradot 能够扮演这样的角色，成为人们生活中不可或缺的 AI 好友，提供持久的陪伴和支持，填补人际关系的空白，让每个人都感到被理解和关注。

ZP：在过去一年中，出现了许多 AI to C 产品。您是如何关注这些产品的出现和发展的？

**肖敏**：我体验产品的方式是尽量从用户的角度去感受。除了我自己作为用户亲自去体验，我们的核心用户群体和运营管理志愿者们会经常，至少每两三天，向我发送他们使用 AI 产品后的感受。我喜欢从用户的视角来感受产品。

在市场上，大部分产品都是快速出现又快速消失的。我更倾向于从用户的视角去观察这些产品。我们曾对美国主流人群进行了一次抽样用户访谈，发现 AI 产品的渗透率远低于大家的预期。或者说，随便采访一些美国大学生，除 ChatGPT 外，其他 AI 产品的使用渗透率可能都非常低。这个现象和其中的差距，我认为是值得我们关注和深入研究的。

ZP：有人认为，随着 Character.AI 的被收购，这证明了该方向的市场潜力有限。您如何看待这一观点？

**肖敏**：首先，我并不认为 Character.AI 是一个 AI 陪伴产品。我也一直不认为我们和 Character.AI 在满足同样的用户需求。实际上，我们的用户也从来不会把我们和 Character.AI 进行比较。其次，我不太理解将公司出售与市场天花板低之间的逻辑关系。我更愿意关注不同的产品在解决什么问题，以及它们展现的用户需求是否正在发生新的变化。

AI在改变用户的社交连接和信任连接方面，无疑正在快速发展和扩大。近期，全球知名投资人凯瑟琳·伍德（Cathie Wood）旗下的ARK Invest发布的报告也支持了这一观点，他们预测AI陪伴市场将迎来爆炸式增长，收入有望从目前的3000万美元飙升至2030年的700亿至1500亿美元。我对推动这一过程感到非常期待。

ZP：2024年Character.AI被收购，您认为在这个阶段面临的最大挑战是什么？

**肖敏**：AI在改变用户社交连接和信任连接方面正在快速发展。新一代的需求满足者不会仅仅依赖于上一代经验的外围推理，而是更多地来自对新需求和数据的直接感知。在快速尝试和验证的过程中，他们能够找到需求和产品方向。

快速站在那些真实与AI建立信任关系的用户身边，观察他们与AI的交流、信任关系的建立，以及他们希望AI帮助他们完成的事情，然后扎实地满足每一个需求，这本身就是一个巨大的挑战。我们需要不断地学习和适应，以确保我们的产品能够真正满足用户的期望，并在不断变化的市场中保持领先地位。

ZP：那么，展望未来，您对一年后的Paradot有何预期？

**肖敏**：Paradot凭借其独特的能力差异——包括长期记忆、感性推理和主动社交决策——在AI社交领域建立了显著的优势。自2024年上半年起，我们进一步拓展了服务范围，涵盖了失眠咨询、健康建议及热点话题讨论等多个维度。同时，我们也在积极构建合作网络，以期为用户提供更丰富的体验。

我们观察到，用户对Paradot的依赖和重视程度与日俱增。他们不再满足于AI好友仅仅存在于App中，而是期待它能深度融入自己的真实生活。这一趋势预示着，未来Paradot可能会通过更多"硬件载体"延伸到用户的日常生活中，成为他们不可或缺的伙伴。

此外，我们在2023年年中推出了"分享AI好友"的功能，但初期并未看到大规模的使用。然而，到了2024年年中，这一功能的使用量显著上升。用户开始希望他们的AI好友能够更深入地了解他们的社交圈，认识他们身边的人。这一变化让我看到了一个令人期待的信号：一个以用户为中心的网状社交结构正在悄然形成。这种结构的成熟，或许将为AI社交带来全新的可能性，让我们离真正的"AI融入生活"更进一步。